古代歷史文化研究輯刊

九 編

王 明 蓀 主編

第 25 冊

劉知幾史學批評研究

趙 海 旺 著

國家圖書館出版品預行編目資料

劉知幾史學批評研究／趙海旺 著 ── 初版 ── 新北市：花木蘭
文化出版社，2013〔民 102〕
目 4+216 面；19×26 公分
（古代歷史文化研究輯刊 九編；第 25 冊）
ISBN：978-986-322-206-4（精裝）
1.（唐）劉知幾　2.史學評論
618　　　　　　　　　　　　　　　　　　　102002683

ISBN-978-986-322-206-4

9 789863 222064

古代歷史文化研究輯刊
九　編　第二五冊　　　　　　ISBN：978-986-322-206-4

劉知幾史學批評研究

作　　者　趙海旺
主　　編　王明蓀
總 編 輯　杜潔祥
出　　版　花木蘭文化出版社
發 行 所　花木蘭文化出版社
發 行 人　高小娟
聯絡地址　235 新北市中和區中安街七二號十三樓
　　　　　電話：02-2923-1455 ／傳眞：02-2923-1452
網　　址　http://www.huamulan.tw 信箱 sut81518@gmail.com
印　　刷　普羅文化出版廣告事業
初　　版　2013 年 3 月
定　　價　九編 27 冊（精裝）新台幣 45,000 元

劉知幾史學批評研究

趙海旺　著

作者簡介

趙海旺，北京師範大學歷史學博士。主要研究方向為史學理論及史學史。已在學術期刊發表《劉知幾的史料學理論成就》、《劉知幾史學批評的基本原則》、《張舜徽與〈史通〉研究》、《從〈疑古〉、〈惑經〉看劉知幾的實錄精神》、《從〈晉承漢統論〉看習鑿齒的正統史觀》等多篇文章。

提　　要

　　本文從史學批評角度研究劉知幾的史學名著《史通》。由《史通》的具體篇章入手，從第一手的原始資料出發，探究內、外篇章的差異與聯繫，分析不同的行文論述特點，從整體上把握《史通》全書的著述體系。進而聚焦各篇主題，連貫上下篇目，進行圍繞核心問題的合理分組。同時以《史通》具體篇章為基本單元，探索劉知幾史學批評的一般論證模式，獲得對《史通》行文結構模式最微觀層面的認識。隨後從《史通》文本結構的分析深入到對劉知幾史學批評活動的整體探討，總結出史學批評活動的重要原則。最後選擇著名的「史才三長論」和具有代表性的 8 個史學批評範疇進行具體探究，作為對整體研究的具體補充，並分析劉知幾史學批評的影響。作為中國古代史學批評第一人，劉知幾史學批評的價值，首先體現在他提出、總結了若干史學範疇，開創了系統的中國古代史學批評理論。還體現在他的若干修史主張在後世史書編纂活動中得到了貫徹，《史通》也被四庫館臣譽為「監史」。除此之外，劉知幾的史學批評思想還對後世一些史家影響頗深，突出表現在章學誠等人對其史學的繼承與發展。

目次

緒　論

一、研究旨趣

從史學批評角度研究劉知幾的史學名著《史通》，具有突出的學術價值和理論意義。

第一，從史學批評角度系統研究劉知幾的史學理論，是中國古代史學批評和史學理論研究走向深入的需要。瞿林東指出：「劉知幾《史通》一書是我國古代史學中第一部以史學作爲研究對象的、系統的理論著作。這部史學理論著作貫穿著強烈的批判精神，從這個意義上說，它應當被看作是一部史學批評著作。」〔註1〕他在 20 世紀 90 年代初就比較系統地從史學批評角度開展了對《史通》的研究。此後關於劉知幾史學批評的研究成果卻不多，很明顯廣大的青年學者和在校研究生，對《史通》在中國古代史學批評方面所具有的學術價值重視不夠，這與《史通》作爲我國古代史學史上第一部史學批評著作的重要地位是不相稱的。筆者有幸成爲北京師範大學歷史學院史學研究所的一名博士研究生，有幸在著名史學家白壽彝開創的學術領域學習研究，有幸得到導師在學術上的諄諄教誨，不揣愚鈍嘗試對劉知幾的史學批評作以系統研究。

第二，重視《史通》中所見重要史學批評範疇的研究，反映現階段史學理論研究的新方向。劃分《史通》中劉知幾所論諸多史學批評範疇的性質，嘗試揭示它們之間的邏輯關係。這些範疇處於劉知幾史學批評理論層級的底

〔註1〕 瞿林東：《中國古代史學批評縱橫》，中華書局，1994 年版，第 10 頁。

部，是《史通》史學批評理論體系的基礎。《史通》中的若干宏大問題固然重要，但由這些具體範疇構成的《史通》各篇是劉知幾史學批評最基本的論證單元。各篇連綴在一起構成全書，諸多範疇整合在一起就是劉知幾史學批評的全部。關注微觀的、具體的史學專題，更容易集中力量深入研究，說明這些範疇的特定含義和彼此關係，進而揭示劉知幾史學批評的基本思路和行文模式。這樣的研究必然有助於深入理解這部曠世史學名著的內在邏輯層次和中國古代史學理論家劉知幾的史學批評思想。儘管是個別章節的分專題研究，但並不忽視對劉知幾史學批評的整體把握。《史通》作為一部系統的史學批評著作，劉知幾本人所持的史學批評原則與標準，所使用的方法和手段，側重的對象與內容，所體現出的特徵與風格必然是在全書中一以貫之的。可以說劉知幾形成了一套特有的史學批評學術規範，正是由於這種規範性的存在，使具體篇章的研究可以通向對劉知幾史學批評的整體把握。

第三，史學批評是史學理論及史學史學科重要的研究領域之一。相對於世界各國，中國古代史學最為發達，在一千多年前的盛唐時代就產生了《史通》這部系統的史學批判著作。從史學批評的角度研究《史通》，不僅可以深化對劉知幾史學思想的理解，還可以提供一個從具體個人出發解析古代史學批評結構的完整案例。這對於在宏觀上認識中國古代史學批評的發展歷程和啟發針對其他史家的史學批評研究是有借鑑意義的。

對劉知幾史學批評的研究突出了以下三項重點。

首先，本課題的研究重點是劉知幾史學批評的理論體系。通過《史通》的著述體系，劉知幾史學批評的基本原則和「史才三長論」三個重要的問題來結構全文。發掘《史通》評價前代史書、史家優劣所依據的主要標準，探索劉知幾史學批評使用的一般理論模式，揭示《史通》史學批評的學術風格，探究劉知幾對我國史學批評的學術貢獻和重要影響。

其次，劃分《史通》中所見諸多史學批評範疇的性質和彼此之間的層次關係。《史通》作為我國古代第一部史學理論著作，劉知幾在行文過程中使用了若干範疇，這些範疇性質不同，涉及範圍廣狹各異。前人對這些範疇多有揭示，但缺乏對其進行系統的、帶有比較分析性的研究。這些範疇作為《史通》各篇名稱，均為展開具體篇章論述的核心，但它們在統攝範圍上廣狹不同，彼此關係的地位上也有差異，這些都是值得探討的問題。

最後，章學誠曾以「劉言史法，吾言史義」來形容《文史通義》與《史

通》的區別。章氏的話就《史通》中史學批評的對象而言大體不錯，《史通》批評的內容主要還是在歷史編纂學領域，但白壽彝也說過：「（《史通》）主要是從歷史編纂學方面的興趣出發而接觸到了歷史觀的問題。」〔註2〕同時受陳其泰老師文章《論章學誠對歷史哲學的探索》的啓發，本書的第三章對劉知幾史學批評原則的研究就是嘗試揭示《史通》在歷史觀方面的一些內容。

　　本文研究的創新主要體現在宏觀和微觀兩個方面，從宏觀上把握《史通》全書的著述體系；從微觀上把握具體篇章行文過程中，劉知幾展開史學批評的理論模式。

　　從宏觀上講：在論述內容上存在著外篇言事，內篇言理的根本性差異；在行文模式上存在著外篇重條陳例證，內篇重理論分析的顯著區別。行文上的差異由論述內容上的差異所決定。這兩種差異說明《史通》的撰寫先有外篇，後有內篇。外篇最初應該是讀書箚記的形態，三篇《雜說》基本保留了原貌。在外篇事實性評價的基礎上，整理、提升爲內篇以抽象的史學範疇爲基本單元的專題式理論分析。具體講《史通》由49篇專題性論文構成，各篇在《史通》全書中的地位和作用差異很大。《史官建置》、《古今正史》、《六家》、《二體》這四篇統攝全書。前35篇論述了35個史學專題，體例較爲嚴整。這35個史學範疇又可分爲史書體裁體例、史書編纂、歷史文學、歷史見識等若干組。有些範疇在組內又起到統領作用，如《序例》便是體例這一部分的核心。

　　從微觀上，本人循著各篇的文章脈絡仔細研讀《史通》文本，發現各篇的專題研究貫穿了「發展史——核心含義——修撰方法——史學批評」的論證模式。四個步驟環環緊扣，層層遞進，以史學事實爲根本依據和出發點，以理論概念和方法論爲承上啓下的中心環節，以史學批評爲行文的全面展開和議論終點。這四個環節構成了內篇諸篇微觀的著述體系。由事實到理論概念，由理論概念再到方法論，由方法論最後到史學批評實踐。按照今天的學術術語這四部分就是「史學史——史學理論——歷史編纂學——史學批評」，同時很好地解答了學者們在《史通》性質認定上存在的差異問題。

　　此外，本文在一些具體問題上也有創新。比較典型的例子就是發現了《雜說下》「雜識十條」的價值。從位置上來說，「雜識十條」位於三篇《雜說》最末，且前面的內容均爲針對不同史書的逐條批駁。因此這十條很有可能是

〔註2〕　白壽彝：《中國史學史論集》，中華書局，1999年版，第229～230頁。

在前面具體批駁之後，所綜合概括出來的史家應該擁有的見識。外篇並不是全為箚記，比較典型的箚記是三篇《雜說》，其他都是自具首尾的成篇文章。外篇為內篇底本不假，但「雜識十條」又是外篇底本與內篇論證的中介，這十條雜取於諸史批判的史學見識，又成為內篇中一些篇章論證的直接基礎。

二、劉知幾史學批評研究的歷史與現狀

《史通》是我國古代第一部史學理論巨著，更準確地說是首部史學批評巨著。雖然自宋代晁公武的《郡齋讀書志》起就已經把《史通》列入史評類〔註3〕，但直到今天史學界還沒有作到很充分地從史學批評的角度研究《史通》，代繼華的綜述性文章《〈史通〉研究五十年》〔註4〕已經發現了這一問題。

代繼華的文章對 1949 年以來《史通》研究狀況進行了系統梳理，是一篇很好的綜述。全文分為三個部分：一、1949～1965 年的研究概況，二、1978～1998 年改革開放以來 20 年間《史通》研究情況，三、今後值得思考和解決的幾個問題。在綜合分析已有學術研究成果的基礎上，代繼華提出在以下方面仍有重要的研究價值：對《史通》的產生進行廣闊的時代背景分析；《史通》內部若干矛盾性問題的分析；對具體篇章作專題性研究；《史通》專有學術術語研究；史學批評研究等等。

代繼華的學術綜述對於我認識建國以來關於劉知幾《史通》的研究成果，以及確定本文研究的側重點是有幫助的。名為《劉知幾史學批評研究》，這本身就是代繼華認為值得研究的領域；他提到的對劉知幾史學理論的產生進行廣闊社會背景分析將在本書的第一章以可觀的篇幅呈現；他說的專業術語研究，實際上就是支撐本文的若干史學範疇。

鑒於代繼華的研究綜述是關於《史通》所有研究角度的全面考察，並結合本文史學批評研究的主題，我所做的學術史回顧，將以時間順序，側重於史評、史學批評角度的梳理和考察。

〔註3〕 按照瞿林東的說法中國古代圖書分類的「史評」類與今天說的史學批評大體相當。張三夕的博士論文《批判史學的批判——劉知幾及其〈史通〉研究》也持此一觀點。而中國古代的目錄書，自宋代晁公武的《郡齋讀書志》開始就有「史評」一類，可見中國史學批評肇源之早。

〔註4〕 該文發表在《中國史研究動態》2000 年第 1 期。

（一）1949 年之前對《史通》的褒貶、注疏和整理

　　20 世紀 20 年代以前關於《史通》的關注點主要是褒貶議論和注疏，其中以褒貶議論最有特色，兩派學者代不乏人，幾乎勢均力敵，但是無論是肯定還是否定，他們評價的字裏行間都流露出對《史通》具有批判性特質的認同。

　　在唐代褒舉者是劉知幾的好友徐堅，他在讀《史通》之後讚歎說：「爲史氏者，宜置此座右也。」〔註5〕這實際上是在肯定《史通》對後世歷史著述必然會產生的修史借鑒價值。柳粲則與之相反指責劉知幾「妄誣先哲」，宋代修《新唐書》的宋祁也認爲：「知幾以來，工訶古人，而拙於用己。」〔註6〕這裡的「妄誣」、「工訶」都是反對劉知幾對前代史家的批評，從側面證明了《史通》的批判性特點。

　　從宋元到明初，《史通》的流佈非常有限，以朱熹之博學竟然沒有讀過，明初的《永樂大典》也沒有收錄此書。到了明代注疏性著作才相繼出現。焦竑評價說：「余觀知幾指摘前人，極其精覈，可謂史家申韓矣；然亦多輕肆譏評，傷於苛核。」〔註7〕這是現在可以看到的最早的對《史通》既有肯定又有否定的評價，無論是肯定的「指摘」，還是否定的「譏評」，突出強調的均是《史通》的批評性本質。明代還出現了兩部注疏性的著作，分別是李維楨評、郭孔延釋的《史通評釋》、王惟儉的《史通訓故》。《史通評釋》在《史通》原文之下有評有釋，評主要是評說劉知幾的史學見解，釋則是解釋書名人物、歷史掌故，這一體例比兩部《訓故》對浦起龍《史通通釋》的影響要大。尤其是評，表達了很多個人的史學見解，不同於一般意義上的注疏。《史通訓故》只有對名物典故的注疏，王惟儉在序言中說：「張林宗年兄以江右郭氏《史通評釋》相示，讀之，與余意多不合，乃以向注文心之例注焉。」〔註8〕看來王本《訓故》僅是針對《史通評釋》意見不同的注釋而發，用的又是注《文心雕龍》的凡例，此書自然重點不在史學見解。清人黃叔琳在王本的基礎上增補爲《史通訓故補》，他在序中還有一大段對《史通》非常精彩的評論，「觀其議論，如老吏斷獄，難更平反；如夷人嗅金，暗識高下；如神醫眼，照垣一方，洞見五臟癥結。間有過執己見，以裁量往古，泥定體而少變通，如謂《尚書》『爲例不純』，《史》論『淡薄無味』之類。然其薈萃搜擇，鉤釽排擊，

〔註5〕　《新唐書》卷 132《劉子玄傳》，中華書局，1975 年版。
〔註6〕　《新唐書》卷 132《劉子玄傳》。
〔註7〕　焦竑：《焦氏筆乘》卷 3「史通」條，中華書局，2008 年版。
〔註8〕　王惟儉：《史通訓故·序》，上海古籍出版社 2006 年影印萬曆三十九年序刻本。

上下數千年，貫穿數萬卷，心細而眼明，舌長而筆辣，雖馬、班亦有不能自解免者，何況其餘。書在文史類中，允與劉彥和之《雕龍》相匹，徐堅謂史氏宜置座右，信也。」〔註9〕這段文字首先以老吏斷獄、夷人嗅金、神醫眼來比喻《史通》，說明其爲批判性著作；心細眼明、舌長筆辣則是說劉知幾史評的特點；最後肯定了《史通》的價值，與《文心雕龍》在文學上的地位一樣，對史家修史具有重要的指導意義。《訓故補》問世不久，浦起龍的《史通通釋》也完成了。

《通釋》是現今研究《史通》的通行本，它的問世徹底改變了《史通》因爲「訛字脫文」和言語駢儷無法閱讀的命運。浦起龍的《史通通釋》是中國古代《史通》注疏的壓軸之作，在形式和內容上都借鑒了《史通評釋》、《史通訓故》、《史通訓故補》三書的成功經驗，互相參校，查漏補缺，取長補短。作爲一部注疏性著作，《史通通釋》有了很大的突破，注疏體例一共有三種，即李慈銘所說的「先於篇中節釋其文義，而後通爲按以釋之，其後則標句以注其出處」〔註10〕。這三部分大體上分別稱爲「釋」、「按」、「後注」。「釋」以小字夾在《史通》原文之中，或解釋篇章結構，或顯示文字校勘成果。「按」處於相關段落之下，尤其是每篇之後的「按」，包括對劉知幾史學核心內容的提煉與總結，劉氏對後世史書編纂的影響。還包括浦起龍基於各具體問題所作的評價，可以說這部分是《史通通釋》的核心內容。「後注」則是對劉知幾提及的史家、史書、典故、名物所作的解釋說明。《通釋》的問世極大地推動了《史通》的傳播，爲後人繼續推進對《史通》的研究提供了方便。

在 20 世紀 30 年代，《史通》得到幾位著名學者的稱讚，這一時期的評論和研究，不僅明確了這部著作的史學批評性質，肯定了《史通》在我國史學理論探索方面的開創性地位，也爲《史通》眞正意義上的學術研究拉開了序幕。

這一時期促動《史通》研究的知名學者首推梁啓超，《中國歷史研究法》是他在 20 世紀 20 年代初在南開大學的演講稿整理而成的專著，書中多次提到《史通》。在他看來，劉知幾是第一位眞正意義上的史書批評者，他說：「批評史書者，質言之，則所評即爲歷史研究法之一部分，而史學所賴以建設也。自有史學以來二千年間，得三人焉：在唐則劉知幾，其學說在《史通》。」

〔註9〕 黃叔琳：《史通訓故補·序》，上海古籍出版社 2006 年影印清乾隆十二年黃氏養素齋堂刻本。

〔註10〕 李慈銘：《越縵堂讀書記》，上海書店出版社，2000 年版，第 605 頁。

〔註11〕他還通過比較以顯示出劉知幾的卓越成就,「要之自有左丘、司馬遷、班固、荀悅、杜佑、司馬光、袁樞諸人,然後中國始有史。自有劉知幾、鄭樵、章學誠,然後中國始有史學矣。」〔註12〕劉知幾是眞正把史學作爲研究對象的第一人,對中國史學理論的研究具有開創意義。劉知幾強烈的批判精神和對後世史學評論家產生的重要影響也引起了梁啓超的注意,他說「劉氏事理縝密,識力銳敏。其勇於懷疑,勤於綜覈,王充以來一人而已。其書中《疑古》、《惑經》諸篇,雖於孔子亦不曲徇,可謂最嚴正的批評態度也。章氏謂其所議僅及館局撰修,斯固然也。然鑒別史料之法,劉氏言之最精,非鄭章所能逮也。」〔註13〕

　　20世紀30年代有三部關於《史通》的研究性著作問世。一部是傅振倫的《劉知幾之史學》於1931年出版,另外兩部都在1934年問世,分別是呂思勉的《史通評》,傅振倫的《劉知幾年譜》。

　　《劉知幾的史學》共有十章,內容涉及:《史通》的創作動機、經過、內容編次、義例評價;劉知幾的史學精神,對後世學術的影響以及劉氏與鄭樵、章學誠的治學異同。傅振倫認爲對前史的批判精神是劉知幾歷史精神的重要組成部分,並強調劉知幾的批判精神有利於史學的積極建設〔註14〕。《劉知幾年譜》一書首先肯定了劉氏在我國史學界的地位;之後以大量篇幅介紹劉氏的世系、家世、學行交遊;最後以《後記》概論劉氏的生平,作爲結論。雖然傅振倫把《年譜》僅定位爲資料性質的書,但他就劉知幾批評史書所作的針對性分析,對今天的劉知幾史學批評研究仍然很有啓迪意義。顧名思義,呂思勉的《史通評》側重對劉知幾《史通》議論得失的評價,肯定的很多,批評的也不少。在內容上亦有補充,比如在《古今正史》、《史官建置》兩篇就補充了盛唐之後直至晚清的內容,在考證方法上又加入專篇論述,使之大大突破原書的內容〔註15〕。

　　總之1949年之前針對劉知幾《史通》的研究處於剛剛起步階段。學者們主要完成了對《史通》的注疏和整理工作,發現了《史通》的重要研究價值。

〔註11〕梁啓超:《中國歷史研究法》,上海世紀出版集團,2005年版,第26頁。
〔註12〕梁啓超:《中國歷史研究法》,第27頁。
〔註13〕梁啓超:《中國歷史研究法》,第27頁。
〔註14〕詳見傅振倫:《劉知幾之史學》,景山書社,1931年版。
〔註15〕詳見呂思勉:《呂著史學與史籍》,華東師範大學出版社,2002年版。

（二）1949～1966 年對《史通》的「總論」性研究

　　1949 年之後對劉知幾《史通》研究的推進與中國史學史學科的提出、建立、發展基本是同步的。

　　文革前十七年，對《史通》的研究還是不充分的，沒有出現研究性著作就是明證。在 20 世紀 60 年代初幾位知名學者研究劉知幾《史通》的「總論」性文章相繼發表。這些文章均收錄在吳澤主編的《中國史學史論集（二）》中，包括：侯外廬的《論劉知幾的學術思想》、翦伯贊的《論劉知幾的史學》、白壽彝的《劉知幾的史學》、任繼愈的《劉知幾的進步的歷史觀》、楊翼驤的《劉知幾與〈史通〉》、盧南喬的《劉知幾的史學思想和他對於傳統正統史學的鬥爭》。

　　這六篇文章主要是對《史通》的整體性研究，側重於對劉知幾哲學思想和歷史觀念的考察。六位學者均肯定了《史通》中的批判精神。他們都認為劉知幾在哲學思想和歷史觀方面的進步性。他們一致認為劉知幾是明確反對命定論和復古主義，主張無神論和歷史進化觀的。此外侯外廬認為劉知幾的哲學思想具有明顯的唯物主義傾向；白壽彝認為劉知幾的史論具有理性主義特點，這表現在他反對史書記載對當權者的諱飾現象；任繼愈認為劉知幾的進步史觀包括對傳統思想的懷疑、批評和反對災異鬼神記載；盧南喬肯定了劉知幾在古今關係上「法後王」、「因時俗」，在天人關係上「重人事」、「別天人」的進步史觀。其中翦伯贊、白壽彝、楊翼驤所撰文章都是全面探究《史通》學術價值的長文。除上面提到的哲學和歷史觀之外，翦文還包含劉知幾的略傳，《史通》中的主要內容，劉知幾論歷史文獻學；白文還全面總結了劉知幾在史法上的貢獻，並介紹了劉知幾學派的組成和主要成員的學行情況；楊文在介紹劉知幾生平和著作的基礎上，把《史通》記載的內容詳細分為十一類，認為《史通》作為史學評論性著作，具有評論有據、兼指得失、批判尖銳、觀點明確四大特點，最後指出《史通》作為第一部史學評論著作，對中國史學發展的五點貢獻。〔註 16〕

　　這一時期對劉知幾《史通》研究成就最大的當屬白壽彝，除上面提到的長文《劉知幾的史學》之外，他還在 1961 年撰有《劉知幾論文風》、《劉知幾論史學繼承》、《鄭樵對劉知幾史學的發展》三篇文章，1964 年又撰有《劉知

〔註 16〕以上內容均詳見吳澤主編：《中國史學史論集（二）》，上海人民出版社，1980 年版。

幾》一篇長文。他在《劉知幾論史學繼承》一文開篇就概括了《史通》這部著作的性質和地位，他說：「唐代大史學家劉知幾作《史通》，自稱這書『多譏往哲，喜述前非』，實際上也就是在歷史學方面作出他在那時可以作到的批判性總結。」〔註17〕這句話不僅肯定了劉知幾《史通》總結前代史學的重要學術地位，更重要的是肯定了《史通》的史學批評性質。在 20 世紀 80 年代初，白壽彝在主編的《史學概論》一書中，進一步指出：「我國第一部評論史書的專著是劉知幾的《史通》。」〔註18〕這一評論為後來在史學批評領域研究《史通》開闢了道路。

「文革」中對劉知幾《史通》的評價已經偏離了正常的學術路線，所以對這一階段的文章不再作研究狀況的說明。

（三）新時期的《史通》研究

改革開放之後關於《史通》的注疏、研究性著作不斷湧現。注疏性的作品有：程千帆的《史通箋記》、張舜徽的《史通平議》、張振珮的《史通箋注》、趙呂甫的《史通新校注》等等。張舜徽的《史通平議》重在對劉知幾所提出的修史建議作出客觀公允的分析、評價。張振珮的《史通箋注》在各篇之前都撰有題解，以說明該篇的主要內容，以及其在書中的地位和作用，並結合前人已有的評論對劉知幾的史學觀點作出綜合性評價。趙呂甫的《史通新校注》不僅注釋詳細，還在每一個注釋單元之下列出大段說明，一則介紹劉知幾的主要觀點和他行文的邏輯層次，二則總結針對同樣問題別人的看法。這些書都為《史通》的深入研究提供了重要幫助。

評傳性著作有：趙俊、任寶菊的《劉知幾評傳——史學批評第一人》，許凌雲的《劉知幾評傳》。大陸的專題研究性著作有：趙俊的《〈史通〉理論體系研究》，張三夕的《批判史學的批判：劉知幾及其〈史通〉研究》，曾凡英的《史家龜鑒：〈史通〉與中國文化》。港臺的研究著作有：許冠三的《劉知幾的實錄史學》，林時民的《劉知幾史通之研究》和《中國傳統史學的批評主義：劉知幾與章學誠》、彭雅玲的《〈史通〉的歷史敘述理論》。此外還有各類學術刊物發表的研究性文章 200 餘篇，限於篇幅不再一一介紹。

這一時期對劉知幾《史通》的研究出現三個明顯的特點：一是研究範圍擴大，二是研究問題深化，三是真正意義上的劉知幾史學批評研究起步。研

〔註17〕白壽彝：《中國史學史論集》，第 220 頁。
〔註18〕白壽彝主編：《史學概論》，寧夏人民出版社，1983 年版，第 133 頁。

究範圍擴大體現在多個方面，就研究對象而言，不僅限於「總論」性的文章，對《史通》中涉及的諸多具體問題的專門性研究成果大量出現；就研究的主體而言，不再僅是著名學者的研究成果出現，廣大研究生和青年學者的文章大量湧現；我們所能接觸的研究成果也不再局限於中國大陸範圍，得益於文化交往的便捷和出版事業的發展，今天已經能夠查閱港臺學者、日本學者，甚至是歐美學者的著作和文章。研究隊伍不斷擴大，而大家研究的作用面僅是《史通》一部書，這必然會把學術研究引向深入。這一時期，史學界開始關注史學批評研究，也有一些學者開始研究《史通》在史學批評上的價值，並初步取得了一些成果。

「文革」之前，新中國第一代《史通》研究學人，基本上開創了《史通》研究的主要領域。改革開放以來，學者們在不同領域中把一個個具體問題的研究不斷推向前進。以下是學者們關注比較多的幾個方面。

1. 劉知幾史學思想的學術背景和社會背景

史學家的學術研究總是在前人已有成果的基礎上推進，劉知幾著《史通》也必然有其學術思想的淵源。許冠三認為劉知幾師承遍及四部，但他同時也強調了《左傳》對劉知幾的學術影響最大，認為劉知幾是「雅愛《左傳》」[註19]。很多學者都認為，《史通》與《文心雕龍》之間存在著較為密切的關係。張三夕、曾凡英、楊緒敏都有專文探究兩人之間的關係。謝保成指出，劉知幾對歷史著作的類別、源流和體例等方面的總結，是直接繼續了《隋書·經籍志》史部的分類和序例而加以理論化的。他還認為：《史通》繼續和發展了《文心》的某些史學觀點，但又不乏分歧之處；在對待儒經問題上，兩書存在嚴重對立。他提醒研究者既不能忽視兩書的某些內在聯繫，又不可簡單地把《史通》說成是《文心》的仿傚物，而應該客觀地比較其異同，實事求是地作出評價。[註20]許淩雲在《劉知幾評傳》中闢有專門一章分析劉知幾的學術思想淵源。他認為劉知幾繼承了孔子、司馬遷以來的優良史學傳統，繼承了揚雄、桓譚、王充以來的哲學批判的戰鬥風格。也繼承了前人著作，尤其是王充《論衡》的行文結構和劉勰《文心雕龍》的撰述形式。[註21]

探究劉知幾的史學思想與唐代社會背景之間的聯繫，雖然引起學者們廣

〔註19〕許冠三：《劉知幾的實錄史學》，香港中文大學出版社，1983年版，第22頁。

〔註20〕詳見謝保成：《隋唐五代史學》，商務印書館，2007年版，第190頁。

〔註21〕詳見許淩雲：《劉知幾評傳》，南京大學出版社，1994年版，第91～96頁。

泛關注，但大家的論述仍然是在「文革」前白壽彝提出的兩個矛盾的範圍之內，推進不大。兩個矛盾是：「一方面是豪族地主跟庶族地主之間的社會鬥爭，通過學術上的折光，反映爲劉知幾以博雅高才對於流俗之人的指摘態度，另一方面是反對正宗迷信跟封建主義的正宗的虛構專斷間的文化鬥爭，反映爲劉知幾以一家獨斷之學對於官僚機構史局監修的抗議精神。」〔註22〕趙俊也概括了盛唐史學思潮兩大特徵：一是舊有士族勢力和新興地主官僚集團在史學領域的矛盾衝突，二是官府修史制度與獨斷家學的矛盾衝突。他還認爲：唐代圍繞氏族志修撰的鬥爭就典型地反映了兩個集團在史學領域的矛盾。而劉知幾站在新興地主集團的立場上，反對以譜系之書、家史入國之正史。趙俊還認爲：官修制度使史書的容量更大，包含的內容也更豐富，但同時官修制度強化了政府對史學的控制，嚴重限制了史家個人修史創造力的發揮，並使史書曲筆不實明顯突出。〔註23〕許淩雲更多關注的是第二個矛盾的集中體現，即史官監修國史問題。許氏認爲：劉知幾系統地考察了唐代的史官制度，自己又在史館修史多年，因此，他對史官的批評切中弊端。許氏把劉知幾提出的設館修史「五不可」歸納爲長官意志、曲筆、責任不專三個問題，這些弊病嚴重限制了史家的創新精神。〔註24〕

2.《史通》的主旨、核心理論

對於這一問題的研究涉及到如何認識《史通》的內涵實質，以及劉知幾對中國古代史學理論和方法的貢獻問題。學界對這一問題的研究是圍繞著「實錄」、「史才三長」、「通識」等劉知幾所提出的重要史學範疇展開的。

香港中文大學的許冠三和中國社會科學院歷史研究所的施丁重點從「實錄」的角度探究《史通》的主旨。許冠三著有十七萬字的專著《劉知幾的實錄史學》，該書沿著我國古典史學發展脈絡探求劉知幾史學的理論淵源，並以現代歷史學概論的理論結構分析《史通》的義理系統，認爲劉知幾在撰述理論、史料學、史評說三個層次上貫徹始終的主題是實錄。該書最後不僅分析了劉知幾史學對中國後世史學的重要影響，還以世界眼光審視《史通》的貢獻，說明劉知幾既是唐代的中國史家，也是近代世界的史家。〔註25〕施丁撰

〔註22〕白壽彝：《劉知幾的史學》，吳澤主編：《中國史學史論集〔二〕》，第63頁。
〔註23〕詳見趙俊：《史學衝突與〈史通〉立場》，《江蘇社會科學》1993年第1期。
〔註24〕詳見許淩雲：《劉知幾評傳》，第65頁。
〔註25〕詳見許冠三：《劉知幾的實錄史學‧自敍》，第3頁。

有《劉知幾「實錄」論》一文，他的基本觀點是：《史通》中最基本的史學理論就是實錄論。這一理論主要受班固的實錄論和《文心雕龍》中的實錄思想影響。劉知幾在史料學、史書編纂、歷史文學、史學批評、史家修養等諸方面發展了實錄理論。他還認爲《史通》的問世是中國傳統史學理論發展的里程碑，對後世史學影響深遠。〔註26〕

瞿林東認爲劉知幾的「史才三長論」，貫穿《史通》全書。「（劉知幾）把才、學、識作爲一個整體看待並確定爲史家素養的最高標準。劉知幾本人並沒有明言《史通》與『史才三長』論之間的內在聯繫，但是通觀《史通》全書，它的大部分篇目所論，都可以按照才、學、識這三個範疇去劃分。……《史通》一書也可以看作是關於評論史家素養的著作。」〔註27〕這說明「史才三長論」是統攝《史通》的另一核心理論，《史通》在評論史家素養領域的價值被發掘出來，儘管這一理論並不是在《史通》中提出來的。

從「通識」方面研究的學者有許凌雲、林時民等人。許凌雲的《劉知幾評傳》中有一節專門講《史通》之「通」，他的研究衝破了劉知幾只重斷代，不重通史的思維定勢，認爲：「《史通》通古今，通左右。它是一部上下貫通、左右旁通的史學著作。在《史通》中劉知幾縱論古今史籍，記述其淵源流別和因革變遷，品評其得失利弊，《史通》既是一部古代史學通史，又是一部古代史學通論。」〔註28〕林時民在《劉知幾史通研究》一書中也以一節來探討劉知幾的通識意識。他認爲：「劉知幾對『通識』的看法乃建立在他的史才論和直筆論基礎上。」〔註29〕史才中的「史識」最重要，而做到直筆必須有「史識」。

江湄認爲《史通》中具有嚴密的倫理主義史學理論體系，這一體系使用儒家倫理學術來解釋歷史的變遷，「將史學的宗旨和目的總結爲以儒家的倫理道德爲現實社會樹立政治統治和社會秩序的標準和規範，並製定了一整套自覺貫徹倫理主義史學思想的史學方法論，從而實現了『史義』和『史法』的統一。」〔註30〕

〔註26〕詳見施丁：《劉知幾「實錄」論》，《史學理論研究》2003年第4期。

〔註27〕瞿林東：《中國史學史綱》，北京出版社，1999年版，第324頁。

〔註28〕許凌雲：《劉知幾評傳》，第175頁。

〔註29〕林時民：《劉知幾史通之研究》，（臺北）文史哲出版社，1987年版，第36頁。

〔註30〕江湄：《試論劉知幾倫理主義史學理論》，《蘭州大學學報》1994年第1期。

3. 劉知幾在「史法」上的貢獻

　　新時期對《史通》「史法」的研究也基本上是沿著歷史編纂學、史料學、歷史文學三個主要的方面展開。三十年來眾多研究《史通》的著述和論文多有涉及這三個層面的內容，成就也很突出。但由於與本文史學批評的側重角度不同，這裡只做簡單說明。

　　在歷史編纂學方面，相對集中於兩個主要問題的研究。第一，求眞與實錄是歷史編纂的基本要求和核心問題，也是《史通》的重要內容之一。如李秋沅的《〈史通〉的求實精神》、《劉知幾論實錄》等等。第二，關於劉知幾對《史記》、《漢書》的評論。《史》、《漢》是中國古代紀傳體史書的代表作，一通史，一斷代，司馬遷和班固的史學思想博大精深。劉知幾對於二人的評價表現出較多矛盾。學術界針對劉氏是否「尊班抑馬」展開了爭議。劉文英、許淩雲認爲《史通》中「尊班抑馬」的現象是存在的。施丁則認爲《史通》整體上不存在「抑馬揚班」問題。

4. 《史通》的史學影響

　　學界對於《史通》史學影響的研究，大致是從三個方面展開的。

　　第一類是論述《史通》對後代修史實踐活動的指導意義。許冠三的《劉知幾的實錄史學》第六章標題是《史通》與唐後史學，實際上主要講的是《史通》對唐代之後修史活動的指導，他強調說：「《史通》義例對唐以後史學的影響，就中國史學言史，無疑是前無古人，後無來者。」〔註31〕其他的研究成果還有：楊豔秋的文章《劉知幾〈史通〉與明代史學》，安尊華的《試論〈史通〉對明代史學的影響》，王天順的《歐陽修〈五代史記〉的修撰與〈史通〉理論》等等。第二類是關注《史通》對史學理論發展的影響，如：楊緒敏的《論〈史通〉的流傳及其對後世史學理論的影響》，文章梳理了《史通》問世以來，屢遭貶低批評，幾近失傳的情況，分析了造成《史通》流傳不廣的諸多原因。繼而論述了《史通》作爲第一部史學理論著作對後世史學理論的影響，從一個側面反映了《史通》的重要價值。〔註32〕第三類是關注劉知幾的史論思想對後世史論大家鄭樵、章學誠的影響，其中劉知幾、章學誠之間學術關係問題成爲研究的熱點。蘇淵雷在《劉知幾、鄭樵、章學誠的史學成就

〔註31〕許冠三：《劉知幾的實錄史學》，第131頁。
〔註32〕詳見楊緒敏：《論〈史通〉的流傳及其對後世史學理論的影響》，《徐州師範學院學報》1992年第1期。

及其異同》一文中就劉、鄭、章三人對文史批判的卓越成就，進行了初步概括，並把他們的不同論點和前後繼承發展的關係，略加論證。〔註33〕

學術界關於章學誠的史學思想是否源於劉知幾，如果是源於劉知幾，那麼章氏多大程度上繼承了劉氏的史學，這兩個問題的爭議頗大。讀近代學人劉咸炘的《史通駁議》，全書內容一言以蔽之，以章學誠駁劉知幾而已，史家無法超越自己的時代，後世史家更有機會在前代成就基礎上超越前人，以千年之後史家之觀點駁千年之前史家之觀點不免武斷，劉咸炘顯然忽視了劉、章之間的學術聯繫。許冠三則認為劉知幾對章學誠的影響極大，「《章氏遺書》凡五十餘卷，都五十萬言，幾無一卷不見《史通》之烙印，即是明證。《遺書》直接或間接引涉《史通》義例者，不下一百一十餘起，僅《丙辰箚記》一卷，已達十二次之多。《乙卯箚記》與《說林》亦多達六次以上。細析個篇所言，則知終實齋有生之年，從未擺脫《史通》之光影。」〔註34〕這是兩種對立鮮明的觀點。學術界總體上的認識是章學誠繼承並發展了劉知幾的史學。比如倉修良的文章《章學誠對劉知幾史學的批評繼承和發展》，他從歷史編纂、史法史意、史家標準、進化史觀、會通思想、批評精神、疑古重今等七大方面論證了章學誠在學術上帶有批判性地繼承了劉知幾史學思想。〔註35〕

此外關於《史通》在文學、文獻學、檔案學方面研究也頗為豐富，由於研究的側重點不同，不再贅述。

（四）關於《史通》史學批評的研究

首先要明確什麼是史學批評，瞿林東對這一名詞有過專門的說明，「史學批評是對有關史家、史書、史學現象等史學問題發表評論性、商榷性意見與見解，其功用是聯繫史學與社會公眾的橋梁，也是推動史學不斷發展的內部動因之一。」〔註36〕這裡對史學批評的規定，明確了對象是史家、史書、史學現象，本質是評論、商榷，價值在於推動史學發展。隨後他還解釋了為什麼評論與商榷是史學批評的本質，「什麼是史學批評的宗旨？概況說來，就是

〔註33〕詳見蘇淵雷：《劉知幾、鄭樵、章學誠的史學成就及其異同》，《上海師範大學學報》1979 年第 4 期。
〔註34〕許冠三：《劉知幾的實錄史學》，第 164 頁。
〔註35〕詳見倉修良：《章學誠對劉知幾史學的批判繼承和發展》，《杭州師範學院學報》1979 年第 1 期。
〔註36〕瞿林東：《史學批評的宗旨和史學文化的意義》，瞿林東、葛志毅主編《史學批評與史學文化研究》，黑龍江人民出版社，2009 年版，第 1 頁。

對批評對象的評價和商榷。沒有評價，不能認爲是批評；沒有商榷，也不是完全意義上的批評。」〔註37〕這對我們瞭解史學批評的基本含義和主要功能提供了很大幫助。

1.　《史通》是一部史學批評著作

史學界一般認爲史學批評在中國起源很早，古代學者常說的史評相當於今天的史學批評。張三夕認爲：「史學史」是從西方傳入的，而「史學批評」卻是中國土生土長的。「中國古代的目錄書，自宋代晁公武《郡齋讀書志》起便析有『史評』一類。清人姚振宗則企圖把『史評』之源上溯到東漢。」「鄭鶴聲《中國史部目錄學》敘述『史評』源流時，引用《史通·論贊》篇、《四庫全書總目》史部史評類序、梁啓超《中國歷史研究法》等意在說明史評肇端於《春秋左傳》和《史記》。」〔註38〕這說明在我國古代史學批評起源很早。《史通》問世後，其批判性的特點就引起了關注，一般史家、學者都把《史通》置於「史評」類中，這說明古代學者很早就發現了《史通》的史學批評性質。

晁公武是第一個把《史通》置於史評類的學者，他說：「前史部中有史抄類，而集部中有文史類，今世抄之說不行，而論說者爲多，故自文史類內摘出論史者爲史評，附史部，而廢史抄云。」〔註39〕不難看出史評類的設立是當時學術上史論之風漸行漸著的反應。陳振孫的《直齋書錄解題》也強調了《史通》「工訶古人」的特點。清代《四庫全書總目》也把《史通》列入「史評」類，並做了大段點評，四庫館臣雖然認爲《史通》存在詆訶聖人，考訂失誤的問題，但最後還是肯定了《史通》批判性的價值，「縷析條分，如別黑白，一經抉摘，雖馬遷、班固幾無所自解免。亦可云載筆之法家，著書之監史矣。」〔註40〕此外《史通》對於《四庫全書總目》「史部」產生的影響也是很明顯的，代繼華認爲這種影響體現在以下幾個方面：「運用劉知幾的史學主張以評判史書」，「利用《疑古》《惑經》以行思想批評」，「引用《史通》的記載內容以資考證」。〔註41〕實際上前兩點是四庫館臣對劉知幾史學批評理論和

〔註37〕瞿林東：《史學批評的宗旨和史學文化的意義》，瞿林東、葛志毅主編《史學批評與史學文化研究》，第 1 頁。

〔註38〕張三夕：《批判史學的批判——劉知幾及其〈史通〉研究》，（臺北）文津出版社，1992 年版，第 3 頁。

〔註39〕晁公武：《郡齋讀書志》卷 7《史評類·史通》，上海古籍出版社，1990 年版。

〔註40〕永瑢等：《四庫全書總目》卷 88《史評類》，中華書局，1960 年版。

〔註41〕代繼華：《〈四庫全書總目〉「史部」中的〈史通〉》，《華南師範大學學報》2007

史學批評思想有意無意的應用。

「文革」之前雖然還沒有眞正開始在史學批評上研究《史通》，但眾多權威學者都肯定了《史通》的批判性質。

梁啓超認爲：劉知幾是第一位史書批評者，他說：「批評史書者，質言之，所評即爲歷史研究法之一部分，而史學所賴以建設也。自有史學以來二千年間，得三人焉：在唐則劉知幾，其學說在《史通》。」〔註42〕

侯外廬認爲劉知幾在《史通》中，「不僅對過去的歷史學作了綜合的批判，而且他自己所說，是志在『上窮王道，下接人倫，總括萬殊，包吞千有』，對古今人物學術加以『與奪』、『褒貶』、『鑒戒』、『諷刺』。」〔註43〕這裡強調了劉知幾對史書、人物、學術的批判。翦伯贊說得更爲明確：「劉知幾之著《史通》，其主要目的，是在於糾正過去中國史學方法上的錯誤。故全書皆以批判的體裁，作爲寫著的方法。……劉知幾在這部書中，對他以前的中國歷史學，作了一次總的清算工作。」〔註44〕白壽彝在《劉知幾的史學》一文中，第一部分設立的標題就是「劉知幾史學的批判精神和對優良傳統的發揚」。任繼愈的文章《劉知幾的進步的歷史觀》兩大論點之一就是劉知幾「對傳統思想的懷疑與批判」〔註45〕。這些知名學者對於《史通》批判性質的一致肯定，爲「文革」之後確定《史通》史學批評著作的性質奠定了基礎。

瞿林東在《中國古代史學批評縱橫》一書中，從《史通》的史學批評性質出發，評定其在中國古代史學理論發展過程中的地位。他說：「劉知幾的《史通》，提出了系統的史學批評的理論和方法論，標誌著古代史學理論的形成，是中國古代史學發展的里程碑。」〔註46〕之所以稱其爲古代史學理論形成的標誌，中國古代史學發展的里程碑，在於它具有系統的史學批評方法和理論。在同一部書中他又強調說：《史通》「是史學批評著作」。〔註47〕

張三夕曾關注《史通》在文學批評史上的價值，很自然就意識到了應該

年第 6 期。

〔註42〕梁啓超：《中國歷史研究法》，第 26 頁。

〔註43〕侯外廬：《論劉知幾的學術思想》，吳澤主編：《中國史學史論集（二）》，第 1 頁。

〔註44〕翦伯贊：《論劉知幾的史學》，吳澤主編：《中國史學史論集（二）》，第 23 頁。

〔註45〕任繼愈：《劉知幾的進步的歷史觀》，吳澤主編：《中國史學史論集（二）》，第 113 頁。

〔註46〕瞿林東：《中國古代史學批評縱橫》，第 7 頁。

〔註47〕瞿林東：《中國古代史學批評縱橫》，第 10 頁。

從史學批評的角度研究《史通》，因而認定：「《史通》的性質和主旨從根本上說是史學批評。」在此基礎上他又提出了個人建議：「史學史以一定的篇幅講《史通》是有必要的。不過若將《史通》放在史學批評史裏考察，或許更合適、更深入，猶如《文心雕龍》可以在文學史裏討論，但放在文學批評史裏考察更爲恰當。」〔註48〕趙俊也認爲：《史通》是我國史學史上第一部史學批評著作，還進一步分析說：「它與以往出現的歷史著作有著很大的不同，一個本質性的區別是：以往的史書是以客觀的歷史爲研究對象的，任務是論述歷史發展過程中的事件、人物、風俗民情、典章制度。《史通》是以歷代史書、史家、史官制度爲研究對象，任務是反省以往的史學活動，評價其優劣得失，對史學活動中的各個環節、各個方面從理論上提出要求，明確目標、方向和任務。」〔註49〕綜合來看三人都明確強調了《史通》性質是史學批評著作。儘管三人關注的側重點有所不同，但對《史通》史學批評著作性質的論定是一致的，經由他們的提倡，這一點已經在學術界獲得了廣泛認可。

2. 關於《史通》史學批評體系的研究

認定了《史通》爲史學批評著作，對《史通》史學批評體系的研究立即隨之展開。很多學者也已經從不同方面，努力揭示這部不朽的史學批評著作的內在邏輯體系。

前文已經說過瞿林東率先從史學工作的內在邏輯聯繫方面分析了《史通》一書的理論體系，這裡不再重複。

趙俊從劉知幾的著述動機和《史通》的內部結構兩方面的分析出發，認定《史通》中存在一個非常博大嚴整的史學批評理論體系。在這個體系中，懲惡勸善的史學功用論是邏輯起點，進而產生了「求實錄」與「揚名教」兩大史學批評原則，「以史制、史家、史書、史評爲主要線索，以與奪、褒貶、鑒戒、諷刺爲主要評論手段，對當時史學研究中的基本問題都作了不同程度的探討，從而構成了一個空前博大嚴整的史學批評理論體系，這是前無古人的理論創造。」〔註50〕他還重點強調，《史通》不僅是中國的第一部史書批評著作，即使放大到整個世界範圍內也沒有比它更早的史學批評專著，堪稱整個古代世界史學理論發展的一個里程碑。從而駁斥了某些西方學者所謂中國

〔註48〕張三夕：《批判史學的批判——劉知幾及其〈史通〉研究》，第5頁。
〔註49〕趙俊、任寶菊：《劉知幾評傳——史學批評第一人》，廣西教育出版社，1997年版，第116頁。
〔註50〕趙俊、任寶菊：《劉知幾評傳——史學批評第一人》，第164頁。

古代「未發展富批評性史學」的錯誤看法。

　　張三夕雖然沒有總結出《史通》的史學批評體系，但他提出的一些看法，對我們推進《史通》的史學批評研究是有啓發意義的。他主張：「最關鍵的是把握他（劉知幾）史學批評方法。這樣才能以簡馭繁，對《史通》全書進行系統化的整體研究。劉知幾的思想傾向、史學觀點、具體結論等等都是一定的批評方法引導下的結果。」〔註 51〕還有其他學者嘗試建立起來的《史通》內部邏輯體系，雖然不是立足於史學批評角度，但對於我們整體上理解這部著作也是有益的。

　　許淩雲認爲劉知幾著《史通》整體的構想的出發點是治史宗旨和史家「通識」，以此爲依據品評歷代史籍，「辨其指歸」，「殫其體統」。〔註 52〕謝保成則在充分分析的基礎上總結說：「劉知幾是在具有兩重性的『理』的意識下，以『實錄直書』與『激揚名教』兩條基本準則的矛盾統一，構建起《史通》的思想體系。」〔註 53〕許冠三認爲：「實錄」準繩貫徹《史通》全書，劉知幾的史料學、撰述論、史評說無不以「實錄」爲準繩。他還從原始記錄之要求、治史之實踐、書事之內容、前代史書之質量、史學之批評等五個方面闡述了實錄的具體內涵。〔註 54〕顯然在他看來《史通》一書存在以「實錄」爲基礎的內在體系。臺灣學者林時民則從史家之意象（即劉知幾的史學思想），學術之顯象（即《史通》）兩個層面，來分析一隱一顯，相互作用的體系。〔註 55〕

　　大體上已有的研究成果，除瞿林東從史學工作的內在邏輯分析《史通》建立了完整、全面的體系之外，其他學者都是按照自己關注的方面，利用劉知幾提出的一個或幾個史學範疇來分析構建《史通》的內在體系。而不是從《史通》的性質，即史學批評學術行爲的實現過程來分析《史通》的內在邏輯體系。這就不利於體現劉知幾史學批評思想的本眞，我的研究將從劉知幾史學批評的標準、方法、特點、影響等方面圍繞他的史學批評行爲結構全文，闡釋劉知幾的史學批評理論，做到研究方法與研究對象本質的體用合一。此外眾多研究者雖然使用了劉知幾提出的一些史學範疇，但是沒有眞正明確這些範疇的不同性質、規模大小和從屬關係，因此建立起來的體系就不夠完整、

〔註 51〕張三夕：《批判史學的批判──劉知幾及其〈史通〉研究》，第 96 頁。
〔註 52〕詳見許淩雲：《劉知幾評傳》，第 167 頁。
〔註 53〕謝保成：《隋唐五代史學》，第 181 頁。
〔註 54〕詳見許冠三：《劉知幾的實錄史學·自敘》，第 3 頁。
〔註 55〕詳見林時民：《劉知幾史通之研究》第三、五章。

準確。導師指導我研究清楚《史通》眾多的範疇，再以這些範疇爲支撐建立《史通》的理論體系，恰好可以彌補這一不足。這樣我就有機會把劉知幾史學批評的理論體系，闡釋得更趨向完整和準確。而且側重使用劉知幾所提出史學範疇闡述問題，既尊重古人，也符合北京師範大學史學研究所一直提倡的建立中國氣派的史學史學科的精神。

3. 關於《史通》史學批評其他方面的研究

學者們在劉知幾史學批評的標準、方法、特點、影響等領域均做了一些專門研究。

關於劉知幾史學批評的標準問題。瞿林東認爲：「德、才、學、識這幾個範疇，我們常常用來作爲史學家自我修養的要求和準則，這是不錯的。但從史學批評的角度來看，它們實際上是確定了、至少是基本上確定了古代史學批評的範圍和標準。」〔註56〕他在《中國史學史綱》中還提出：「這（史才三長論）是他的史家修養論的核心，也是他提出的史家修養的最高標準。」〔註57〕「史才三長」論的標準直接針對的是史家，而史家是史書的撰寫者、史學的承載者，所以這一標準又不局限於史家。他還指出：「直道」與「名教」是劉知幾史學批評的雙重標準，並強調二者之間的關係說：「劉知幾又指出，史家『直書』，正是爲了『激昂名教』。」〔註58〕很多學者也持相似觀點，謝保成說：「實錄直書」與「激揚名教」兩條基本準則矛盾統一〔註59〕；趙俊認爲劉知幾以揚名教和求實錄爲史學批評的主要原則，劉氏史學批評的核心標準是禮教和求眞〔註60〕。持相似觀點的文章還有：白雲的《求實錄與揚名教：劉知幾史學批評的雙重原則——讀〈史通〉箚記》，江湄的《試論劉知幾倫理主義史學理論》等等。

關於劉知幾史學批評的方法問題。大多數學者認爲劉知幾在做史學批評時使用了歷史比較法。瞿林東認爲：「比較的方法，在中國史學上，不論是關於歷史的比較，還是關於史學的比較，都有長久的淵源和廣泛的運用。從史學批評來看，也是如此。」〔註61〕王長奇在《論劉知幾的「比較」史評》

〔註56〕瞿林東：《中國古代史學批評縱橫》，第 30 頁。
〔註57〕瞿林東：《中國史學史綱》，第 323 頁。
〔註58〕瞿林東：《中國古代史學批評縱橫》，第 111 頁。
〔註59〕謝保成：《隋唐五代史學史》，第 181 頁。
〔註60〕趙俊：《劉知幾對史學批評的反思》，《遼寧大學學報》1991 年第 4 期。
〔註61〕瞿林東：《中國古代史學批評縱橫》，第 127 頁。

一文中所持的基本觀點是：劉知幾的史學評論一個鮮明特色是通過對史家、史書的比較來說明問題；劉知幾在《史通》一書中所闡述的一系列見解，都是在對比研究的基礎上提出來的。他甚至猜測：比較是劉知幾進行史學評論的一大前提，脫離了這個前提，對所要評論的對象就很難說清楚。為了證明自己的觀點，他從史學流派的比較、史體之比較、史書之比較三個方面展開論證。〔註62〕此外研究《史通》比較法的成果還有：王守正的文章《論〈史通〉的史學比較》、《再論〈史通〉的史學比較》等等。許凌雲認為「通識」也是一種方法，而且比其他方法更重要，這是他從應用的角度來理解「通識」〔註63〕。但是應該看到在白壽彝的文章中是把「通識」與「獨斷」並列的，認為是劉知幾批評精神的體現，這樣來看把二者作為史學批評的特點更為合理。

此外關於劉知幾史學批評其他方面的研究成果還很多，比較突出的文章還有：周文玖對劉知幾史學批評的特點很有見地，他在《劉知幾史學批評的特點》一文中指出，劉知幾具有仗氣直書的批評個性，喜談名理的批評傾向，辨正史義的批評旨趣。〔註64〕趙俊的文章《劉知幾對史學批評的反思》尤其突出了關於《史通》史學批評的理論探討，受劉知幾《史通》史學批評實踐的啟發，趙俊列出了正確批評史家要做到的六點要求。〔註65〕他的另一文章《〈史通〉中所見之史學批評範疇》，論說了《史通》中文和質、文和史、名和實三對範疇〔註66〕，這不僅僅是針對《史通》的範疇研究，也是對中國古代史學批評範疇研究的有益嘗試。

縱觀以上分析，目前關於《史通》的研究不可謂不豐富，而基於史學批評的研究則處於方興未艾之際，為本課題留下了繼續研究的空間。

〔註62〕詳見王長奇：《論劉知幾的「比較」史評》，《河北職業技術學院學報》2001年第4期。

〔註63〕詳見許凌雲：《劉知幾評傳》，第176頁。

〔註64〕詳見周文玖：《劉知幾史學批評的特點》，《史學史研究》2007年第2期。

〔註65〕詳見趙俊：《劉知幾對史學批評的反思》，《遼寧大學學報》1991年第4期。

〔註66〕詳見趙俊：《〈史通〉中所見之史學批評範疇》，《江漢論壇》1992年第8期。

第一章　古代史學批評名著《史通》產生的條件

　　《史通》是我國古代第一部史學理論巨著,更準確地說是首部史學批評巨著。即使是放眼於世界範圍,《史通》也堪稱首創。按照許冠三的觀點西方類似的著作是法國人馬必雍的《古文書學》。該書誕生在 1681 年,晚於《史通》近千年〔註1〕。第一部史學批評名著出現在古代的中國,而不是別國,從根本上說是中國古代悠久而優良的史學傳統所決定的。《史通》作為史學批評著作是對唐以前中國史學的系統反思,若非有魏晉直至唐初史學的卓然獨立與歷史著述的極大豐富,是不可能出現的。至於《史通》又受到了前代哪些名家著作的影響,劉知幾在《自敘》篇均已一一說明。當然這些著作對他撰述《史通》的影響也有大有小。比較而言,《論衡》與《文心雕龍》的影響更直接一些,前者的影響多體現在批判精神與頌今思想上,後者主要體現在著述旨趣與文本結構上。最後,是由劉知幾而不是他人完成了史學發展賦予盛唐時代的學術使命,必然與劉氏本人的學術經歷有著密切的關係,尤其是多年的史館著述生涯,既培養了他作為史學理論家的基本素養,也刺激他產生了私撰《史通》的想法。

一、悠久而優良的史學傳統

　　劉知幾能夠創造性地著成史學批評巨著《史通》,與中國古代久遠而且從沒有間斷的優良史學傳統密切相關。其中對其影響較大的史著有《春秋》、《左

〔註1〕　詳見許冠三:《劉知幾的實錄史學‧自敘》,第3頁。

傳》、《史記》、《漢書》，這是四部在中國古代史學史上具有劃時代意義的歷史巨著，是中國古代悠久而優良史學傳統的集中代表。

（一）以孔子繼承者自居

劉知幾高度評價孔子著《春秋》在古代史學發展史上的重要地位和對後世史學發展產生的卓越影響，並以孔子著《春秋》學術事業的繼承者自居。

誠如許凌雲所論：「劉知幾的本色是一個史學家，他以『商榷史篇』為己任，在他的著作裏不是全面評論孔子，而是重點研究孔子的史學。」〔註2〕我認為：在劉知幾看來，孔子對中國古代史學的貢獻是開創性的。這在《史通》第一篇《六家》中就有體現，劉知幾分古今史籍為「六家」，孔子刪定的《尚書》、《春秋》獨佔兩家，雖然「其體久廢」，但其所處的中國古代史體的開創性地位是無法否認的。

劉知幾在《史通》開篇把前代舊史截然六分，他說：「古往今來，質文遞變，諸史之作，不恒厥體。權而為論，其流有六：一曰《尚書》家，二曰《春秋》家，三曰《左傳》家，四曰《國語》家，五曰《史記》家，六曰《漢書》家。」〔註3〕這樣一來，唐以前的主要史書便都有了各自的歸屬，條分縷析、涇渭分明。恰如禹劃九州、濬九河，各有畛域，自成條理，中國古代史籍遂有統一化齊之局。正如著名史學家翦伯贊所論：「劉知幾把中國的歷史學派，分為六家，大概是可以包羅一切的。」〔註4〕按照劉知幾的論述，大致可以歸納出如下表的分類體系。

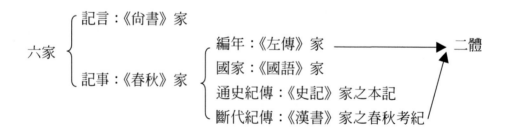

〔註2〕 許凌雲：《劉知幾評傳》，第 115 頁。
〔註3〕 劉知幾：《史通》卷 1《六家》，浦起龍通釋本，上海古籍出版社，2009 年版。本文所引《史通》內容以浦起龍通釋本為基礎，同時參考了上海古籍出版社 2006 年影印的萬曆三十二年郭孔陵刻本《史通評釋》，萬曆三十九年序刻本《史通訓故》，清乾隆十二年黃氏養素齋堂刻本《史通訓詁補》。
〔註4〕 翦伯贊：《論劉知幾的史學》，吳澤主編：《中國史學史論集（二）》，第 29 頁。

　　這個表是對《史通》中史體宗派門類與歸屬繼承關係的簡要表示。在正史分類問題上無論是支持劉知幾的浦起龍，還是反對劉氏的張舜徽、呂思勉，都認為古史有記言、記事之分，只是張舜徽、呂思勉認為記言、記事的兩分不像劉知幾說的那樣絕對。有記言、記事之兩分遂有記言之《尚書》家、記事之《春秋》家。《尚書》家因為接續著作價值不高，造成其體久廢。《春秋》家，至左丘明受經作傳，始有《春秋》內、外傳之分，堪稱《春秋》之本家嫡派，一主編年、一主國別，《春秋》家遂一變而分為《左傳》、《國語》兩家。至兩漢，司馬遷、班固的《史記》、《漢書》先後問世，紀傳體是一種綜合性的史書體裁，影響史、漢兩家之史書當不止一部。據程千帆考證劉知幾所論《史記》本紀之宗旨如法《春秋》是有根據的，班彪續《史記》把本紀也稱之為「春秋考紀」，綜合來看本紀受《春秋》影響是很明顯的。這樣就可以得到另一個結論，至兩漢《春秋》再變而成為《史記》、《漢書》兩家之本紀。

　　縱觀劉知幾對於正史體系的設計，《春秋》家的發展與《尚書》家的形單影只形成鮮明反差。「六家」中直接受其影響的就有四家。而流行不衰，影響廣泛的「二體」，編年體為《春秋》之本家嫡派，紀傳體中挈領全書的本紀體裁也源於《春秋》。《春秋》家真可謂獨步天下，蔚為大觀。當然我們也要看到《尚書》影響雖不及《春秋》，但就古史而言，兩者是並駕齊驅的，在《史通》其他篇章的論述過程中，劉知幾也往往把這兩部書作為評價史籍的最高標準，如在《載言》篇說：「夫能使史體如是，庶幾《春秋》、《尚書》之道備矣。」〔註5〕至此乃信張舜徽所說，「古史之體，《書》與《春秋》而已」〔註6〕，真為擲地有聲之言。與之相應，孔子對中國古代史學的貢獻也是開創性的，後世史家著史以孔子自比者頗多，劉知幾所著《史通》雖是史學理論著作，而其初衷也是繼承孔子著《春秋》之遺志。

　　他說：「逮仲尼之修《春秋》也，乃觀周禮之舊法，遵魯史之遺文；據行事，仍人道；就敗以明罰，因興以立功；假日月而定歷數，藉朝聘而正禮樂；微婉其說，志晦其文；為不刊之言，著將來之法，故能彌歷千載，而其書獨行。」〔註7〕這是劉知幾在綜合先代諸家看法的基礎上，對《春秋》作出的綜合評價。這段文字首先介紹了孔子著《春秋》的基本情況和特點，《春秋》編撰依據的材料源於魯史；記載的內容依據人物的實際行為和做人應該遵從的

〔註5〕　《史通》卷2《載言》。
〔註6〕　張舜徽：《史學三書平議》，中華書局，1983年版，第17頁。
〔註7〕　《史通》卷1《六家》。

原則；這樣寫的直接目的是表明貶責和肯定功績；按照日、月、季、年的時間線索來編排史事；《春秋》的敘事風格是記事時意義含蓄，評價時語言委婉。在劉知幾看來，《春秋》是一部不刊之作，爲後代著史提供了值得遵循的原則，經歷千年，依然能夠流行於世。如此高的評價在《史通》中極爲罕見，對其他五家的評論也無法與《春秋》家相提並論。

除《尚書》、《春秋》之外，劉知幾對孔子刪定的其他著作評價也很高。在《自敘》篇，他說：「昔仲尼以睿聖明哲，天縱多能，睹史籍之繁文，懼覽之者之不一，刪《詩》爲三百篇，約史記以修《春秋》，贊《易》道以黜八索，述《職方》以除九丘，討論墳、典，斷自唐、虞，以迄於周。其文不刊，爲後王法。自茲厥後，史籍逾多，苟非命世大才，孰能刊正其失？」〔註8〕仍然強調孔子的著作是值得後世效法的不刊之書，之後便懷著強烈的史學發展意識感歎道：孔子之後史籍眾多，假如不是一代才能傑出之士，誰能勘正其中的錯誤呢？事實上劉知幾正是這樣的欲繼承孔子著史遺志，刪定群史的命世大才。他曾不無感慨地說：「嗟予小子，敢當此任！其於史傳也，嘗欲自班、馬已降，訖於姚、李、令狐、顏、孔諸書，莫不因其舊義，普加釐革。但以無夫子之名，而輒行夫子之事，將恐致驚末俗，取咎時人，徒有其勞，而莫之見賞。所以每握管歎息，遲回者久之。非欲之而不能，實能之而不敢也。」〔註9〕很顯然劉知幾眞正的史學志向是效法孔子，修改自《史記》至《隋書》諸家正史，撰成不刊之書。而且他對此事抱有極大的信心，認爲自己是能夠完成的。之所以最後放棄了刊定計劃，是考慮到自己沒有孔夫子的名望，卻要做孔夫子的事，恐怕引起世俗界的驚恐，受到當時人的責難，所以自稱不敢做。劉知幾曾作《思慎賦》，主張在酷吏弄權的時代，應謹言慎行以避禍，文中有「行高於人，眾必非之」〔註10〕之歎，與這裡的「恐致驚末俗，取咎時人」的想法是一致的。

劉知幾欲修改諸家正史，說明在他看來孔子之後的史書是存在問題的，那麼劉知幾是要如何編纂史書呢？這是一值得探討又不容易說明的問題。文中的「因其舊義，普加釐革」，還是向我們透漏一些總的原則，上文講孔子著述「其文不刊，爲後王法」，顯然劉知幾贊成孟子對孔子修《春秋》的評語——

〔註 8〕 《史通》卷 10《自敘》。
〔註 9〕 《史通》卷 10《自敘》。
〔註10〕 劉知幾：《思慎賦》，李昉等編：《文苑英華》卷 92《賦九（人事三）》，中華書局，1966 年版。

—「其義則丘竊取之矣。」〔註 11〕他這裡講的「舊義」與孔子竊取之義不無關係，劉氏欲效法孔子，不僅體現在刪定歷代正史的史學著述行為上，還體現在著述史書時的整體設計與編纂方法上。

《史通》「多譏往哲，喜述前非」的批判性質，造成在一定時期內，一些學者把劉知幾看成是反聖賢、反儒學的「異端」。如唐代柳粲認為劉知幾「妄誣先哲」，清代紀昀著《史通削繁》更是以「是非謬於聖人」為由，刪去了《疑古》全篇和《惑經》篇中的「五虛美」。二人的評價顯然是片面、武斷的，他們之所以會有這樣評價，是與中國古代一般儒生把儒家先賢神聖化的思想傾向密切相關的。漢武帝時期儒學成為主流意識形態，自此之後「咸以孔子之是非為是非」的迂腐陋儒代不乏人。他們教條地理解孔子的言論，不允許對上古聖王、儒家先賢的觀點提出任何不同意見，更不可能批判其中的謬誤。一種學術思想一旦缺失了對自身的反思和揚棄，必然喪失其蓬勃發展的生命力。幸而我國古代終不乏對先賢批判性繼承之人，才使儒家學說每每能夠向前進取，而不至於枯竭僵死。此等批判性繼承之人物可謂鳳毛麟角，實屬難得，在漢則為董仲舒，在宋則為朱熹，二者均為鴻儒碩學。在唐首倡此義者，當為史學理論家劉知幾。劉知幾是儒家樸素理性精神和優良史學傳統的繼承者，而他對這兩方面的繼承都首先是從孔子開始的，因為孔子對於中國的儒學、史學均有開創之功。誠如許凌雲所論，「他（劉知幾）在史學領域真正繼承了孔子的事業，是一位本色的儒家知識份子和孔子學說的信徒。」〔註 12〕

（二）對《左傳》的褒揚和服膺

《史通》以「好譏往哲，喜述前非」著稱於世，《疑古》、《惑經》品評得失，孔子猶不能免，至於司馬遷以下諸史家更是恣情彈射，無所忌憚，學界雖有劉知幾「揚班抑馬」之論，但在外篇卻有《〈漢書·五行志〉錯誤》、《〈漢書·五行志〉雜駁》兩篇，以如此直接之方式批評某書，這在《史通》中是絕無僅有的。與此產生鮮明對照的是《申左》為褒揚《左傳》的專篇，唐以前史書數目之多不勝枚舉，而有此殊榮者僅此一部，足見劉知幾推崇《左傳》之意。劉氏所推崇之史籍，必是其對前代史學繼承的重要來源。許冠三在《劉知幾的實錄史學》一書中曾強調說：「知幾之師承，實遍及於經、史、子、集四部。在史部首推《左傳》」；「《左傳》、《論衡》與《文心》這三者尤具決定

〔註11〕《孟子·離婁下》，《十三經注疏》本，中華書局，1980 年版。
〔註12〕許凌雲：《劉知幾評傳》，第 122 頁。

性」。〔註13〕甚至有些學者提出劉知幾是《左傳》派的傳人〔註14〕，足見《左傳》對劉知幾的史學影響之大。毫無疑問，劉知幾從《左傳》獲得了大量的思想營養。具體而言《左傳》對劉知幾的影響主要表現在以下三個方面。

《左傳》是劉知幾的史學啓蒙讀物，並使他終身受益。在《史通·自敘》篇，劉知幾以令人感動的筆觸介紹了自己是如何從童年起就走上治史道路的，他說：

> 予幼奉庭訓，早遊文學。年在紈綺，便受《古文尚書》。每苦其辭艱瑣，難爲諷讀。雖屢逢捶撻，而其業不成。嘗聞家君爲諸兄講《春秋左氏傳》，每廢書而聽。逮講畢，即爲諸兄說之。因竊歎曰：「若使書皆如此，吾不復怠矣。」先君奇其意，於是始授以《左氏》，期年而講誦都畢。〔註15〕

讀此段文字不禁讓人感歎劉知幾眞是史學的有緣之人，而《左傳》恰恰是引領他步入史學之林的啓蒙讀物。在古代封建社會，成長在士大夫家裏的孩童，大都免不了在父兄的「捶撻」之下背誦詞語艱澀難懂的古書經文，其中又不知多少青年才俊在求取功名之中天資泯滅。劉知幾當是盛唐時代的幸運兒，雖然他對父親教授的《尚書》不感興趣，學起來也沒有什麼進展。但是後來他聽到了父親給兄長們講《左傳》，大概是一下子就被《左傳》中的歷史故事吸引住了，與讀《尚書》相比自然感覺興趣盎然，父親也很開明，於是轉而傳授他《左傳》。沒想到一年就學完了，「所講雖未能深解，而大義略舉」，這對於一個只有十二歲的孩子來說，已經很難得了。於是「父兄欲令博觀義疏，精此一經」，但他卻不想把精力完全放在《左傳》上，儘管這是當時讀書人追求科舉功名的一般作法。因爲《左傳》也是解釋《春秋》的，所以在唐代也被列入經書範圍，科舉考試無論是「明經」科還是「進士」科，都可以選擇《左傳》作爲初試內容〔註16〕。深入研究《左傳》自然能夠爲後來參加科舉求取功名創造條件，但是劉知幾沒有這樣做。他之所以能成爲我國歷史上第一位史學理論家，正是因爲他對於《左傳》的興趣當是以史學視之，而非經學。以史學視之，撰成《史通》，從而成就他不朽的學術事業，以經書視之只

〔註13〕 許冠三：《劉知幾的實錄史學》，第21頁。
〔註14〕 詳見許冠三：《劉知幾的實錄史學》，第36頁。
〔註15〕 《史通》卷10《自敘》。
〔註16〕 詳見陳茂同：《中國歷代選官制度》，華東師範大學出版社，1994年版，第120頁。

能獲得一時功名，所謂「文章千古事，爲官一時榮」，這是劉知幾與當時一般讀書人治《左傳》的本質區別。正是由於他對《左傳》的興趣在史學方面，所以他不會把自己的精力用在對《左傳》注疏的理解與記憶上，他要如饑似渴地閱讀《左傳》之後的歷史，以開闊自己的眼界。

> 辭以獲麟已後，未見其事，乞且觀餘部，以廣異聞。次又讀《史》、《漢》、《三國志》。既欲知古今沿革，歷數相承，於是觸類而觀，不假師訓。自漢中興已降，迄乎皇家實錄，年十有七，而窺覽略周。
> 其所讀書，多因假賃，雖部帙殘缺，篇第有遺，至於敘事之紀綱，立言之梗概，亦粗知之矣。〔註17〕

從十一歲到十七歲，六年間劉知幾首讀《左傳》，步入史學殿堂；次讀《史記》、《漢書》、《三國志》，這些都是我國古代正史的傑出作品，均出自史學名家之手；再次讀從東漢直到唐初的實錄。《左傳》帶給他的不僅僅是對一部書的興趣，而是對所有記載歷史的書籍的興趣，對整個史學的興趣。由《左傳》延展開去，觸類旁通，劉知幾閱讀了大量史書，到十七歲時，對縱貫古今的所有歷史記載已經「窺覽略周」。而且劉知幾讀史書亦如自己天生對《左傳》的興趣一樣，完全是自學，不需要他人教導訓誨。《左傳》是劉知幾孩童時代的史學啓蒙讀物，對於堅定他一生致力於史學事業的學術志趣，具有不可替代的決定性作用。但這還不是《左傳》對劉知幾史學影響的全部，因爲這部書還是劉知幾史學批評實踐的評價標準。

劉知幾對古今史籍褒貶得失，進行史學批評，其內心當然有評判標準。這些標準有時是抽象的概念，如「實錄」、「隨時」、「簡要」等等，有時是以不朽的史學名著作爲實體性標準。因爲「尺有所短，寸有所長」，加之劉知幾「惡而知其美」的史學批評風格，他對古今史書有片善可以稱道的往往也不會遺漏。如劉氏對《魏書》幾乎是深惡痛絕的，仍然對其增加《釋老志》的作法給予了肯定。由此可見《史通》援引史家可取之作法作爲史學批評典範的史籍甚多，而就徵引的次數而言，《左傳》最多，全書共四十九篇，大致上只有《表歷》、《題目》、《核才》三篇沒有論及《左傳》，除此之外所有篇章都曾直接或間接涉及到《左傳》，「(《史通》) 引述、因襲、套用或隱括《左傳》之文句、成語者，至少二十有六篇，五十有六起。」〔註18〕劉知幾在《惑經》

〔註17〕《史通》卷10《自敘》。
〔註18〕許冠三：《劉知幾的實錄史學》，第31～32頁。

篇批評《春秋》存在「十二未諭」、「五虛美」，認爲孔子的記載不可信，而他
所依據的春秋史事均出自《左傳》，寧信左丘明，不信孔子，可見劉知幾對《左
傳》的推崇之高。在《摸擬》篇，所列「貌同而心異者」七條是模仿前人經
典敘事方式的成功範例，所列的經典敘事範例都出自《左傳》，並概括說：「《左
氏》爲書，敘事之最。自晉已降，景慕者多，有類效顰，彌益其醜。然求諸
偶中，亦可言焉。」〔註 19〕推崇之意溢於言表。此外劉知幾在歷史敘事方面
極力推崇的簡要、用晦和使用當世口語，也多次以《左傳》中的記載爲經典
範例來說明問題。《六家》篇講《左傳》是「述者之冠冕」，《敘事》篇稱《左
傳》是「後來之龜鏡」。這兩句既直白地說明了，《左傳》在史學之林的地位
和對後世史學著述的影響；更鮮明反映出《左傳》在劉知幾心中至高無上的
地位和《左傳》對其史學觀點的影響。劉氏著《史通》就是要爲史書編纂樹
立規範，此處言《左傳》就是後世效法的龜鏡，兩部書的這種相通性是根本
的。此外劉知幾的史學思想也深受《左傳》影響。

　　劉知幾推崇「善惡必書」的「實錄」史學，認爲史學的主要功用是「懲
惡勸善」，而這兩條也正是《左傳》的著述旨趣。劉知幾認爲《春秋》及《公
羊》、《穀梁》二傳所載隱諱失實，稱讚《左傳》保存了「實錄」。「必執二《傳》
之文，唯取依《經》爲主。而於內則爲國隱惡，於外則承赴而書，求其本事，
大半失實，已於《惑經》篇載之詳矣。尋斯義之作也，蓋是周禮之故事，魯
國之遺文，夫子因而修之，亦存舊制而已。至於實錄，付之丘明，用使善惡
畢彰，眞僞盡露。」〔註 20〕這是說《左傳》做到了「善惡必書」，保存了「實
錄」。下面又評價說《左傳》達到了懲惡勸善的作用，「《春秋》之義也，欲蓋
而彰，求名而亡，善人勸焉，淫人懼焉。尋《春秋》所書，實乖此義，而《左
傳》所錄，無愧斯言。」〔註 21〕本來說《春秋》的大義是：暴露惡人想掩蓋
的罪惡，使好人得到鼓舞，壞人感到懼怕。但很遺憾這樣的撰述旨趣，並沒
有在《春秋》中得到貫徹執行。孔子沒有做到的，左丘明做到了，《左傳》中
的記載無愧於懲惡勸善的宗旨。

（三）對司馬遷、班固的批判性繼承

　　《史記》、《漢書》是二十四史中成書早、影響大的史學名著，史漢並稱

〔註 19〕《史通》卷 8《摸擬》。
〔註 20〕《史通》卷 14《申左》。
〔註 21〕《史通》卷 14《申左》。

在學術界由來已久，那麼兩部書究竟孰優孰劣呢？這一問題幾乎成了史學界聚訟千年的公案。劉知幾以史學批評著稱於世，《史通》中對兩部書的褒貶評價比比皆是。單就次數而言似乎對《史記》的批評更多一些，遂有劉氏揚班抑馬之論。於是劉知幾是否揚班抑馬又成了一個眾說紛紜、莫衷一是的話題。對揚班抑馬說肯定者信誓旦旦，否定者所論也有理有據。糾結於劉知幾是否揚班抑馬只是對其史、漢褒貶態度的判斷，更應該突破表層的褒貶議論，進一步分析《史通》成書與《史記》、《漢書》這兩部曠世巨著之間的密切聯繫。

《史通》是第一部專門論史的著作，梁啓超說：「自有劉知幾、鄭樵、章學誠，然後中國始有史學矣。」〔註22〕三人又以劉知幾最早，《史通》誠爲中國史學獨立成熟之標誌。也有一些學者批評劉知幾僅論史學〔註23〕。而史學門類眾多，《史通》於史學中又以論編年、紀傳兩類正史爲主，「六家」歸於「二體」，「雜史十流」只是指出類別以爲正史之補充，並未展開論述。劉知幾認爲：「二體」「角力爭先，欲廢其一，固亦難矣」〔註24〕，但他在論述編年、紀傳兩種體裁時又不是均衡用力，很明顯偏重於紀傳體。白壽彝對此曾評價說：「事實上《史通》是用了很大篇幅來議論史書體例的，特別是就紀傳史有關的體例進行了更多的評論。」〔註25〕而《史記》、《漢書》分別是紀傳體通史和紀傳體斷代史的開山之作，這兩部書對劉知幾著《史通》的影響自然顯著。前人的研究過多關注於劉知幾對史、漢的批評，而忽略《史通》成書與這兩部紀傳體巨著的關聯性。很明顯劉知幾撰述《史通》帶有批判性地繼承了司馬遷、班固的史學成就。從表層文本的呈現來看是批判，從深層的史學觀點來看則是繼承。

劉知幾對《史記》、《漢書》以及司馬遷、班固的評價很多，篇章之間也褒貶不一。從此處看是揚班抑馬，從彼處看卻是劣固優遷。前人研究但看某一類則有某優某劣之說，兩類兼顧，則認爲劉知幾對史、漢的評價不失公允。《史通》中評價固然有褒有貶，但褒貶之間也有重要、次要的差異。全面的、

〔註22〕　梁啓超：《中國歷史研究法》，第 27 頁。

〔註23〕　如錢穆認爲劉知幾的學問太狹窄，《史通》成就在劉勰《文心雕龍》之下，「劉知幾僅是一個史學專家，他的知識、他的興趣完全在史學這一門裏」。（《中國史學名著》，三聯書店，2006 年版，第 132 頁。）呂思勉也說：「劉氏邃於史而疏於經。其所言，作論史觀則是，作說經觀則大非矣。」（《呂著史學與史籍》，第 270 頁。）

〔註24〕　《史通》卷 1《六家》。

〔註25〕　白壽彝：《中國史學史論集》，第 196 頁。

概括性的評價要比具體的、就事論事的議論重要得多，也更能體現劉知幾對這兩部書的眞正態度。劉氏把這兩部書列入「六家」，本身就是對其價值的充分肯定。因爲《史通》的史學批評具有以史書名家的特點。

劉知幾把史籍分爲《尚書》家、《春秋》家、《左傳》家、《國語》家、《史記》家、《漢書》家，即以史書名家。清代浦起龍解釋說：「注家認『家』字不清，要領全沒，今爲顯說之。一、記言家也；二、記事家也；三、編年家也；四、國別家也；五、通古紀傳家也；六、斷代紀傳家也。」〔註26〕事實上以史籍名稱統領「六家」，並不像「注家」所說的那樣沒有要領。若如浦起龍所論，直白如是，不免意味全無，亦未深識劉氏用心。程千帆就曾反問浦起龍：「浦氏顧斤斤從而指實之，自命顯說，豈謂子玄慮不及此乎？」〔註27〕劉知幾的這種以史書爲門派宗主的作法，比較符合我國古代早期史著並無定法的客觀實際，同時也彰顯出《史通》明顯的批評精神。

上古時代，史籍草創，大多史書只是略具後世諸史體的雛形而已，正如白壽彝評價《春秋經》時說：「爲後來的編年史作了略具雛形的開端，還不能夠建成編年史的體制。」〔註28〕這樣看來早期史書的編纂原則並不明確，記載的內容也不限於何門何類。「古人著書，初無定體。後世以便於歸類，強爲立名，然標準不一，檢括爲難，則不如就其本書稱之，轉較明晰。」〔註29〕因此後人在評價這些史著時就不該自我作故，強分畛域，相對而言劉知幾以史書名家，不強把史書分屬於何體、何類的作法是比較符合早期史籍特點的。

劉知幾以某類最早出現的成熟史著爲史體族名，恰好能夠揭示各類流派淵源，張大其家門宗主。因此以史籍名稱命名史書門類，強調其卓爾不群的宗主地位，本身就是對包括《史記》、《漢書》在內的六部史籍的褒獎。此外《六家》篇對兩部書的評價顯然要比其他篇章的褒貶議論更重要一些，因爲《六家》篇既然統領全書（詳見第二章的相關論述），這裡的說法更能代表劉知幾本人的整體態度。劉知幾認爲：「《史記》家者，其先出於司馬遷。自《五經》間行，百家競列，事迹錯糅，前後乖舛。至遷乃鳩集國史，採訪家人，上起黃帝，下窮漢武，紀傳以統君臣，書表以譜年爵，合百三十卷。」〔註30〕

〔註26〕浦起龍：《史通通釋》，上海古籍出版社，2009 年版，第 1～2 頁。
〔註27〕程千帆：《史通箋記》，中華書局，1980 年版，第 4 頁。
〔註28〕白壽彝：《中國史學史論集》，第 26 頁。
〔註29〕程千帆：《史通箋記》，第 4 頁。
〔註30〕《史通》卷 1《六家》。

在劉氏看來司馬遷著《史記》的功績在於把前代相互交錯混雜，前後矛盾牴牾的事迹，按照本紀、列傳、書、表的體裁結構進行了系統的編排和記載。劉知幾也素有這樣的志向，他在《自敘》篇說：「（孔子）刪《詩》為三百篇，約史記以修《春秋》，贊《易》道以黜八索，述《職方》以除九丘，討論墳、典，斷自唐、虞，以迄於周。其文不刊，為後王法。自茲厥後，史籍逾多，苟非命世大才，孰能刊正其失？嗟予小子，敢當此任！其於史傳也，嘗欲自班、馬已降，訖於姚、李、令狐、顏、孔諸書，莫不因其舊義，普加釐革。」〔註31〕劉知幾認為孔子對他那個時代以及前代學術進行了總結，自己也要效法孔子對漢至唐的史書加以修改整理。這和他評價司馬遷解決前代史書記載「事迹錯糅，前後乖舛」問題，「鳩集國史」著成《史記》的成就很相似。劉氏對自己學術使命的闡述與司馬遷在《史記·太史公自序》中的闡述也是非常相似的。司馬遷說：「先人有言：『自周公卒五百歲而有孔子。孔子卒後至於今五百歲，有能紹明世，正易傳，繼春秋，本詩書禮樂之際？』意在斯乎！意在斯乎！小子何敢讓焉。」〔註32〕可以說二人所持的學術使命基本一致，甚至在語言表述上如出一轍，劉氏生於司馬遷之後，受司馬遷的影響是顯而易見的。這樣就可以梳理出「周公～孔子～司馬遷～劉知幾」學術使命的繼承線索，劉知幾雖然一再強調遠紹孔子，但實際上他與司馬遷的關係更切近一些，是要像司馬遷那樣繼承孔子的著述旨趣。在《史通》中他也曾把司馬遷取得成就與《春秋》經傳相提並論：「丘明傳《春秋》，子長著《史記》，載筆之體，於斯備矣。」〔註33〕劉知幾最終沒有完成孔子、司馬遷那樣總結既往文化成果的學術使命〔註34〕，而是僅僅進行了有關史學的理論總結。雖然就學問廣博而言減價於前人，但就史學研討之精深而言，中國古代幾乎無出

〔註31〕《史通》卷10《自敘》。

〔註32〕《史記》卷130《太史公自序》，中華書局，1959年版。

〔註33〕《史通》卷2《二體》。

〔註34〕筆者認為孔子、司馬遷不僅是總結各自既往之史學，而是總結了我們民族既往之文化。孔子編纂《詩》、《書》、《禮》、《易》、《樂》、《春秋》，司馬遷、劉知幾贊同這是孔子對春秋以及既往文化的總結。《史記》雖僅以史為名，但包羅甚廣，恩師陳其泰曾評價說：「《史記》既是歷史著作，又是自有歷史以來一切文化的總匯。它包括了當時所能知曉的中華民族的全部歷史，又包括了當代的社會生活。」（《史學與中國文化傳統》（增訂本），學苑出版社，1999年版，第129頁。）儘管劉知幾在《自敘》篇也說《史通》包羅甚廣：「其書雖以史為主，而餘波所及，上窮王道，下掞人倫，總括萬殊，包吞千有。」但終歸《史通》的廣博性無法與孔子的著述和司馬遷的《史記》相媲美。

其右者。這是《史通‧自敘》篇所見的劉知幾著《史通》對司馬遷史學的繼承關係。還有劉知幾在《史通》開篇原序中的隻言片語，也流露出《史通》成書與司馬遷卓越史學成就之間的關係。

他說：「漢求司馬遷後，封爲史通子，是知史之稱通，其來自久。博采眾議，爰定茲名。」〔註35〕劉知幾的這部史學理論著作之所以稱爲《史通》，一方面是因習《白虎通》之名，另一方面直接與漢代曾封司馬遷的後人爲「史通子」有關。《史記》是通史，劉知幾的著述稱爲《史通》，二者之間存在著深層的學術聯繫。所謂《史記》之通，就是司馬遷所說的「通古今之變」，要記述從遠古到他所處時代的歷史，尤其要探究明白漫長歷史長河中的盛衰變化，通達歷史演進中的道理。劉知幾著《史通》所欲通達之理則非歷史之理，而是史學之理，或者更準確地說是歷史編纂之理。創作《史通》就是要通達歷史編纂的目的宗旨和體裁綱要。與《史記》類似，《漢書》對劉知幾著《史通》的影響也很顯著。

《漢書》改紀傳體通史爲斷代史，成爲後世歷朝正史的通例，這點劉知幾在對《漢書》的總評中有明確的揭示。「《漢書》者，究西都之首末，窮劉氏之廢興，包舉一代，撰成一書。言皆精煉，事甚該密，故學者尋討，易爲其功。自爾迄今，無改斯道。」〔註36〕劉氏的評價精彩之處是抓住了《漢書》最突出特點——「包舉一代」斷代爲史，但對後世正史一直沿襲《漢書》之史學現象的分析過於簡單化。僅僅將其歸因於斷代史撰述簡單，更容易著成精品，沒有深入分析斷代史體裁組織形式與中國古代皇朝更迭之歷史現實間的聯繫。關於這一問題，陳其泰老師在《〈漢書〉歷史地位再評價》一文中作出了深刻的剖析：「班固創立的斷代爲史的格局，恰恰符合中國封建社會演進久遠行程中皇朝更迭的周期性特點，所以才被相繼沿用垂二千年。」〔註37〕這種史書的表現形式與記載內容之間的一致關係是紀傳體斷代史長盛不衰的根本原因。儘管劉知幾沒有認識到這一深度，但班固斷代爲史的作法和《漢書》在漢唐間形成的六百年「共行鑽仰」的傳承局面，對劉知幾的史學影響極大，集中體現爲劉知幾推崇斷代史的態度。

〔註35〕《史通‧序》。
〔註36〕《史通》卷1《六家》。
〔註37〕陳其泰：《史學與中國文化傳統》（增訂本），學苑出版社，1999年版，第208頁。

　　儘管紀傳體通史也曾經出現過《史記》這樣的曠世名著，但是《史記》之後的通史著作成就都不高，問題卻不少，因此劉知幾總結說：「《通史》以降，蕪累尤深，遂使學者寧習本書，而怠窺新錄。且撰次無幾，而殘缺甚多，可謂勞而無功，述者所宜深誡也。」〔註38〕相比之下，《漢書》包舉一代，較容易著成精品。後人以劉知幾的這段論述為據，認為劉知幾有揚班抑馬的傾向。更應該看到劉知幾在《六家》篇首先是分別肯定了《史記》、《漢書》兩家的突出成就，《史記》的成就是對紀傳體的創立之功；《漢書》的功績在於斷漢為史，創立新的著史格局。就紀傳體而言，司馬遷的《史記》是開創，班固的《漢書》是化成。劉知幾對二者給予了基本公正的評價，看得出劉氏在著《史通》的過程中對司馬遷和班固的史學都有繼承。至於《史通》中多處對這兩部書具體問題的批評，則說明這種史學繼承帶有很強的批判色彩。受班固斷代為史創設後代正史編纂新格局的影響，劉知幾極力主張編纂紀傳體的斷代史，並藉此而多有發明。

　　發明之一，明確「斷限」是斷代史書編纂的首要問題，他稱道：「《漢書》者，紀十二帝之時，有限斯極。」〔註39〕《漢書》本紀、列傳僅以西漢十二帝王為限，歌頌氣勢恢弘的西漢一代，實為後世斷代史立一典範。同時他對《漢書》中其他部分超越了西漢一代「斷限」的內容，又提出了明確的批評，「固既分遷之記，判其去取，紀傳所存，唯留漢日；表志所錄，乃盡犧年，舉一反三，豈宜若是？膠柱調瑟，不亦謬歟！」〔註40〕既名《漢書》，並以西漢一代為限，而史表、志書所涉及的範圍卻遠及上古，劉氏以為大謬。此為劉氏對《漢書》批判繼承之明證。發明之二，主張歷史編纂隨時革新。若為通史，往往千百年史事，若干朝代前後一貫，整部史書風格又必為一定；可是時代不同，要記載的史事情況也不同，又需要對史書體裁、體例等若干問題作出有針對性的調整。這是通史編纂所無法解決的問題，斷代史往往僅記一個朝代或時期，有條件根據時代的特殊情況來革新自己的編纂體例。《史通》中《書志》、《因習》、《邑里》等篇均以隨時、革新的史學觀點立論。他在《書志》篇強調說：「帝王建國，本無恒所，作者記事，亦在相時。」〔註41〕稱讚魏收著《魏書》增加《釋老志》，因為《釋老志》反映了北魏一代佛、道盛行

〔註38〕　《史通》卷 1《六家》。
〔註39〕　《史通》卷 4《斷限》。
〔註40〕　《史通》卷 4《斷限》。
〔註41〕　《史通》卷 3《書志》。

的特殊情況。他還主張刪去《天文志》、《藝文志》、《五行志》，建議增加《都邑志》、《氏族志》、《方物志》。儘管後人對劉氏增減史志觀點的評價褒貶不一，但應該看到劉知幾增減史志的觀點還是體現了由漢到唐時代風貌的變化和社會經濟的發展。剔除《天文志》、《五行志》，增進《氏族志》，反映了時代風尚從漢代推崇「天人感應」，流行讖緯之學，到唐代矜尚氏族閥閱的變化；《都邑志》、《方物志》的增設則或多或少反映出，唐代商品經濟發展和城市繁榮的社會歷史新情況對調整史書編纂的要求。發明之三，史書使用的語言應該是當世口語，這是劉知幾歷史編纂學主張中的一大亮點。使用當世口語記載歷史，也只能在斷代史的修史實踐中得到貫徹，通史包含若干朝代，不同時期語言風格畢竟不同，所以使用當世口語的修史觀點與劉知幾推崇斷代史的主張是高度一致的。劉知幾同時代的人曾普遍認為王邵的《齊志》、宋孝王的《關東風俗傳》言語粗俗。而劉知幾在《言語》篇卻讚揚他們：「抗詞正筆，務存直道，方言世語，由此畢彰。」〔註42〕這並不是劉知幾故作驚世駭俗的評論，恰恰反映出他在語言運用上的真知灼見，史書語言應該反映那個時代，而不應一味崇古求雅。

以上是從《史通》的撰述思想及史學觀點的角度探討司馬遷、班固對劉知幾的影響，此外還應該看到《史記》、《漢書》的問世，確立了紀傳體史書的基本的體裁、體例，也為後世留下了若干編纂方法和原則。這些都成為劉知幾史學批評的重要專題。以《史通》內篇為例，第二、三、四卷所講的體裁、體例，多為紀傳體所獨有，只有個別專題是兼及編年體。第二、三卷《本紀》、《世家》、《列傳》、《表歷》、《書志》五篇體裁全部為紀傳體所獨有，這五種體裁草創於《史記》，化成於《漢書》。

第四卷講史書體例，各篇均以紀傳體為主，往往由史、漢論起。以《論贊》篇為例，浦起龍評價說：「是篇不分編年、紀傳，仍以紀傳為多。」〔註43〕「論」、「贊」體例的形成也得益於司馬遷、班固在修史過程中對其規範化的處理，在《史記》之前史書篇章末尾設「論」並未形成規範，如《左傳》遇事有可議者，隨文發論。「司馬遷始限以篇終，各書一論。」「贊」則首創於司馬遷，而完善於班固、范曄，「馬遷《自序傳》後，歷寫諸篇，各敘其意。既而班固變為詩體，號之曰述。范曄改彼述名，呼之以贊。」〔註44〕班固把「贊」確定為詩體，范

〔註42〕《史通》卷6《言語》。
〔註43〕浦起龍：《史通通釋》，第78頁。
〔註44〕《史通》卷4《論贊》。

曄則把其移至各卷末尾,此體例最終形成。浦起龍在評釋其他篇章時,又多次指出劉知幾評價的主要內容是紀傳體〔註45〕。劉知幾在《編次》篇首段就明確了所論為史、漢所確定的紀傳體的編次問題,他說:「馬遷始錯綜成篇,區分類聚。班固踵武,仍加祖述。於其間則有統體不一,名目相違,朱紫以之混淆,冠履於焉顛倒,蓋可得而言者矣。」〔註46〕綜合以上分析來看,劉知幾能夠列出這些體裁、體例,並進行了充分的論述,有賴於司馬遷、班固的創設之功。

二、對漢唐間繁盛史學著述的總結與批判

《史通》作為我國史學史上第一部史學批評著作,是對以往史學發展的自覺反思和總結。一般來說一個事物若非經過充分發展達到成熟狀態,並暴露出一些阻礙其進一步發展的問題,是不會出現自我批評式的反思的。《史通》的問世,就其學術背景而言,主要是魏晉南北朝到唐初史學的卓然獨立,當然也與這一時期史書編纂已經暴露出的一些問題有關。

(一) 總結前史著述成就

與兩漢時代湧現出《史記》、《漢書》這兩部不朽的經典著作不同,魏晉南北朝至唐初史學發展的特點已經不再是創造個別開拓性的著作。這一時期大量的史學著作不斷湧現,史家人才輩出,紀傳體、編年體日趨成熟,還產生了眾多雜史體裁,史體陣容空前壯大〔註47〕,史學發展成為泱泱大國。這

〔註45〕浦起龍在評釋《序例》篇時說:「中間雖雜引左氏,其實皆言紀傳家。」(《史通通釋》,第82頁。)評釋《題目》篇時說:「前論統名,兼二體言;後論篇秩題目,專主紀傳體言。」(《史通通釋》,第87頁。)評釋《斷限》篇時說:「此下就紀傳言。」(《史通通釋》,第89頁。)

〔註46〕《史通》卷4《編次》。

〔註47〕前人對魏晉南北朝史學的這一特點早有論述,金毓黻曾不無感慨地說:「今取《隋志》閱之,若斯之類,雜然並陳,驟數之不能終其物,是即史學盛於魏晉南北朝之明徵。吾謂王官失守,而諸子之學以興,史官失守,而乙部之書日盛,當此之時,篤學之士,競以作史相尚,有日新月異之勢,亦如諸子之在晚周,以異學爭鳴,而結璀璨光華之果,研史之士,可無述乎。」(《中國史學史》,河北教育出版社,2000年版,第110頁。)瞿林東認為:「魏晉南北朝時期史學發展的總的特點,是史學的多途發展。其具體的表現是史風大盛,史家輩出,史書數量劇增而種類繁多。」(《中國史學史綱》,第223頁。)錢穆則認為:「這(指漢唐之間)一段時期就是中國史學特別值得我們注意的時期,向上面講,上面還根本沒有獨立的史學,向下面講諸位請看《唐書・藝文志》,一路看下,才知道這一時期的史學,還要高出於唐代。中國的史學只有兩個時代很盛,一便是這一期,再有一個時期,便是宋。」(《中國史學

導致在目錄學上史學依附於經學的格局難以維持，目錄學家遂把史學著作單獨列為一類，最終實現了中國傳統史學的真正獨立。儘管最初的史學獨立是由於史書數量劇增，已經非經學所能容納。但隨著時間推移，史學有別於經學的自身特點日益顯露。到了盛唐時代亟需命世大才，對諸如史學功用、史家素養、歷史敘述等一系列史學本質性問題進行系統的分析和總結，這一偉大史學使命是由唐代的史學理論家劉知幾完成的。比較而言這一過程對中國傳統史學的獨立和發展更為重要，因為這是真正基於史學學科自身屬性的思考，從而證明了史學成為一門獨立學科的合理性。史學界大多把魏晉南北朝時期視為史學獨立時期〔註48〕。這一觀點並不是完全準確的，實際上所謂南北朝時期的史學獨立主要是在圖書目錄學上史學獨立門戶。而史學何以是史學，而不是經學或文學，非有對其本質特點進行深刻反思之著作——《史通》的問世，是無法回答的。正如梁啓超所論：「要之自有左丘、司馬遷、班固、荀悅、杜佑、司馬光、袁樞諸人，然後中國始有史；自有劉知幾、鄭樵、章學誠，然後中國始有史學矣。」〔註49〕所以《史通》的問世標誌著中國傳統史學獨立的最終實現，許冠三也有過類似的論述：「《史通》之就史論史，並為之建構以義例系統作為修史之指南與評史之設準，正是史學獨立完成之不朽見證。」〔註50〕從另一角度來說，《史通》的問世正是漢唐間史學獨立發展的必然結果。

這一時期史學獨立發展之趨勢首要體現在史書數量和種類的增多。《漢書‧藝文志》並沒有單獨收錄史部書籍，把屬於史部的書籍僅附記在《春秋》類之下，《春秋》總共有23家，948篇（卷），這23家中按照後世的分類標準屬於史學類的有：《春秋》經11卷、《左傳》30卷、《國語》21篇、《新國語》54篇、《世本》15篇、《戰國策》33篇、《楚漢春秋》9篇、《太史公書》30篇、

名著》，第103頁。）

〔註48〕學者們大多認為中國傳統史學的獨立是在魏晉南北朝時期，如周一良認為這一時期史學發展的首要特點是史學的獨立：「從典籍的分類來看，史學著作擺脫了隸屬於《春秋》作為經部附屬品的地位而獨立了。這也就意味著，史學從而成為獨立的學科。」（《魏晉南北朝史學發展的特點》，《中國文化與中國哲學》第2輯，1987年。）高國抗也曾指出：「中國古代史學形成為一門獨立的學科並取得了重大的發展，是在魏晉南北朝時期。」（《魏晉南北朝時期史學的巨大發展》，《暨南學報》1984年第3期。）

〔註49〕梁啓超：《中國歷史研究法》，第27頁。

〔註50〕許冠三：《劉知幾的實錄史學》，第28～29頁。

馮商《續太史公書》7 篇、《太古以來紀年》2 篇、《漢著記》90 卷、《漢大年紀》5 篇，再加上《尚書》46 卷，共計 13 種，353 篇（卷）。班固作為一代史家，很顯然是把《春秋》類當作史學類看待的，他在點評這類著作時說：「古之王者，世有史官，君舉必書，所以慎言行，昭法式也。左史記言，右史記事，事為《春秋》，言為《尚書》，帝王靡不同之。」〔註 51〕無奈這類書籍篇秩寡少，在當時的學術體系中聲勢不大。五百多年後的《隋書·經籍志》所著錄的史書已經包含正史、古史、雜史、霸史、起居注、舊史、職官、儀注、刑法、雜傳、地理、譜系、薄錄等 13 類，「凡史之所記，817 部，13264 卷。通計亡書，合 874 部，16558 卷。」〔註 52〕這些史書絕大部分為漢唐間史家所著。是書在史部後序中說：「班固以《史記》附《春秋》，今開其事類，凡十三種，別為史部。」〔註 53〕實際上在圖書分類上史部著作單列之趨勢在魏晉南北朝時期已然形成。三國時期，魏國的秘書郎鄭默曾把皇室所藏圖書整理編纂成為目錄書——《中經》。到了西晉，秘書監荀勖又在《中經》的基礎上編纂了《中經新簿》，荀氏的工作儘管是在前人基礎上的重新整理，但他把史書單列為一類的作法是史書在目錄分類上獨立的標誌。他把圖書分為四部，其中丙部包括史記、舊事、皇覽簿、雜事，很明顯丙部特為收錄史書而設。這是史書第一次擺脫從屬於經書的附庸地位，自立於中國傳統學術之林。之後中國古代的圖書分類雖有過調整，但這種史部作為四大部類之一的基本格局一直穩定不變。繼荀勖之後，東晉李充在作圖書分類時，又把史書所在部次提前一位，置於五經和諸子書之間，這一變化在一定程度上反映出史學地位的提升。唐代史官編修《隋書·經籍志》，開始使用經、史、子、集四大部類之名，以後各代編纂書籍無改斯道。以上是在《史通》編纂之前，由於史書數量不斷增大促成的史部在圖書分類上逐漸獨立的趨勢。如果把眾多的史籍進行區分，這種史學壯大的趨勢又具體表現為正史修撰的繁盛和雜史體裁的豐富。

　　魏晉南北朝時期正史修撰繁盛最鮮明的體現是：出現了多人治同一皇朝史的盛況。據前代學者整理統計這一時期治東漢史者有 13 家，紀傳體 11 家，編年體 2 家，尚存世的僅有范曄的《後漢書》（其中的八志 30 卷取自司馬彪

〔註 51〕　《漢書》卷 30《藝文志》，中華書局，1962 年版。
〔註 52〕　《隋書》卷 33《經籍志二》，中華書局，1973 年版。
〔註 53〕　《隋書》卷 33《經籍志二》。

的《續漢書》）和袁宏的《後漢紀》兩部。治三國史的共有 14 家，陳壽《三國志》問世後，其他各家均散失亡佚。治晉史的就更多了，總計達到 23 家，晉人編著的晉史就達到 12 家，23 家晉史中紀傳、編年二體可謂平分秋色，紀傳 12 家，編年 11 家。後來唐代重修《晉書》，23 家晉史先後散佚。此外還出現過 29 種記載十六國歷史的紀傳、編年體著作。治南朝宋史、齊史各有 7 家，梁史 5 家，陳史 3 家，總計 22 家。〔註54〕如此大量皇朝正史的編纂是兩漢時代所不曾有過的，鮮明體現出這一時期史學的繁盛。以上所舉為紀傳體、編年體史書，劉知幾均視之為正史。除此之外，他還把凡涉及史學之林的其他著作區分為十類雜史。

第一類是「偏紀」，這類史書「權記當時，不終一代」〔註55〕，隨後他還列舉了四部屬於「偏紀」的書，分別是賈誼的《楚漢春秋》、樂資的《山陽載記》、王韶的《晉安陸紀》、姚最的《梁後略》，其中只有《楚漢春秋》不是這一時期的。第二類是「獨舉所知，編為短部」〔註56〕的「小錄」，如戴逵的《竹林名士》、王粲的《漢末英雄》、蕭世誠的《懷舊志》、盧子行的《知己傳》。第三類是有助於補國史之遺缺的「逸事」，如葛洪的《西京雜記》、顧協的《瑣語》、謝綽的《宋拾遺》。第四類是「瑣言」，如劉義慶的《世說》、裴榮期的《語林》、孔思尚的《宋齊語錄》、陽玠松的《談藪》。第五類是記載地方賢良的「郡書」，如圈稱的《陳留耆舊》、周斐的《汝南先賢》、陳壽的《益部耆舊》、虞預的《會稽典錄》。第六類是「紀其先烈，貽厥後來」〔註57〕的「家史」，如殷敬的《殷世家傳》、《孫氏譜記》、陸景獻的《陸宗系歷》。第七類是記載「賢士貞女」的「別傳」，如劉向的《列女傳》、梁鴻的《逸民頌》、趙采的《忠臣傳》、徐廣的《孝子傳》。第八類是「雜記」，如祖臺之的《志怪》、干寶的《搜神記》、劉義慶的《幽明錄》、劉敬叔的《異苑》。第九類是「地理書」，如盛弘之的《荊州記》、常璩的《華陽國志》、辛氏的《三秦記》、羅含的《湘中記》。第十類是「都邑簿」，如潘岳的《記關中》、陸機的《洛陽記》、《三輔黃圖》、《建康宮殿》。縱觀劉知幾在十類雜史，所列的 40 部史書，僅有 8 部是兩漢時期的，其他均出自魏晉南北朝時期的史家之手，《史通》中說：「爰

〔註54〕關於魏晉南北朝時期編纂諸家正史情況的統計，主要參考了金毓黻的《中國史學史》和瞿林東的《中國史學史綱》。
〔註55〕《史通》卷 10《雜述》。
〔註56〕《史通》卷 10《雜述》。
〔註57〕《史通》卷 10《雜述》。

及近古，斯道漸煩。」〔註58〕可見劉氏所言不虛。

在《史通》中雜史十流與「六家」、「二體」構成了中國古代前半期歷史著述的宏大方陣。如果說「六家」、「二體」作爲正史主要體裁的格局在三國時代之前已經形成，那麼正史編纂實踐上的繁盛和雜史十流格局的形成則是在魏晉南北朝時期實現的。至唐初修八史，既是正史編纂的新高峰，更是承接魏晉南北朝正史編纂繁盛局面的最後高潮。這一時期史學的大發展還表現在大量官、私史家人才輩出，限於篇幅不再贅述。

總之漢唐間歷史著述的繁盛、史家的人才輩出充分表明這一時期我國傳統史學的長足發展，尤其是大量史書的問世，直接促成在圖書目錄學上史部的獨立。這種史書著述的繁盛和目錄學上獨立的趨勢又迫切要求在史學自身作出與之相適應的理論總結，這是《史通》在盛唐時代問世的重要學術背景。此外《史通》具有極強的批判性，劉知幾在《自敘》篇也曾明言著《史通》的一大初衷是傷感於前代史書的義例不純，要在批判諸家史著的基礎上辨清著史的目的宗旨和體裁綱要。通觀《史通》全書，劉知幾所批評的史書主要是漢唐間問世的，因此可以說這一時期歷史編纂暴露的一系列問題也是劉知幾編纂《史通》的重要誘因。

（二）糾正前史編纂問題

《史通》是史學理論著作，也是史學批評著作。儘管這裡所說的史學批評，不單單是針對史學問題提出批評而言的，但如果史學未經過充分發展，並呈現出一些阻礙其進步的弊端，是沒有撰寫史學批評著作之必要的。正如劉知幾自己所說：「若《史通》之爲書也，蓋傷當時載筆之士，其義不純。」〔註59〕他在這裡已然明白告訴讀者，自己編纂《史通》正是有感於當時編纂史書的人，對史書編纂的原則掌握得不夠純篤，這種「義例不純」主要指的是魏晉以來史書編纂暴露出來的一系列問題。在歷史觀上，毋庸置疑劉知幾堅持的是後代必然超越前代的進步史觀，這一觀點也得到了前代學者的普遍認可〔註60〕。但這並不是說在劉知幾眼中所有事物都是前代不如後世，比如

〔註58〕《史通》卷 10《雜述》。

〔註59〕《史通》卷 10《自敘》。

〔註60〕如侯外廬認爲劉知幾的《史通》「反對復古主義的歷史觀，強調歷史的進化觀點」。（《論劉知幾的學術思想》，吳澤主編：《中國史學史論集（二）》，第 11 頁。）盧南喬也指出：「這樣一個歷史進化觀在劉知幾的史學思想中是確立了，系統了。」（《劉知幾的史學思想和他對於傳統史學的鬥爭》，吳澤主編：《中

他對歷代歷史著述優劣的分析就很明顯是認為今不如古的。

通讀《史通》全文不難發現，總體上劉知幾認為《史記》、《漢書》不如《左傳》，漢唐間史著又遜色於《史記》、《漢書》。這種史書優劣評價的態度基本上是《史通》內篇各篇的通例。在各篇中均有一部分是基於所論述主題的史學史性回顧。在這一過程中他往往會把不同時代的史書進行優劣比較，大體上是秦漢之前的「遠古」史書優於兩漢時期的「中古」著作，而「中古」著作又優於漢唐之間的「近古」史書。如《序例》篇關於「序」的評價，劉知幾認為《尚書》、《詩經》中的「序」最為恰到好處，「《書》列典謨，《詩》含比興，若不先敘其意，難以曲得其情。故每篇有序，敷暢厥義。」〔註61〕《尚書》中的典、謨，《詩經》中的比、興，含義難懂，所以設立「序」加以說明就是很必要的。《史記》、《漢書》中的「序」雖然遜色於「上古」之書，但仍不失微婉之風，「降逮《史》、《漢》，以記事為宗，至於表志雜傳，亦時復立序。文兼史體，狀若子書，然可與誥誓相參，風雅齊列矣。」〔註62〕作為以記事為主的史書，在表、志、雜傳中，也時常立「序」。文體屬於史體，樣子卻像子書。大體上可以與《尚書》的誥誓、《詩經》的風雅相提並論。魏晉南北朝時期的史家則不如司馬遷和班固，「爰洎范曄，始革其流，遺棄史才，矜衒文彩。後來所作，他皆若斯。於是遷、固之道忽諸，微婉之風替矣。」〔註63〕從范曄開始，改變了傳統，放棄了史才，只知道炫耀文采。後來史家所作的序，大都如此。於是司馬遷、班固的原則不見了，微言大義、微婉褒貶的風氣也衰退了。在其他各篇具體的表述雖然不同，但大體上劉知幾認為後世史著編纂不如前代，例如「近古則不然」這樣轉折性論述就出現過 5 次〔註64〕，都是講魏晉以來史家修撰改變前代優良

國史學史論集（二）》，第 163 頁。）
〔註61〕《史通》卷 4《序例》。
〔註62〕《史通》卷 4《序例》。
〔註63〕《史通》卷 4《序例》。
〔註64〕如《稱謂》篇：「古者二國爭盟，……其間雖勝負有殊，大小不類，未聞勢窮者即為匹庶，為屈者乃成寇賊也。至於近古則不然，當漢氏云亡，天下鼎峙，論王道則曹逆而劉順，語國祚則魏促而吳長。」再如《載文》篇：「古者兩軍為敵，二國爭雄，自相稱述，言無所隱。……逮於近古則不然。曹公歎蜀主之英略，曰『劉備吾儔』；周帝美齊宣之強盛，云『高歡不死』。」「古者國有詔命，皆人主所為。……至於近古則不然。凡有詔敕，皆責成群下，但使朝多文士，國富辭人，肆其筆端，何事不錄。」還有《書事》篇所說關於祥瑞的記載：「《尚書》、《春秋》，上下數千載，其可得言者，蓋不過一二而已。爰及近古則不然。凡祥瑞之出，非關理亂，蓋主上所惑，臣下相欺，故德彌少

傳統的。總之在劉知幾看來漢唐間出現了很多歷史編纂的痼疾，嚴重影響了史學的健康發展，他私撰《史通》的目的之一就是糾正這些歷史撰述領域的問題。

　　上文曾談到，漢唐之間治東漢史者有 13 家，治晉史的有 23 家，治南朝史的有 22 家。到范曄的《後漢書》問世後，其他的紀傳體東漢史均先後亡佚，僅有《續漢書》的八志因補范書史志的遺缺才得以保全，這說明諸家東漢史本身質量一定不是很高。誠如錢穆所論：「這些丟掉的書，已然無多可講了。我們也可如此說，大概這些書在當時本是沒有甚大價值，所以不傳到今天。」〔註65〕史書或存世或亡佚，這本身就是優勝劣汰的過程。晉史雖多，唐太宗時卻又下詔重修，劉知幾對此曾評價說：「皇家貞觀中，有詔以前後晉史十有八家，製作雖多，未能盡善，乃敕史官更加纂錄。」〔註66〕雖然有 18 家之多，但在唐代史家看來均有問題，所以要重修《晉書》。這些充分說明魏晉南北朝時期在史書編纂上問題很多。這些問題主要有：史實濫載、史事闕書、撰述不實、體例乖躍、史體靡麗、敘事繁蕪、機械模仿等。關於實錄問題和體裁體例問題前人論述較多，就不再重複論述了，僅就這一時期比較突出的敘事繁蕪問題稍作分析。

　　在歷史敘事問題上，劉知幾以強烈的尚簡態度聞名於世，對史家遣詞造句的簡潔要求幾近絕對〔註67〕。事實上這種矯枉過正的態度，正是漢唐之間歷史著述史文繁冗之弊病所激起的強烈批判。

　　中國的上古史書具有很好的尚簡傳統，《尚書》、《春秋》這兩部中國史學萌芽時期的著作就具有敘事簡潔的特點。「《尚書》發蹤，所載務於寡事，《春秋》變體，其言貴於省文。」〔註68〕《尚書》作為歷史敘事的開端，追求事實記載的減省；《春秋》雖然轉變了體例，仍然注重文字的精省。儘管由於時代風尚不同，造成歷史敘事風格上的前後差異。但是在劉知幾看來文字簡約而史事豐富則是它們的共性，這才是優秀的歷史著作。很遺憾這一優良傳統並沒有得到很好地發揚，後世歷史敘事愈加繁複。「始自兩漢，迄乎三國，國

　　　而瑞彌多，政逾劣而祥逾盛。」
〔註65〕錢穆：《中國史學名著》，第 102 頁。
〔註66〕《史通》卷 12《古今正史》。
〔註67〕如《敘事》篇說：「《漢書‧張蒼傳》云：『年老，口中無齒』。蓋於此一句之內去『年』及『口中』可矣。夫此六文成句，而三字妄加，此為煩字也。」這種敘事簡潔的要求不免過於苛刻。
〔註68〕《史通》卷 6《敘事》。

史之文，日傷煩富。逮晉已降，流宕逾遠。必尋其冗句，摘其煩詞，一行之間，必謬增數字；尺紙之內，恒虛費數行。夫聚蚊成雷，群輕折軸，況於章句不節，言詞莫限，載之兼兩，曷足道哉？」〔註69〕這是劉知幾在宏觀上對漢唐間史學著述繁簡情況的評價，史文繁複造成這一時期史書徒有其可觀之數量，價值高的精品著作卻很少。

造成漢唐間史文繁複的原因很多，從史料的選擇來看，劉知幾把「近代史筆，敘事爲煩」分爲四類。第一類是大量收錄祥瑞，而不去核實其中的眞僞。關於祥瑞的記載，在上古時代並不多。「《尚書》、《春秋》，上下數千載，其可得言者，蓋不過一二而已。」〔註70〕到了魏晉南北朝時期風氣大變，史家大量記載與國家治亂興衰無關的所謂祥瑞，君主迷惑臣下，臣下欺騙君主。史書記事形成惡習，以至於君主德政愈少，爲政愈劣，祥瑞反倒愈多。「桓、靈受祉，比文、景而爲豐；劉、石應符，比曹、馬而益倍。」〔註71〕歷史著作呈現出這樣的狀況，主要問題出在史家對史料的收集上，對那些謬說邪言也記錄在冊，眞僞不分，是非不辨。第二類是過細記載君臣朝會。《春秋》經上記載某國來使，是爲了表明國與國之間的友好交往和天子的盛德。這都是國家大事，不可缺少。而「近古」的《宋書》，連檀道濟這樣的將領入朝也會記載在天子的本紀中。臣僚謁見天子，兒子拜見父親，這只是常情，不屬於異聞，按照本紀中常事不書的原則，不應該記載在史冊中。第三類是記載全部官員的陞遷黜免，不管其官職高低。說道官員的任免陞降，可以在本紀中記載姓名的，大概只有三公而已。所以西漢史官編纂史書，只編入丞相、大夫，東漢只列司徒、太尉。「而近世自三公以下，一命已上，苟沾厚祿，莫不備書。」〔註72〕而且同爲一人，身兼數職，有的只是加銜，而沒有實際職位，也都不厭其煩地一一記載下來，空占史策，卻不值得後世讀者閱讀。第四類是家傳中有關人物的名位情況，不管其是否有突出成就，都一一記載。對於人物的世繫傳承，只要寫出他的籍貫也就可以了。如果有事跡特別突出的，如項羽的先輩曾爲楚國將領；石建的後代，都以潔身謹愼相傳承。這些在傳內略作記載尚可。到了「近古」則不然，「父官令長，子秩丞郎，聲不著於一

〔註69〕《史通》卷6《敘事》。
〔註70〕《史通》卷8《書事》。
〔註71〕《史通》卷8《書事》。
〔註72〕《史通》卷8《書事》。

鄉，行無聞於十室，而乃敘其名位，一二無遺。」〔註73〕名位不高，影響也不大，也要一一記載他們祖祖孫孫每代人的名位，這實際上是家譜，與國史無關。

以上所說是史家把一些價值不高的史料採入史策，造成虛占篇幅的問題。還有一種情況是選入史書的確實是有價值的史料，但在內容上卻與前代史書記載重複，所以仍然是浪費筆墨。這也是劉知幾在書志問題上反對《天文志》和《藝文志》的最主要原因。《天文志》記載自然天象，千古不變的就沒有必要記載了。日月星辰依附在天上，它們不像地上的郡國州縣，設置廢除變化無常。滄海桑田可以轉變，而太陽星辰不會變化。「古之天猶今之天也，今之天即古之天也。」〔註74〕如果一定要寫入國史，放在哪一個朝代不可以呢？最後劉知幾建議：如果一定要保留《天文志》，可以只收錄那些不同於前代的天象，例如彗星、日月食等現象。至於天體初分時刻的混沌狀態，傍晚天空的顏色變化，太陽和月亮的運行軌迹等等，多少年來一成不變，前代史書已然記載，修當代國史就沒有必要再記了。《藝文志》也屬於這種情況，各代史家志《藝文》時，大多把所見的歷代書籍統統收錄。在劉知幾看來這也是史籍編纂上的重複建設，《漢書·藝文志》已經把漢代之前的史書完整收錄了，後世國史仍然不厭其煩地效法班固設《藝文志》收錄由古及今的書籍。「夫前志已錄，而後志仍書，篇目如舊，頻煩互出，何異以水濟水，誰能飲之者乎？」〔註75〕等於是大量的重複建設，徒勞無功〔註76〕。劉知幾認為如果一定要保留《藝文志》可以仿傚宋孝王所著《關東風俗傳·墳籍志》的作法，即僅記當代作者所著的書籍。

魏晉以來文風靡麗，文人長於遣詞造句，寫東西往往堆砌雕琢、鋪陳描畫。而官修史書又多出於文士之手，這是時代文風對史文繁蕪弊病的助漲。劉知幾在《史通》中多次表達了對這種史學現象的批評。如在《核才》篇陳

〔註73〕《史通》卷8《書事》。
〔註74〕《史通》卷3《書志》。
〔註75〕《史通》卷3《書志》。
〔註76〕後世一些史家對劉知幾反對作《藝文志》的觀點提出了批評，主要依據是賴有各代《藝文志》的存在，為後世研究者探究史書的存佚情況提供了巨大方便，此誠為《藝文志》重大價值不假。但此種價值的有無實非當時作《藝文志》之史家所能預見。劉氏論《藝文志》之是非也僅就史家著史當時情況作出分析。從後來《明史·藝文志》僅收錄當代書籍的修史實踐來看，劉知幾的主張還是有一定影響力的。

述：「略觀近代，有齒迹文章，而兼修史傳。其爲式也，羅含、謝客宛爲歌頌之文，蕭繹、江淹直成銘贊之序，溫子昇尤工復語，盧思道雅好麗詞，江總猖獗以沉迷，庾信輕薄而流宕。此其大較也。」〔註77〕這裡所列文士史家均生活在漢唐之間的「近代」，受駢儷文風的影響，他們所著史書，有的很像歌頌之文，有的充斥著對偶的句子和駢儷的辭彙，有的史家沉迷於豔辭，文字輕浮而不知收束。魏晉以來，特別推重文士，朝廷史官一旦有了空缺，就讓文士來充任。於是使執筆編寫史書的人，大多都不具備史學見識，著述連篇累牘，卻難得有寓意深刻的言論。眞正的具有史才之人則抱負難申，「取窘於流俗，見嗤於朋黨。遂乃哺糟歠醨，俯同妄作，披褐懷玉，無由自陳。」〔註78〕儘管有眞知灼見，由於沒有地位，也就沒有機會展示自己的才能。這種情況一直延續到唐代，「大唐修《晉書》，作者皆當代詞人，遠棄史、班，近宗徐、庾。夫以飾彼輕薄之句，而編爲史籍之文，無異加粉黛於壯夫，服綺紈於高士者矣。」〔註79〕文人修史導致文辭繁冗，華而不實。劉知幾當時也身處史館之中，在修史實踐中受監修掣肘，己志難申，對於前代史家的處境是感同身受的。史體靡麗必然導致敘事繁瑣，一則語言華而不實，筆墨雖多，卻沒有眞正說清楚多少史事。二則對偶句式，塡詞湊句，妄增史書篇幅。「作者蕪音累句，雲蒸泉湧。其爲文也，大抵編字不只，捶句皆雙，修短取均，奇偶相配。故應以一言蔽之者，輒足爲二言；應以三句成文者，必分爲四句。」〔註80〕敘事散漫重疊，不知裁剪。

　　劉知幾強烈的歷史敘事尙簡意識，正是對漢唐之間史學敘事繁蕪的強烈反應。劉知幾著《史通》具有強烈的問題意識和深沉的史學發展意識。他發現了前代修史活動中出現的問題，就要努力解決這些問題，渴望史學能夠獲得長足進步。敘事繁蕪只是他在博覽前代史書過程中，發現的一個比較突出的問題，爲了糾正這一修史弊病，他以強烈的尙簡原則評判諸史。此外他在史學批評中執著堅守的其他原則也與前代修史積弊密切相關。

　　劉氏大聲疾呼史書「實錄」、史家「直筆」，正是對前代修史存在事實濫載、撰述不實、史事闕書等問題的強烈反應。他強調著史貴「隨時」，提出「前史之所未安，後史之所宜革」的著史原則，則是對史書體例乖躍、機械模仿

〔註77〕《史通》卷9《核才》。
〔註78〕《史通》卷9《核才》。
〔註79〕《史通》卷4《論贊》。
〔註80〕《史通》卷6《敘事》。

等問題的強烈反應。總之很明顯劉知幾的史學批評是從前代史學的問題出發的，對前代史學問題的洞察是他品評史家、商榷史篇的起點。探究《史通》成書的背景，不能忽略對這一環節的考察。

三、《論衡》、《文心雕龍》的直接影響

劉知幾在《自敘》篇列舉了七部對其私撰《史通》影響較大的前代著作，分別是：《淮南子》、《法言》、《論衡》、《風俗通》、《人物志》、《典語》和《文心雕龍》。當然這七部著作的影響力肯定也有所不同，那麼哪些著作影響較大，又分別產生了什麼樣的影響呢？這是探討《史通》問世條件必須要思考的問題。許冠三認為：「《左傳》、《論衡》、《文心‧史傳篇》，乃是知幾建構其實錄史學之三大支點，《史通》各篇原是循此三者所啓示之思路與綱領寫成。」〔註81〕這三部書他抓得很準確，但也應該看到其中的差異。劉知幾在這裡所列的七部著作均非史書，而《左傳》對劉知幾的影響之大又非此七部著作所可以比擬，這樣來看《自敘》篇所列這些著作的初衷就是不包含史部著作的。從《史通》書中涉及的內容來看，《史通》屬於史部著作；從全書的特點來看，則是抒發個人看法的、帶有子書色彩的理論著作。上文所列七部書對《史通》成書影響的主要著力點是後者，即在促成《史通》之批判性和理論性方面起到了作用。其中又以王充的《論衡》和劉勰《文心雕龍》影響最為顯著。劉知幾繼承了王充《論衡》中歷史進步觀念和頌今思想，且深受劉勰《文心雕龍》學術旨趣的影響。

（一）王充《論衡》的影響

劉知幾撰《史通》深受《論衡》影響，早已被眾多學術前輩所認可〔註82〕。許冠三、許凌雲作為當今《史通》研究的權威學者，也對這一問題進行了相當充分的論證。二人都突出強調了《論衡》求真實態度和疾虛妄的批判精神對劉知幾的影響，這毫無疑問都是對《史通》成書所起作用的重大方面。許冠三還對劉知幾襲用《論衡》中語句進行了詳細統計，並在行文中一一說明，

〔註81〕許冠三：《劉知幾的實錄史學》，第 27 頁。

〔註82〕早在明代，胡應麟就已經指出劉知幾「譏訕聖人」是步王充之後塵。近代學者梁啓超也認為：「劉氏事理縝密，識力銳敏。其勇於懷疑，勤於綜覈，王充以來一人而已。」（《中國歷史研究法》，第 27 頁。）翦伯贊也曾指出：「劉知幾的思想，頗受王充學說的影響。」（《論劉知幾的史學》，吳澤主編：《中國史學史論集（二）》，第 25 頁。）

數量之大，著實可觀。以上種種前人已論，無需再廢筆墨。儘管有前輩學者如是充分研究，但是本人從《論衡》和《史通》這兩部典籍的原始材料出發還是發現了它們之間沒有被前人發現的密切聯繫。前人論說很多，《論衡》影響《史通》成書的方方面面和角度探討也很多，卻忽略了劉知幾在《自敘》篇談到《論衡》時，所稱道的一個方面。首先回到《史通》原文，看看劉知幾是怎麼說的。

「儒者之書，博而寡要，得其糟粕，失其菁華。而流俗鄙夫，貴遠賤近，傳茲牴牾，自相欺惑，故王充《論衡》生焉。」〔註83〕抵制糟粕，擷取精華，批判虛妄，戳穿欺惑這些都是《論衡》之義，這些方面對《史通》都有影響，並為前輩學者所關注。而此處劉知幾提到《論衡》具有批判「流俗鄙夫，貴遠賤近」之義卻被前人忽略了。若仔細分析劉氏這句話意思，不難發現，批判「流俗鄙夫」的「貴遠賤近」之風是這句話的核心。《論衡》是要解決牴牾和欺惑的問題，為什麼會形成這些牴牾和欺惑呢？是因為儒家的書博雜而不得要領，後世讀者往往關注了其中的糟粕而遺失了精華。一般的世俗淺陋之人，又珍視既往，無視近今，就造成了這些問題。《論衡》也確有強烈的反對復古倒退之義，陳其泰老師在《史學與中國文化傳統》一書中指出：「《論衡》撰寫目的之一是批駁俗儒嚴重的尊古卑今意識」〔註84〕。

在《論衡》的《超奇》、《齊世》、《宣漢》等篇，王充多次批判當時儒家知識份子所津津樂道的是古非今陋見。在《超奇》篇，他採用最擅長的比喻方法，諷刺世俗陋儒偏見，「俗好高古而稱所聞，前人之業，菜果甘甜；後人新造，蜜酪辛苦。」〔註85〕《齊世》全篇的宗旨就是批判當時儒生宣揚的上古之人優於漢代之人的觀點。開篇第一段就交代了自己所要批駁的觀點：「語稱上世之人，侗長佼好，堅強老壽，百歲左右；下世之人短小陋醜，夭折早死。何則？上世和氣純渥，婚姻以時，人民稟善氣而生，生又不傷，骨節堅定，故長大老壽，狀貌美好。下世反此，故短小夭折，形面醜惡。此言妄也。」〔註86〕在這一篇中王充分別從人的體制條件，所具有的道德情操，所建立的政治業績等方面充分論證了今人並不遜色於古人。篇尾甚至強調儒

〔註83〕《史通》卷10《自敘》。
〔註84〕陳其泰：《史學與中國文化傳統》（增訂本），第198頁。
〔註85〕王充：《論衡》，上海人民出版社，1974年版，第215頁。
〔註86〕王充：《論衡》，第289頁。

生所美化的三皇五帝盛世時代並不眞實，認爲：「知堯、舜之德不若是其盛也。」〔註87〕劉知幾在《史通‧疑古》篇對《尙書》列出了十點疑問，所懷疑的史事也都與儒生所津津樂道的古代帝王聖賢的高尚品質有關。如說堯帝英明無比，在位時社會安定，人們得到教化，家家都有德行，每個人都值得表彰；又說堯知道兒子無德無能，便將帝位禪讓給虞舜；虞舜在位五十年後，不顧勞苦，巡狩南方荒涼之地，結果死在蒼梧；還說周文王已經有了三分之二的天下，仍以臣子的身份尊重殷商；周的先祖泰伯則淡泊名利，主動把繼承權讓給自己的弟弟季歷。劉知幾認爲這些記載均不眞實，根據其他史料，他大膽提出了懷疑或否定的看法，這些作法很明顯受到了《論衡‧齊世》篇的影響。王充還批駁了「儒者稱五帝、三王致天下太平，漢興已來，未有太平」的尊古卑今偏見，認爲「大漢之德不劣於唐、虞也。」〔註88〕這就徹底批判了「尊古卑今」的復古倒退觀點，「王充的古今觀是一種歷史發展觀。」〔註89〕劉知幾也因爲王充反對「貴遠賤近」而關注《論衡》，《史通》中關於若干史學問題的探討必然受其影響。

在歷史觀上，劉知幾基本繼承了王充的歷史進步發展觀。如在《疑古》說：「遠古之書，其妄甚矣。」基本上是王充「疾虛妄」觀點的再現。此外在《煩省》、《因習》篇的「古今有殊，澆淳不等」，「古今不同，勢使之然」，「事有貿遷」等等，都能夠看出劉知幾所持是歷史發展變化觀點。王充進步歷史觀對《史通》歷史編纂學的影響更爲突出，集中體現在劉氏對當下的重視和史學創新觀點。

在史體論上，劉知幾推崇斷代史，尤其稱道當代人著當代史，他在《史官建置》篇說：「向使世無竹帛，時缺史官，……則善惡不分，妍媸永滅者矣。苟史官不絕，竹帛長存，則其人已亡，杳成空寂，而其事如在，皎同星漢。」〔註90〕所謂「世無竹帛，時缺史官」，強調的就是如果當時沒有史籍存世，沒有史官記載史事，就會造成善惡、妍媸不分的結果。在《煩省》篇也有類似的論述：「夫英賢所出，何國而無，書之則與日月長懸，不書則煙塵永滅。」〔註91〕這些都是在強調當時史官記載史事的重要。相對而言，他不大贊成史

〔註87〕王充：《論衡》，第293頁。
〔註88〕王充：《論衡》，第294頁。
〔註89〕汪高鑫：《試論王充的歷史發展觀》，《安徽教育學院學報》2003年第5期。
〔註90〕《史通》卷11《史官建置》。
〔註91〕《史通》卷9《煩省》。

家修史動輒就上推遠古編纂通史。這固然有通史工作量大，不容易著成精品的原因，還應該看到也受到了王充推崇當代，呼喚編纂本朝國史觀點的影響。他曾在《論衡》中大聲疾呼：「使漢有弘文之人，經傳漢事，則《尙書》、《春秋》也。」〔註92〕

在史料學上，劉知幾推崇「當時之簡」，所謂「當代雅言，事無邪僻」〔註93〕，強調當時之人記載當時之事。《史通》中所舉「當時之簡」的例子是董狐和南史，這兩個人都是古代史官。前者直書當時「趙盾弒其君」之事，後者聽聞齊太史以書「崔杼弒其君」被殺，恐史事無人記載，故執簡前往。所以二人均以當時史官據實直書而聞名於世。從這兩個例子不難看出劉知幾認爲最好的史料是當時之人記載的，這一認識已經包含了他對史料問題的理性思考。若不考慮史家主觀因素，當時人的記載能夠最大限度地保證眞實，因爲史事的記載者就是事件的親歷者。難怪許冠三認爲劉知幾：「多信當時竹帛，少取後來傳說……珍貴目擊證人或身與其事者之親見親聞的報告。」〔註94〕當時就把史事詳細記錄下來，是史事流傳的首要條件，如果沒有及時的記錄，就會對後人正確認識歷史造成困難。

關於書寫史書的語言，劉知幾主張使用「當世口語」，這是變異史觀在著史方法論上的直接反應。他說：「驗民俗之遞改，知歲時之不同。而後來作者，通無遠識，記其當世口語，罕能從實而書，方復追效昔人，示其稽古。……今古以之不純，眞僞由其相亂。」〔註95〕民間風俗遞相更改，時代風氣變化不一。時代改變了，而後世史家往往沒有遠見，史書記載很少能夠使用當世口語，一味倣古，以顯示自己是多麼的好古博學。於是喜歡左丘明的就仿倣《左傳》，喜歡司馬遷的就模仿《史記》。這樣一來，使先代的言詞從後世的歷史人物口中說出，造成古今混淆，眞僞難辨。他還說：「若事皆不謬，言必近眞。」〔註96〕顯然使用當世口語本身就是史書記載眞實的一項保證，這是一項很高明的見解。

在對前代史學成果的繼承上，劉知幾反對後世史家泥古不化。如果確實需要類比古人經典著作，也要追求神似而不是形似。他在很多篇章都批評了

〔註92〕王充：《論衡》，第298頁。
〔註93〕《史通》卷5《採撰》。
〔註94〕許冠三：《劉知幾的實錄史學》，第6頁。
〔註95〕《史通》卷6《言語》。
〔註96〕《史通》卷6《言語》。

泥古不化的撰述行爲〔註 97〕。另有《因習》一篇，以「《傳》稱因俗，《易》貴隨時」定立篇旨，集中批判了前代史家各種泥古不化的陋習。劉知幾在《摸擬》篇列舉了六種失敗的「貌同而心異」的摸擬，並分析說這是「以先王之道，持今世之人」，本質原因是史家著述不能隨時勢變化而變化，就像韓非子筆下守株待兔的人一樣，思維僵化，一成不變。有些史家，一心追求新奇，喜歡編排古人的詞句，敘述今天的事情，自高自大地認爲堪比《五經》、《三史》，實際上恰恰證明了自己認識的淺薄。

通過以上分析不難看出，受《論衡》所宣揚的歷史發展觀影響，劉知幾的史學批評往往滲透著理性的光輝，很多史學觀點也具有進步性。

（二）《文心雕龍》的啟迪

《史通》與《文心雕龍》之間的關係密切，頗受古代學者關注，多認爲兩部書一文一史，性質相似。對兩者之間關係進行系統研究則從 20 世紀 30 年代的傅振倫開始，此後如金毓黻、范文瀾、張舜徽、許冠三、許淩雲等學者均闡述過劉勰對劉知幾的影響。大家基本上認爲《史通》的創作是在《文心雕龍·史傳》影響之下，擴充完成的。學者們都很重視《史傳》四義對劉知幾著《史通》的影響，這四義是：「尋繁領雜之術，務信棄奇之要，明白頭訖之序，品酌事例之條。」〔註 98〕傅振倫認爲《史通》就是在《史傳》四義的基礎上「詳加發揮」而成的，在《劉知幾年譜》一書中他還詳細列舉了劉勰、劉知幾在史學思想上的 17 個相似之處，並得出結論：「知幾之學多導源於勰。」〔註 99〕范文瀾則具體分析了《史傳》四義與《史通》各篇章之間的對應關係〔註 100〕。可見前人的研究細緻而又全面地發掘了《史傳》篇與《史

〔註97〕在言語文字上不應泥古，「夫天地長久，風俗無恒，後之視今，亦猶今之視昔。而作者皆怯書今語，勇效昔言，不其惑乎！」（《史通》卷 6《言語》）在史書的體裁、體例上不應該泥古，「前史之所未安，後史之所宜革。」（《史通》卷 2《載言》）在選擇記載內容上不應泥古，「作者記事，亦在相時。」（《史通》卷 3《書志》）在人物稱謂上不應泥古，「取葉隨時，不藉稽古。」（《史通》卷 4《稱謂》）在人物籍貫問題上不應泥古，「國有馳張，鄉有並省，隨時而載，用明審實。」（《史通》卷 5《邑里》）在史學敘事上，反對「假託古詞，翻易今語」的妄飾作法，強調史學敘事應能夠幫助讀者「考時俗之不同，察古今之有異」（《史通》卷 6《敘事》）。

〔註98〕劉勰：《文心雕龍》卷 4《史傳》，王利器校證本，上海古籍出版社，1980 年版。

〔註99〕傅振倫：《劉知幾年譜》，中華書局，1963 年版，第 42 頁。

〔註100〕范文瀾：《文心雕龍注》，《范文瀾全集》第 4 卷，河北教育出版社，2002 年

通》之間在內容、編纂方法上的密切關係。還應該注意到在著述宗旨上《文心雕龍》對劉知幾著《史通》的啓迪作用。仍以《史傳》四義爲例，如上述學者所論，《史通》各篇內容與這四項宗旨關係密切，但值得注意的是劉勰在這四項原則之後還說了「曉其大綱，則眾理可貫」﹝註101﹞。明白告訴後世治史學者，通曉以上四項大綱，史學的道理也就貫通了，劉知幾如此重視這四項綱領，受這句話的啓迪是很明顯的。前人更多側重從《史傳》到《史通》的研究，但又常常把《史通》與《文心》相提並論，從撰述宗旨來看《文心雕龍》全書對劉知幾著《史通》的啓迪作用更大。

在劉知幾看來，劉勰著《文心雕龍》的緣起是：「詞人屬文，其體非一，譬甘辛殊味，丹素異彩，後來祖述，識味圓通，家有詆訶，人相掎摭，故劉勰《文心》生焉。」﹝註102﹞劉勰著《文心雕龍》是因爲：士人作文章體裁不一，後人學習時，又普遍缺乏圓通的見識以至於互相攻擊指摘。劉知幾的這種說法被後人的研究所證實，「齊梁文壇復古與新變兩種思潮的鬥爭爲《文心雕龍》的產生創造了小環境。」﹝註103﹞這種紛爭反映出文學創作領域缺乏權威性的理論標準，劉勰著《文心雕龍》的動機之一就是解決這一困擾文學發展的問題。實踐證明劉勰比較成功地完成了這一任務，一般認爲《文心雕龍》是我國古代「內容最豐富，體系最完整的文學理論批評專著」﹝註104﹞。錢穆曾指出：「他（指劉勰）注意到學問之大全，他能夠探討到學術的本原，文學的最後的境界應在哪裏。」﹝註105﹞大概劉勰就是通過涉獵學問之大全，把學術的本原和最後境界揭示給文士，以消除他們的「詆訶」和「掎摭」。劉知幾所處盛唐時代史學的著述也存在是非不一的問題，他也嘗試著用劉勰著評論性著作的方法來解決。他在《浮詞》篇說：「自去聖日遠，史籍逾多，得失是非，孰能刊定？」﹝註106﹞這與前文所說劉勰時代文體不一，紛爭混亂的局面很相似。找到了問題就找到了創作動機，「若《史通》之爲書也，蓋傷當時載筆之士，其義不純。思欲辨其指歸，殫其體統。」劉勰針對的「詞人屬文」，體例不統一，造成的紛爭混亂問題，著《文心雕龍》探討學問本原，揭示文

版，第 254 頁。

﹝註101﹞劉勰：《文心雕龍》卷 4《史傳》。

﹝註102﹞《史通》卷 10《自敘》。

﹝註103﹞劉文忠：《〈文心雕龍〉產生的文化背景》，《江蘇大學學報》2002 年第 1 期。

﹝註104﹞楊明照：《文心雕龍校注·前言》，中華書局，2000 年版，第 1 頁。

﹝註105﹞錢穆：《中國史學名著》，第 132 頁。

﹝註106﹞《史通》卷 6《浮詞》。

學的最後意境，樹立起權威的理論標準。劉知幾針對的是史家「載筆」，所掌握的原則不夠純篤的問題，著《史通》來辨清史家著述的目的宗旨、體例綱要。二人要解決的問題是相近的，只是領域有所不同，一爲文學，一爲史學。解決問題的辦法也是相近的，都是通過撰寫評論性的理論著作，爲後世的文學或史學創作提供權威的理論標準。從兩部著作的影響來看，也在一定程度上起到了指導後世文、史創作的目的，故學者也常常把二人相提並論。

　　另外中國古代，《文心雕龍》、《史通》這種性質的著作極少，正如錢穆所說：「《史通》這部書，在中國學術著作中，有一個很特殊的地位。中國人做學問，似乎很少寫像『通論』一類性質的書，如文學通論、史學通論等。中國人做學問，只重實際工作，很少寫通論概論，《史通》則可說是中國一部史學通論，也幾乎可以說是中國惟一的一部史學通論，所以這書成爲一部特出的書。……另外有一書，《文心雕龍》，是梁代劉勰所著，這書可以說也是一部極特殊極有價值的文學通論。」〔註107〕兩人著述性質在中國傳統學術界如此特立獨行，彼此之間又具有如此之多相似性，說明二者之間具有很強的關聯性，但這種影響也只能是較晚問世的《史通》的創作受到了劉勰著《文心雕龍》啓迪。至於兩部著作在內容和述論模式上的相似之處，前人論述極多，無需再廢筆墨。

四、劉知幾本人的學術經歷

　　世界上最早的史學理論著作誕生在中國，而不是其他國家，因爲中國有悠久而優良的史學傳統。有孔子、左丘明、司馬遷、班固等一批薪火相傳的優秀史家；有《春秋》、《左傳》、《史記》、《漢書》以及漢唐間湧現出的那麼多的史學著作；有《論衡》這樣的宣揚進步歷史觀的哲學著作；有《文心雕龍》這樣的文學批評專著；還有文明富強的盛唐時代。只有在擁有如此深厚、悠長、進步的史學環境和學術環境的國土上，才能誕生這部放在世界學術環境中，看上去都有些早熟的優秀作品。但這一切僅能解釋《史通》誕生在中國唐代的原因。那麼爲什麼是劉知幾肩負起了這項偉大的學術使命呢？這與他獨特的學術經歷有關。他自幼喜愛史書，十七歲之前對歷代正史已經「窺覽略周」，這爲他走上史學道路打下了良好的基礎。步入仕途之後又有哪些因素促成他著述《史通》呢？前人的研究幾乎形成一種定式，就是劉知幾在史

〔註107〕錢穆：《中國史學名著》，第124頁。

館中不得志，懷有憤懣之情，故私撰《史通》。這一點並非全錯，劉知幾在《自敘》篇也有集中表述，但如此結論難免失之一概。相比之下，張劍平在《武則天時代與劉知幾〈史通〉的撰著》一文中，較全面地分析了史館生涯對劉知幾的影響。他的觀點是：「大唐帝國初期繁榮昌盛的文化氛圍，奠定了劉知幾早年豐厚的學術修養，科舉制度使劉知幾進入官僚仕途。武則天時代的勸諫上書，使劉知幾嶄露頭角，武則天的詔修史書使劉知幾獲得了編修歷史著作的大好機遇。中宗時代史書編修的煩惱促成了劉知幾的不朽名著《史通》的誕生。」〔註108〕受其啓發，我認爲劉知幾三十年的史館生涯培養了他撰著第一部史學理論著作的才能，又刺激了他批判史館監修制度、史家著述乃至整個史學的欲望。

（一）武則天時期的史館生涯

　　西元 699 年，三十九歲的劉知幾，終於結束了自己十九年獲嘉縣主簿的地方官生涯，調任京師，當了定王府倉曹。當時武則天詔修《三教英珠》，調他出任京官，目的是讓他參與編纂。兩年之後《三教英珠》編成。又過了一年劉知幾被任命爲著作佐郎，他自己也曾說：「長安二年，余以著作佐郎兼修國史，尋遷左史，於門下撰起居注。」〔註109〕著作佐郎是著作郎的屬官，在魏晉時代是史官，但在唐代並不是史官。唐代官制規定：「著作局，郎二人，從五品上；著作佐郎二人，從六品上；校書郎二人，正九品上；正字二人，正九品下。著作郎掌撰碑志、祝文、祭文，與佐郎分判局事。」〔註110〕所以此時劉知幾的正式職務是幫助著作郎撰寫碑志、祝文、祭文，同時兼修國史。長安二年，劉知幾轉任左史，在門下省撰起居注。至此劉知幾成了名副其實的史官，他自幼年即有志於史學，雖經十九年宦海沉浮，始終潛心史學，矢志不移，終於得償所願。《自敘》篇有一段話能恰如其分地表達他此刻的心情。「自茲厥後，史籍逾多，苟非命世大才，孰能刊正其失？嗟予小子，敢當此任！其於史傳也，嘗欲自班、馬已降，訖於姚、李、令狐、顏、孔諸書，莫不因其舊義，普加釐革。……既朝廷有知意者，遂以載筆見推。」〔註111〕自己素有繼承孔子遺志，刊正諸史之失，編成新史的願望，現在又被任命爲史

〔註108〕張劍平：《武則天時代與劉知幾〈史通〉的撰著》，《廊坊師範學院學報》2010年第 5 期。

〔註109〕《史通·序》。

〔註110〕《新唐書》卷 47《百官志二》。

〔註111〕《史通》卷 10《自敘》。

官，編修國史，劉知幾似乎看到了實現自己夢想的曙光。

　　此時劉知幾的著述願望並不是《史通》這樣的理論著作，後來著述方向的改變與他親身步入史館，感受到自貞觀以來成熟的史館修史實踐有關。初唐是中國古代官修史書的繁榮期，就數量而言所修八史在二十四部正史中佔據三分之一，這種豐富的修史實踐需要有人作出理論性總結。從劉知幾進入史館的時機來看，促使他改變自己的著述理想，他本來想刊正前代正史，可是此時唐初八史均已修完，讓他進入史館從事編纂國史和皇帝實錄的工作。顯然他很難通過做自己的本職工作來完成著述理想了。當然還有一種可能，就是劉知幾私下裏刊正包括唐初八史在內的歷代正史，後來他沒有這樣做是因為勇氣不夠。他曾說過：「非欲之而不能，實能之而不敢也。」〔註112〕此處的不敢是劉知幾的肺腑之言，因為在他的人生哲學里保存身家性命是一項重要內容。這可以從他現存世的詩賦文章中得到證實，敦煌本《珠英集》殘卷中有劉知幾的一首詠史詩，云：「泛泛水中荇，離離岸傍草，逐浪高復下，從風起還倒。人生不若茲，處世安可保？邊璦仕衛國，屈伸隨世道；方朔隱漢朝，易農以為寶。飲啄得其性，從容成壽考。」〔註113〕劉知幾還曾作過一篇《思慎賦》，在序中說：「夫貴不如賤，動不如靜，嘗聞其語，而未信其事；及身更之，方覺斯言之征矣。加以守愚養拙，怯進勇退，每思才輕任重之誡，智小謀大之憂，觀止足於居常，絕覬覦於不次。是以度身而衣，量腹而食，進受代耕之祿，退居負郭之田，庶幾全父母之髮膚，保先人之邱墓，一生之願，於是足矣。」〔註114〕這篇賦就是勸人守愚養拙、安身保命的，很明顯刑獄糜爛、酷吏橫行的武則天時代迫使劉知幾形成這一怯進勇退，明哲保身的處事哲學。更何況他作為一名史官，在封建帝制之下堪稱高危職業。「齊史之書崔弒，馬遷之述漢非，韋昭仗正於吳朝，崔浩犯諱於魏國，或身膏斧鉞，取笑當時；或書填坑窖，無聞後代。」前代史家的悲愴遭遇歷歷在目，促使劉知幾認識到：「為於可為之時則從，為於不可為之時則凶。」〔註115〕顯然在他看來，當時刊定歷代正史是不可為之時，於是他放棄了私下著史的計劃。但又不甘心捐棄平生所學，遂改刊正史書為評論歷代史學和介紹著史方法。

〔註112〕《史通》卷10《自敘》。
〔註113〕張振佩：《史通箋注·附錄一》，貴州人民出版社，1985年版，第754頁。
〔註114〕劉知幾：《思慎賦》，李昉等編：《文苑英華》卷92《賦九（人事三）》。
〔註115〕《史通》卷7《直書》。

武則天時期，劉知幾在史館中一大收穫是結識幾位史學界的同道好友，他自己也說：「長安中，余與正諫大夫朱敬則、司封郎中徐堅、左拾遺吳兢，奉詔更撰《唐書》，勒成八十卷。」〔註116〕此外這一時期與他一起工作和交遊的還有劉允濟、魏知古等人，這些同道知己的砥礪、幫助，對於堅定劉知幾的史學追求產生了積極的影響。他在《自敘》篇是這樣介紹這些朋友的：

> 及年以過立，言悟日多，常恨時無同好，可與言者。維東海徐堅，晚與之遇，相得甚歡，雖古者伯牙之識鍾期，管仲之知鮑叔，不是過也。復有永城朱敬則、沛國劉允濟、義興薛謙光、河南元行沖、陳留吳兢、壽春裴懷古，亦以言議見許，道術相知。所有揚榷，得盡懷抱。〔註117〕

此處講過了而立之年，還感歎沒有同道好友，自己悟出的道理和想法也無人交流。又說自己與徐堅晚遇。劉知幾在三十九歲調任京官，參與朝廷各項著述活動，大體可以推知劉知幾是在史館中接觸和結交的這些同道友人〔註118〕。大概十九年的獲嘉縣主簿生涯，劉知幾沒有什麼機會交遊京城治史學者，隻身治史，知音難求的孤獨情狀可想而知。劉知幾回到京城，進了史館，情況大變，交遊的人物多為史界翹楚。他們因為志趣相同而互為知音，有時也為彼此有相同的觀點而相互推許。探討問題時，也可以沒有拘束地盡情發表意見，劉知幾終於不再孤獨了。

在武則天時期的長安二年、三年，他們共同努力堅持秉筆直書，在一定程度上抵制了外來力量對史書編纂的干擾。長安二年，劉允濟曾慷慨陳詞秉筆直書的修史原則，「史官善惡必書，言成軌範，使驕主賊臣，有所知懼。此亦權重，理合貧而樂道也。……但有百僚善惡必書，足為千載不朽之美談，豈不盛哉？」〔註119〕長安三年，朱敬則上表請求朝廷選擇賢良史官，這就是著名的《請擇史官表》，他說：「伏以陛下盛德宏業，誠可垂範將來，倘不遇良史之材，則大典無由而就也。且董狐南史豈止生於往代，而獨無於此時？在乎求與不求、好與不好耳。」〔註120〕傅振倫認為朱敬則上《請擇史官表》

〔註116〕《史通》卷12《古今正史》。

〔註117〕《史通》卷10《自敘》。

〔註118〕傅振倫認為：劉知幾結識徐堅是在西元699年，結識劉允濟是在702年，均在劉知幾回京之後。（《劉知幾年譜》，第54～64頁。）

〔註119〕王溥：《唐會要》卷63《修史官》，上海古籍出版社，1991年版。

〔註120〕王溥：《唐會要》卷63《修史官》。

因劉知幾而發，「蓋是時知幾雖見用於時，而事阻於貴臣，竟不得遂其志，故敬則疏中有『勗之以公忠，期指以遠大』及『超加美職，使得行其道』等語，或為知幾而發也。」〔註121〕同樣在長安三年，劉知幾提出著名的「史之三長」論，關於「三長」之一的「史識」，他強調說：「猶須好是正直，善惡必書，使驕主賊臣之所以知懼。此則為虎傅翼，善無可加，所向無敵矣。」〔註122〕還是在長安三年，劉知幾還勸說張說不要為張易之兄弟陷害魏元忠作偽證，他告誡張說：「無污清史，為子孫累。」〔註123〕可謂正氣凜然，後來朱敬則抗疏辯駁，魏元忠得以獲救。從以上記載來看，這兩年劉知幾和他的同道摯友在史館中比較活躍，為秉筆修國史作出了努力，也曾為主持正義而鬥爭。一概地認為劉知幾在史館全是不得志，遂憤懣而作《史通》並不準確。但是，隨著武則天時代最後一年到來，這段正直史家活躍的日子也終結了。長安四年，劉知幾轉任鳳閣舍人，暫離史職；這一年他撰寫了《劉氏家史》及《譜考》；這一年身居宰職的朱敬則以老疾致仕，對於劉知幾等正直史家而言，不止在史館中少了一位史學同道，更嚴重的是在朝廷中失去一位幫助他們主持正義的高官。

劉知幾說自己「三為史臣，再入東觀」，可以分為兩個階段。武則天時期是第一次為史臣，第一次進史館。中宗時期又兩次為史臣，一次進史館。武則天時期，在修史活動中，正直的意見是占上風的，劉知幾對史館也沒有表現出強烈的不滿態度。相反使其瞭解了貞觀以來成熟的史館修史狀況，更得到了史界同好的支持。這些對後來著述《史通》起到了積極作用。至於劉知幾感到己志難申，主要是在中宗時期。

（二）「美志不遂」，「私撰《史通》」

在中宗朝，儘管劉知幾仍然身居史職，朝廷每有著述也必然擔當。但是此時的境遇卻大不如前，他感到了很大的壓抑和無奈，己志難申。

劉知幾與史館監修之間產生了很大分歧，在對方權勢重壓之下，他所主張的修史原則無法在實際工作中實施，修成的史書連自己都不滿意，「每惟皇家受命，多歷年所，史官所編，粗惟紀錄。」〔註124〕在體裁上也與他要刊修正史的

〔註121〕傅振倫：《劉知幾年譜》，第61頁。
〔註122〕王溥：《唐會要》卷63《修史官》。
〔註123〕王溥：《唐會要》卷64《史館雜錄下》。
〔註124〕《史通》卷10《自敘》。

願望相去甚遠，不禁感歎：「紀傳及志，則皆未有其書。」劉知幾在中宗朝的第一項工作是修《則天實錄》，也就是在這時他第一次明確表達對使館監修貴臣的不滿，憤懣之下決定撰寫《史通》。「及今上即位，又敕撰《則天大聖皇后實錄》。凡所著述，嘗欲行其舊意。而當時同作諸士及監修貴臣，每與其鑿枘相違，齟齬難入。故其所載削，皆與俗沉浮。雖自謂依違苟存，然猶大爲史官所忌。」〔註125〕在權貴的重壓之下，自己所編寫的史書也與世俗同流合污了。即使放棄自己治學意志，苟且違心地順從他們了，仍然被他們所忌恨。劉知幾爲正確史學見解不容於時而憤恨。但憤恨之餘，他還是清醒的，不能就這樣庸碌一生，要把自己的學術意志留給後人，著書立說就成了最後的方法。「必寢而不言，嘿而無述，又恐沒世之後，誰知余者？故退而私撰《史通》，以見其志。」〔註126〕他與徐堅、吳兢等所修的《則天實錄》很快就完成了，「雖言無可責，事多遺恨，庶將來削稿，猶有憑焉。」〔註127〕既然無法真正編纂一部史書，就把歷代著史的經驗教訓和自己關於如何編纂史書的想法寫出來，雖然自己夙願沒有實現，大概也可稱述而不作，以爲慰藉吧！《則天實錄》在中宗在位的頭兩年即告著成，接下來的三年，劉知幾滯留洛陽。

皇帝回長安，很多大臣請求跟隨還京，劉知幾卻請求留下來。這件事在《忤時》篇有詳細的記載：「會天子還京師，朝廷願從者眾。予求番次在後，大駕發日，因逗留不去，守司東都。杜門卻掃，凡經三載。或有謗予躬爲史臣，不書國事而取樂丘園，私自著述者，由是驛召至京，令專執史筆。於時小人道長，綱紀日壞，仕於其間，忽忽不樂，遂與監修國史蕭至忠等諸官書求退。」〔註128〕自己不回西京，招來一些猜疑，有人指責他隱居取樂，私著史書。前面已經分析過劉知幾不敢私著正史，這時在私著《史通》倒很可能是眞實的。針對別人的猜疑他坦蕩直言不回長安的原因是：不願意在小人得志、組織鬆弛、風氣糜爛的史館中工作。在滯留洛陽的最後一年他寫了這封給蕭至忠的請辭信，詳細說明了自己在使館中無法修成史書的五點原因，實際上揭示了當時史館中存在的五大問題，矛頭直指當時史館中的監修和史官。以至於引來忌恨，「宗楚客、崔湜、鄭愔等，皆惡聞其短，共仇嫉之。俄

〔註125〕《史通》卷10《自敘》。
〔註126〕《史通》卷10《自敘》。
〔註127〕《史通》卷10《自敘》。
〔註128〕《史通》卷20《忤時》。

而肖、宗等相次伏誅，然後獲免於難。」〔註129〕劉知幾寫了辭職信，沒有獲得批准，又遭人忌恨，處境之危險可想而知。後來這些人因參與韋武、太平公主的政變而被殺，劉知幾才獲免於難。一般認爲劉知幾的這封書信寫於西元 708 年，也就是他滯留洛陽的最後一年，此時距《史通》初成還有兩年時間，大概此時他正在全力撰寫《史通》。

　　關於《史通》中的強烈批判精神的來源，固然有王充的啓迪，有劉知幾對於前代史書眾多問題所產生的史學憂患意識和發展意識的強烈作用。應該還與他在史館中的經歷有關，身居其職，不能踐行實錄直書之道，卻要向權貴妥協，甚至於同流合污。所鬱結之義憤，在致蕭至忠的請辭信中表現爲對史館制度的批判，在《史通》全書中則表現爲史學批判。

〔註129〕《史通》卷 20《忤時》。

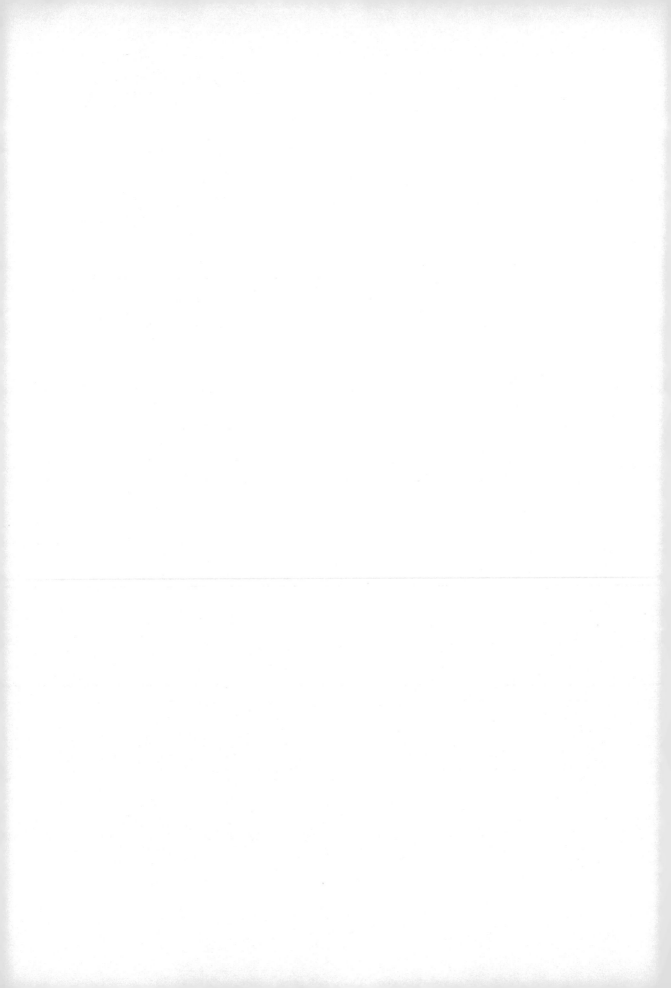

第二章　《史通》的著述體系

　　《史通》作爲中國古代第一部史學批評著作，同時又是一部成熟的、系統的史學理論著作，劉知幾在篇章結構的安排上和著述內容的選擇上，均有整體設計和宏觀考慮，絕非隨意爲之。所謂《史通》的著述體系，主要體現在該書撰述內容和表現形式上的整體布局，當然，從二者之間的關係來看，篇章結構的層次關係是撰述內容邏輯結構的反映。白壽彝主編的《史學概論》一書對史書的表現形式和撰述內容之間的辯證關係曾經作出過精彩的論述：「編著史書，不可不講體例，又不可拘泥於體例。正確的作法，應當是根據所撰史事的實際情況和作者編著意圖的需要，要有體例而又要對體例作比較靈活的運用。」〔註1〕學者們認爲劉知幾史學批評的一大弊端就是拘泥於體例〔註2〕，這些評論總體上是客觀的、公允的。值得思考的是《史通》就體例問題評論前代史書，而《史通》本身也是一部史學著作，以擅長言體例著稱的劉知幾，又是如何處理《史通》自身的體例問題呢？這是一個值得探討的問

〔註1〕　白壽彝主編：《史學概論》，第 188 頁。

〔註2〕　認爲劉知幾的史學批評拘泥於史體的學者很多，如劉咸炘認爲《史通》「二十卷中，不外言例，其得其失，皆在於是」；「知幾謂號止霸王即諸侯，此乃泥名之論」；「知幾以無世無家爲說，則反泥於字面而有語弊」。（《劉咸炘論史學》，上海科技文獻出版社，2008 年版，第 122、129、131 頁。）瞿林東也曾概括劉知幾史學批評的問題說：「劉知幾從名實和體例的標準出發，對司馬遷所著《史記》中的《項羽本紀》和《陳涉世家》大加撻伐，批評太史公『名實無準』、『再三乖謬』，恰恰證明劉知幾在這個問題上拘泥於名實和體例。」「由於劉知幾把體例的整齊劃一強調到絕對化的地步，因此便以一種冷漠的態度去對待客觀歷史，並竭力使它適合自己所闡發的關於史書體例的見解。」（《唐代史學論稿》，北京師範大學出版社，1989 年版，第 222、225 頁。）

題，不僅有助於在整體上理解劉知幾的史學思想，更有助於梳理《史通》在體例和內容上的著述體系。

一、外篇言事，內篇言理

《史通》內、外49篇之間差異很大，有些學者頗覺其中有所不同，卻未深究其意。如《四庫全書總目》說：「內篇皆論史家體例，辨別是非；外篇則述史籍源流及雜評古人得失。」〔註3〕很顯然內篇不僅言體例，外篇也不僅是評論古人，四庫館臣的評價雖然抓住了《史通》的主要內容，但疏漏的也很多。再如陸懋德認為：「內篇以論史體，外篇以評史料。」〔註4〕程千帆也曾評價說：「這49篇，多數是主體鮮明的論文，少數則是一些雜記。……內外篇之間，每篇與每篇之間，又有互相關聯和補充（有時也有矛盾）的地方。」〔註5〕至於哪些是主題鮮明的論文，哪些是雜記，彼此之間有什麼樣的關係，哪些是並列關係，哪些是補充關係，前人的研究則沒有說明。

（一）子書特點

從形式上來看，《史通》全書由內篇36篇，外篇13篇組成。內、外篇之間具有特殊的邏輯關係，各具體篇章之間也有各不相同的關聯性。分析這兩種關係是揭示《史通》著述體系的鑰匙。為了方便論述，先列《史通》內、外篇及具體篇章名稱於下。

內篇（36篇，遺軼3篇）
　　卷一：六家第一
　　卷二：二體第二、載言第三、本紀第四、世家第五、列傳第六
　　卷三：表歷第七、書志第八
　　卷四：論贊第九、序例第十、題目第十一、斷限第十二、編次第十三、
　　　　　稱謂第十四
　　卷五：採撰第十五、載文第十六、補注第十七、因習第十八、邑里第
　　　　　十九
　　卷六：言語第二十、浮詞第二十一、敘事第二十二

〔註3〕　永瑢等：《四庫全書總目》卷88《史評類》。
〔註4〕　陸懋德：《史學方法大綱‧自序》，獨立出版社，1945年版。
〔註5〕　程千帆：《〈史通〉讀法》，姚松、朱恒夫譯注：《史通全譯‧代序》，貴州人民出版社，1997年版，第1～2頁。

卷七：品藻第二十三、直書第二十四、曲筆第二十五、鑒識第二十六、
　　　探賾第二十七
卷八：摸擬第二十八、書事第二十九、人物第三十
卷九：核才第三十一、序傳第三十二、煩省第三十三
卷十：雜述第三十四、辨職第三十五、自敘第三十六
遺軼 3 篇：體統、紕繆、弛張

外篇（13 篇）

卷十一：史官建置第一
卷十二：古今正史第二
卷十三：疑古第三
卷十四：惑經第四、申左第五
卷十五：點煩第六
卷十六：雜說上第七
卷十七：雜說中第八
卷十八：雜說下第九
卷十九：漢書五行志錯誤第十、漢書五行志雜駁第十一
卷二十：暗惑第十二、忤時第十三

　　古人著書立說分爲內、外篇的情況很多，這類著作以子書居多，如《莊子》、《淮南子》、《抱朴子》等書。戰國時代的諸子之書就是各家學者的言行彙編，子書最大的特點是集中發表個人觀點。《史通》命名與劉知幾以「史通子」自喻有關，「漢求司馬遷後，封爲史通子，是知史之稱通，其來已久。博采眾議，爰定茲名。」〔註6〕如此看來劉知幾對子書確有偏愛。更能說明劉知幾著《史通》與子書密切相關的材料出自《舊唐書》，其中記載說：「知幾又著史通子二十卷，備論史策之體。」〔註7〕原來《史通》曾叫《史通子》，這就與其分內、外篇的體例名實相副了。後人考察《史通》本身記載，及《新唐書》等著作均無《史通子》之名，遂否定《史通》有此別稱。如《舊唐書校勘記》說：「『子』字疑衍。」〔註8〕傅振倫的《劉知幾年譜》、程千帆的《史通箋記》均贊成「子」字爲衍文。《史通》曾叫《史通子》，僅見於《舊

〔註6〕　《史通・序》。
〔註7〕　《舊唐書》卷102《劉子玄傳》，中華書局，1975年版。
〔註8〕　羅士琳：《舊唐書校勘記》卷41，上海古籍出版社，1996年版。

唐書》，雖是孤證，卻與劉知幾在《史通‧序》中提到的「史通子」暗合；《史通》分內、外篇與《莊子》、《淮南子》、《抱朴子》等子書體例相似，劉知幾自己又明言受《淮南子》影響，這樣看來《史通》曾叫《史通子》是有可能的。後人但說「子」字爲衍文，古籍流傳訛誤舛變，衍爲何字不可，奈何偏偏是與劉知幾所言內容暗合之字。當然不是說劉知幾一定曾自稱此書爲《史通子》，因爲在書中劉知幾談到這部著作時均稱《史通》。但是還有一種可能是《史通》在後晉時期曾被人稱爲《史通子》，後晉史官修《舊唐書》時就按照當時流行名稱來記載了。總而言之，《史通》在體例上與子書不無關係，正如程千帆所論：「《史通》按照先秦、漢、晉撰寫子書的傳統習慣，分爲內外篇。」〔註9〕

　　史書體例繁多，《史通》中所列就有「六家」、「二體」、十類雜史，劉知幾著述《史通》卻選擇子書體例，顯然是因爲子書體例更適合展現史學批評內容的需要。那麼在劉知幾看來子書在內容上的顯著特點是什麼呢？他在《序例》篇無意間曾評論過子書的特點。他說：

　　　孔安國有云：《序》者，所以敘作者之意也。竊以《書》列典謨，《詩》
　　　含比興，若不先敘其意，難以曲得其情。故每篇有序，敷暢厥義。
　　　降逮《史》、《漢》，以記事爲宗，至於表志雜傳，亦時復立序。文兼
　　　史體，狀若子書，然可與誥誓相參，風雅齊列矣。〔註10〕

劉知幾借用孔安國的話指出序的特點是：揭示作者的用意。如《尚書》、《春秋》這樣的史書必須憑藉「序例」來瞭解其中的隱含的意思。到了後來《史記》、《漢書》每篇都有序，就像子書一個樣子。可見在劉知幾看來子書的特點就是：直接表達自己的見解和主張。他選擇子書這種形式，看重的便是其凸顯個人意志的特點。他私撰《史通》的主要誘因是：與監修權貴的修史主張「鑿枘相違，齟齬難入」，「雖任當其職，而吾道不行；見用於時，而美志不遂。」〔註11〕而子書的特點正符合他衝破史館監修制度的束縛與羈絆，自由表達個人史學主張的願望。《史通》這部書所要傳達給讀者的就是劉知幾對史學的獨到理解和修史的宏大志向，這樣看來仿傚子書內、外篇的形式，以文載道就是劉氏的不二選擇了。

〔註9〕　程千帆：《〈史通〉讀法》，姚松、朱恒夫：《史通全譯‧代序》，第1頁。
〔註10〕　《史通》卷4《序例》。
〔註11〕　《史通》卷10《自敘》。

（二）外篇言事

劉知幾在《自敘》篇列出了對其著《史通》影響較大的幾部書，其中首推《淮南子》。「昔漢世劉安著書，號曰《淮南子》。其書牢籠天地，博極古今，上自太公，下至商鞅。其錯綜經緯，自謂兼於數家，無遺力矣。然自《淮南》已後，作者無絕。必商榷而言，則其流又眾。」〔註12〕《淮南子》與《史通》在內容上的相似之處是二書均涉及廣泛，劉知幾評價《淮南子》是「牢籠天地，博極古今」，他又自詡《史通》：「雖以史爲主，而餘波所及，上窮王道，下揽人倫，總括萬殊，包吞千有。」〔註13〕所以白壽彝認爲，《史通》在形式上近似於《淮南子》〔註14〕。在外部表現形式上，兩書最大的共同點就是均分爲內、外兩篇。所以考察《淮南子》內、外篇的關係有助於推進對《史通》內、外篇著述體系的理解。按照顏師古的注疏說法，《淮南子》分爲「內篇論道，外篇雜說」。反觀《史通》也具有這一特點，內篇 36 篇除《自敘》外都是分專題的理論性論述，堪稱「論道」；而外篇內容較雜，又有三篇均命名爲「雜說」，劉知幾因循顏師古之說，命名雜評歷代史書的三篇爲「雜說」也是有可能的，所以《史通》比較符合《淮南子》分爲內、外篇的特點。這樣結合《史通》論史學的主題，就可以找出《史通》內、外篇的基本關係是：外篇雜評史官、史書等史學現象，內篇則是對史學問題的專題性評論。

但是《史通》外篇終究不全爲雜說，雜說之外的篇章如《史官建置》、《古今正史》、《疑古》、《惑經》、《申左》等，也是進行專題性論證的。所以呂思勉曾論說：「外篇之文，惟《雜說》最爲零碎，與內篇相涉處亦最多，其餘亦皆自成首尾。」〔註15〕呂氏的分析一方面說明三篇《雜說》與內篇內容的相涉及的緊密關係，另一方面又提出外篇一些篇章與內篇諸篇在形式上都是體例完整的專題模式。既然同爲專題論述的模式，何以分在內、外篇呢？這一矛盾恰恰反映出《史通》內、外篇的另一關係，這與另一部著名子書《莊子》類似。《莊子》內、外篇的關係是：「內以對外立名。內則談於理本，外則語其事迹。」〔註16〕《莊子》外篇主要講事迹，內篇講的是從外篇事物歸納、

〔註12〕《史通》卷10《自敘》。
〔註13〕《史通》卷10《自敘》。
〔註14〕詳見白壽彝：《劉知幾的史學》，吳澤主編：《中國史學史論集（二）》，第61頁。
〔註15〕呂思勉：《呂著史家與史籍》，第250頁。
〔註16〕成玄英：《莊子疏·序》，中華書局，1984年版。

抽象出的道理，內篇針對外篇所立的「名」指的是事物的名稱、概念，名稱、概念與道理基本是一個含義，就是劉知幾自謂「喜談」之「名理」。《史通》內、外篇的關係與《莊子》一書類似，只不過《莊子》內、外篇說的是社會，是人生；《史通》內、外篇說的是史學。如此推斷《史通》外篇所說為史學之事迹，內篇所說為史學之名理。所謂外篇史學之事迹主要指的是史家、史著，內篇所言史學之名理是抽象的史學範疇，這些範疇是從史家、史著的事實層面概括出來的名稱、概念。對照《史通》內、外諸篇目名稱不難發現劉知幾對內、外篇著述體系的這種安排。

外篇言史學之事迹，主要立足於史家、史著標目立意，並針對具體史家、史著所存在的問題進行有針對性的評論與批判。第一篇《史官建置》，由古及今，介紹了唐以前數量最大，人員構成最集中的著史團隊——史官。第二篇《古今正史》，對歷代堪稱正史的紀傳體和編年體史書一一作了介紹。第三篇《疑古》，針對《尚書》列出十點疑問。第四篇《惑經》，針對《春秋》提出十二未諭、五虛美。第五篇《申左》，褒舉《左傳》，而輕視《公羊》、《穀梁》。七、八、九三篇均為《雜說》，按照時間順序，逐書、逐條批評前代史籍。十、十一兩篇專門批評《漢書·五行志》。以上所列十篇針對的核心內容均不出史家、史著之範圍。剩餘三篇雖然不屬於典型的史家、史著，但總體上也是針對史學中具體的事物性問題展開的，與內篇立足於抽象的史學範疇的理論分析明顯不同。

第十三篇《忤時》，是全文呈現他寫給蕭至忠的信，信中主要談的是當時史館監修制度存在的問題，針對的修史機構也屬於史學事物範疇。

第六篇《點煩》，是刪減前代繁冗史書的舉例示範，而且劉知幾在文中明言這是呼應內篇《敘事》篇而作：「夫史之煩文，已於《敘事篇》言之詳矣。然凡俗難曉，下愚不移。雖六卷成言，而三隅莫反。蓋語曰：『百聞不如一見。』是以聚米為谷，賊虜之虛實可知；畫地成圖，山川之形勢易悉。」〔註17〕劉知幾是一貫反對史書寫作使用煩文冗詞的，這在《史通》各篇都有體現。史文繁簡問題從根本上來說屬於歷史敘事範疇，所以劉知幾在內篇《敘事》篇有專門的說明。然而一般的人仍然難以明白其中的道理，俗話說：「百聞不如一見。」於是劉知幾借鑒軍人使用沙盤模型演示戰場形勢的作法，舉出刪削史書文字的具體實例，作為史家歷史敘事刪繁就簡的示範。這樣就不難發現，

〔註17〕《史通》卷15《點煩》。

雖然兩篇說的都是史書的尚簡問題，但內篇《敘事》講的是尚簡之理，外篇《點煩》說的是尚簡之例，完全符合外篇言事，內篇言理的著述結構安排。

　　第十二篇《暗惑》是舉例駁難前代史書因爲文史不分，造成歷史敘事荒誕不經的問題。劉知幾非常重視不同時代文史關係變化的考察，他在內篇《載文》篇強調上古之時，「文之將史，其流一焉。」〔註18〕在《核才》篇他又提出自春秋時期以來，「文之與史，較然異轍。」〔註19〕《暗惑》篇正是對「文之與史，較然異轍」這一內篇的理論論斷提出十二例證，作爲事例性支撐。張振佩在《史通箋注》中曾指出：「『文之與史，較然異轍』是貫穿《暗惑》全篇之思想基礎，也是我們讀此篇的一把鑰匙。」〔註20〕他的論述從側面證明了，《史通》外篇的《暗惑》是對內篇所言理論的例證。

　　通過以上對《史通》外篇內容及其特點的逐一分析，不難發現《史通》這部史學理論著作符合《莊子》外篇言事的特點。那麼內篇是不是言理呢？需要分析內篇各篇的具體情況來回答。

（三）內篇言理

　　《史通》內篇36篇，除最後一篇《自敘》交代了《史通》全書的寫作緣起、著述宗旨以及劉知幾對這部書的自我評價之外，其餘35篇均爲專題性論文。以現代史學研究的眼光來看，《史通》內篇各篇專論的主題，基本上都是抽象概括的史學概念。劉知幾曾言自己「喜談名理」，所謂「名」指的就是事物的名稱、概念，「理」指的是事物道理，是對概念內涵的揭示，如事理、文理。這些具有特定含義的概念也可以視爲史學範疇，「所謂範疇，是人類思維對客觀事物普遍本質的概括和反映。無論是自然科學還是社會科學領域，各門學科都有自己的一些基本範疇。它們既是對研究對象的高度概括和本質反映，同時也是規定各門學科的研究類型和學術規範。」〔註21〕劉知幾對《史通》的立意與設計雖然沒有達到這樣的理論高度，但從《史通》內篇呈現出的各個專論主題來看，毫無疑問已經是一些樸素的史學範疇了。這些史學範疇的提出，已然凝聚了劉知幾對前代史學研究成果的繼承和他個人對史學各個層面理論問題的創造性思維，他要嘗試揭示這些史學範疇的內涵實質。甚

〔註18〕　《史通》卷5《載文》。
〔註19〕　《史通》卷9《核才》。
〔註20〕　張振佩：《史通箋注》，第682頁。
〔註21〕　羅炳良：《應當切實加強史學批評範疇研究》，瞿林東、葛志毅主編：《史學批評與史學文化研究》，第17頁。

至劉氏提出的一些史學範疇也規定了後世史學研究的內容與規範，例如「六家」、「二體」已經成爲後世言古史分類繞不開的話題，正如浦起龍所論：「此四字劉氏創發之，千古史局不能躍。」〔註22〕爲論述方便，列內篇 35 個基本史學範疇及其核心含義如下：

1. 六家：「古往今來，質文遞變，諸史之作，不恒厥體。權而爲論，其流有六：一曰《尚書》家，二曰《春秋》家，三曰《左傳》家，四曰《國語》家，五曰《史記》家，六曰《漢書》家。」〔註23〕

2. 二體：「班、荀二體，角力爭先，欲廢其一，固亦難矣。後來作者，不出二途。」

3. 載言：「人主之制、冊、誥、令，群臣之章、表、移、檄，收之紀傳，悉入書部，題爲制冊章表書，以類區別。」

4. 本紀：「紀之爲體，猶《春秋》之經，繫日月以成歲時，書君上以顯國統。」「以編年爲主，唯敘天子一人。有大事可書者，則見之於年月，其書事委曲，付之列傳。」

5. 世家：「世家之爲義也」，「開國承家，世代相續」。

6. 列傳：「傳者，列事也。……錄人臣之行狀，猶《春秋》之傳。……傳以釋紀。」

7. 表歷：「表之所作，因譜象形」，「以表爲文，用述時事」。

8. 書志：「紀傳之外，有所不盡，隻字片文，於斯備錄。」

9. 論贊：「夫論者，所以辯疑惑，釋凝滯。若愚智共了，固無俟商權。」

10. 序例：「敘作者之意」，「夫史之有例，猶國之有法。國無法，則上下靡定；史無例，則是非莫準。」

11. 題目：「權而論之，其編年月者謂之紀，列紀傳者謂之書，取順於時，斯爲最也。夫名以定體，爲實之賓。」

12. 斷限：「明彼斷限，定其折中。」

13. 編次：編年體「以日月爲遠近，年世爲前後，用使閱之者，雁行魚貫，皎然可尋」；紀傳體「錯綜成篇，區分類聚」。

14. 稱謂：「歷觀自古，稱謂不同，緣情而作，本無定準。」

〔註22〕浦起龍：《史通通釋》，第 22 頁。
〔註23〕35 條中的引文均出自《史通》相應各篇。

15. 採撰：「徵求異說，採摭群言，然後能成一家，傳諸不朽。」

16. 載文：「史氏所書，固當以正爲主」，「去邪從正」，「捐華摭實」。

17. 補注：「傳者轉也，轉授於無窮；注者流也，流通而靡絕。惟此二名，其歸一揆。」「撰史加注者，或因人成事，或自我作故，記錄無限，規檢不存，難以存一家之格言，千載之楷則。」

18. 因習：「《傳》稱因俗，《易》貴隨時。」「事有貿遷，而言無變革，此所謂膠柱而調瑟，刻船而求劍也。」

19. 邑里：「國有馳張，鄉有並省，隨時而載，用明審實。」

20. 言語：「記其當世口語。」

21. 浮詞：「發言失中，加字不愜」，「輕事塵點，曲加粉飾」，「窮截浮詞，撮其機要」。

22. 敘事：「國史之美者，以敘事爲工，而敘事之工者，以簡要爲主。」「略小存大，舉重明輕，一言而鉅細咸該，片語而洪纖靡漏，此皆用晦之道也。」反對「虛加練飾，輕事雕彩」；反對「體兼賦頌，詞類俳優。文非文，史非史。」（即疾妄飾）

23. 品藻：「申藻鏡，別流品，使小人君子臭味得朋，上智中庸等差有敘，則懲惡勸善，永肅將來，激濁揚清，鬱爲不朽。」

24. 直書：「仗氣直書，不避強禦」；「肆情奮筆，無所阿容。」

25. 曲筆：「舞詞弄劄，飾非文過」，「用舍由乎臆說，威福行乎筆端，斯乃作者之醜行，人倫所同疾也。」

26. 鑒識：「人識有通塞，神有晦明，毀譽以之不同，愛憎由其各異。」「物有恒準，而鑒無定識，欲求銓核得中，其唯千載一遇乎！」

27. 探賾：「考眾家之異說，參作者之本意。」

28. 摸擬：「述者相效，自古而然。」「貌異而心同。」

29. 書事：「以此三科（『敘沿革、明罪惡、旌怪異』），參諸五志（『達道義、彰法式、通古今、著功勳、表賢能』），則史氏所載，庶幾無闕。」

30. 人物：「其惡可以誡世，其善可以示後。」

31. 覈才：「史者當時之文也，然樸散淳銷，時移世異，文之與史，較然異轍。」

32. 序傳：「隱己之短，稱其所長，斯言不謬，即爲實錄。」反對「追述

本系，妄承先哲。」

33. 煩省：「遠略近詳。」「近史蕪累，誠則有諸，亦猶古今不同，勢使之然也。」「論史之煩省者，但當求其事有妄載，言有缺書，斯則可矣。」

34. 雜述：「史氏流別，殊途並騖。權而爲論，其流有十（偏紀、小錄、逸事、瑣言、郡書、家史、別傳、雜記、地理書、都邑簿）。」

35. 辨職：「史之爲務，厥途有三」，「彰善貶惡，不避強禦」，「編次勒成，鬱爲不朽」，「高才博學，名重一時」。

縱觀以上所列 35 個概念，堪稱我國傳統史學範疇的總匯。以這些史學範疇的來源爲標準，大致可分爲三類。第一類是我國古代傳統史學所特有的、約定俗成的名詞，在《史通》問世之前這些史學名詞就已經存在。這一類多爲史書的體裁體例，與我國傳統史書，尤其是紀傳體獨特的組織結構有關。如：「本紀」、「世家」、「列傳」、「表歷」、「書志」、「論贊」、「序例」、「題目」、「斷限」、「編次」、「稱謂」、「補注」、「邑里」、「序傳」，這些名詞雖非劉知幾所創，但對眾多史書體裁、體例如此全面、集中的呈現與分析是前無古人的。第二類史學範疇在《史通》之前並沒有被明確提出，但前人也或多或少論說過，儘管不是以明確概念的形式。這一類主要是歷史編纂學方面的，如：「採撰」、「載文」、「因習」、「言語」、「浮詞」、「敘事」、「品藻」、「摸擬」、「書事」、「人物」、「煩省」，大體都是講如何寫史書的。由於《史通》之前並沒有專門的史學理論著作，所以這些歷史編纂的基本範疇是在繼承前人成果的基礎上，劉知幾進一步總結概括出來的。第三類則基本上是出自劉知幾自己的創造，這些史學範疇是劉知幾史學理論創新、發展的典範，「直書」、「曲筆」相對立論，講歷史編纂的基本原則；「鑒識」、「探賾」講史學評論的應該注意的問題；「核才」、「辨職」講史才、史官問題；「六家」、「二體」、「雜述」十流，講史書分類問題；「載言」是劉知幾自創的史學體例，這是劉知幾有感於後世的文章越來越多，個人列傳勢必無法容納，所以建議於紀傳體中創立制冊章表書，收錄這些內容。這幾篇是發前人所未發。

在《史通》中，劉知幾嘗試著概括出上述三類史學名詞的本質內涵，並提出在修撰方面的基本要求，內篇言理的特點非常明顯。《史通》外篇言事，內篇言理，由外篇的史學事實性分析，昇華爲內篇的史學理論分析，是《史通》在呈現形式上的著述體系。趙俊對《史通》記載的內容和特點曾有一段

集中的評價，他說：「《史通》是以歷代史書、史家、史官建制爲研究對象，任務是反省以往的歷史活動，評價其優劣得失，對史學活動中的各個環節、各個方面從理論上提出要求，確定目標、任務和方向。」〔註24〕他對《史通》內容的評價是比較準確的，但對於《史通》中究竟哪些篇章側重對史書、史家、史官建制的討論，哪些篇章側重於理論上的研究，他沒能進一步作出分析。通過以上對《史通》外篇言事，內篇言理的著述體系的分析，不難發現《史通》外篇立足於對史家、史著的評價，對象性較強；《史通》內篇則是理論性較強的專題論證。

二、外篇重條陳例證，內篇重理論分析

作爲一部史學批評著作，《史通》內、外篇評論的對象自然均屬史學之林，外篇言事，內篇言理是劉知幾選擇史學批評的不同角度。這種角度的不同，決定了內、外篇行文模式的差異。外篇言事，各篇主要採用條陳例證的方法，內篇言理，各篇大體上統一使用的是一種理論分析的模式。

（一）外篇重條陳例證

所謂外篇言事採用條陳例證的方法，指的是劉知幾在說明史學事物或論證問題時，主要採用逐條列舉的行文模式。《史官建置》、《古今正史》兩篇對歷代史官設置情況和正史修撰情況，按照朝代先後順序，依次進行梳理和說明，條陳比事特點鮮明。《疑古》篇，對《尚書》提出十點疑問。《惑經》篇則向《春秋》發難，列出十二點未諭、五點虛美。《申左》篇，褒舉左氏，稱讚《左傳》有三點長處，同時對比指出《公羊傳》、《穀梁傳》有五點缺陷。《點煩》篇，列舉十餘例，示範刪減史籍冗文的操作方法。三篇《雜說》對前代史書抉疵點瑕，逐條提出批評，並以小標題列出駁難各部史籍的具體條數。《春秋》二條、《左氏傳》二條、《公羊傳》二條、《汲冢紀年》一條、《史記》八條、諸漢史十條、諸晉史六條、《宋略》一條、《後魏書》二條、北齊諸史三條、《周書》一條、《隋書》一條、諸史六條、別傳九條、雜識十條。在《漢書五行志錯誤》篇，劉知幾指出《漢書·五行志》在編纂原則和方法上存在四科錯誤，「一曰引書失宜，二曰敘事乖理，三曰釋災多濫，四曰古學不精。又於四科之中，疏爲雜目，類聚區分，編之如後。」〔註25〕此處

〔註24〕趙俊、任寶菊：《劉知幾評傳——史學批評第一人》，第 116 頁。
〔註25〕《史通》卷 19《漢書五行志錯誤》。

劉氏自述顯然就是條陳例證之法。《漢書五行志雜駁》則是逐條批評《漢書・五行志》對一些自然界的變異現象所作的虛妄占侯，共十六條。《暗惑》篇批評了因爲史書記載中文史不分，造成眞僞莫辨的十二件事。便覽《史通》外篇僅《忤時》一篇不是條陳例證的行文模式，所載爲劉知幾寫給蕭至忠的信，與內篇《自敘》遙相呼應，性質相似，後世學者往往視其爲《史通》全書之跋。所以總體來看，《史通》外篇言事，普遍採用的是條陳例證的行文模式。

（二）內篇重理論分析

《史通》內篇言理，每一篇都可以視爲獨立的專題論文。事實上劉知幾在撰寫這些論文時，自創並遵循了一種大致統一的理論論證模式，這一模式堪稱是《史通》史學批評的學術規範。這種理論論證的基本結構是以各篇確定的史學範疇爲核心一步步行文推進的，簡單地說就是依次論述史學範疇的「發展史——核心含義——修撰方法——史學批評」，當然每篇自始至終還貫穿著劉知幾的修史建議。在這一過程中，第一步是簡短的史學範疇史的專題回顧，堪稱雛形的專題性史學史，這是全篇立論的基礎。第二步是總結歸納史學範疇的核心內涵，大致相當於劉知幾在《自敘》篇說的「辨其指歸」，辨別清楚史學各個方面的主旨，這部分最富有理論色彩。第三步是在明確了史學範疇核心內涵的基礎上提出在著史方法論上的根本要求，大致相當於劉知幾在《自敘》篇說的「殫其體統」，講的是體裁體例，著述體系問題。第四步是以這種著史方法論上的要求作爲主要標準展開史學批評，大致相當於劉知幾在《自敘》篇說的「與奪」、「褒貶」、「鑒誡」、「諷刺」、「譏往哲」、「述前非」。下面以《論贊》篇爲例對《史通》內篇的這種論證模式作以具體說明。首先是關於「論贊」的史學史性回顧：

《春秋左氏傳》每有發論，假君子以稱之。二《傳》云公羊子、穀梁子，《史記》云太史公。既而班固曰贊，荀悅曰論，《東觀》曰序，謝承曰詮，陳壽曰評，王隱曰議，何法盛曰述，揚雄曰「撰」，劉昞曰奏，袁宏、裴子野自顯姓名，皇甫謐、葛洪列其所號。史官所撰，通稱史臣。其名萬殊，其義一揆。必取便於時者，則總歸論贊焉。〔註26〕

劉知幾以極爲簡略的文字，由古及今縱向梳理了自《左傳》以下諸家史著「論贊」五花八門的名稱。名稱雖然不一樣，但是它們的根本含義是一致

〔註26〕《史通》卷4《論贊》。

的。此處雖然只有區區百餘字，卻囊括了唐以前主要的史學著作，足見劉知幾在撰寫《史通》時材料搜集之廣泛。又能夠突破五花八門的名稱和紛繁複雜的亂像，把握住其爲史書「論贊」的實質，若非精通史學之士是很難做到的。史學範疇的專題回顧是隨後歸納出「論贊」之義的事實基礎，正如浦起龍所說：「首撮史傳之論贊異名，爲發議總案。」〔註27〕而歸納史學範疇之義是抽繹事物共性的邏輯思維過程，因此基於事實層面抽取的考察樣本越廣泛，所獲取的共性就越有說服力。劉知幾認爲史書「論贊」之義是：「辯疑惑，釋凝滯。」「論」是用來辨析疑惑，解釋難通之處的。如果前文所記內容大家都能明白，當然就不用再發議論了。此處劉知幾對「論贊」之義的理解是與眾不同的，通常認爲「論贊」主要是講褒貶的〔註28〕，劉知幾卻不以爲然，他說：「欲觀人之善惡，史之褒貶，蓋無假於此也。」〔註29〕他把「論贊」之義闡釋爲解釋、辨析的意思，很明顯源於他一貫主張的史書敘事尙簡原則。在他看來只有讀者理解有困難，不得不解釋時才有必要進行「論贊」。劉知幾在《敘事》篇也曾說：「蓋敘事之體，其別有四：有直紀其才行者，有唯書其事迹者，有因言語而可知者，有假贊論而自見者。」〔註30〕顯然劉知幾認爲「論贊」也是史學敘事的一種形式，史事只要以一種形式記載下來就可以了，沒有必要使用多種敘事形式重複呈現。在理論上明確了「論贊」之義在於解釋、辨析，只是史學敘事的一種方式，也就規定了在修史實踐中應該遵循的方法論，劉知幾把這一修史方法概括爲：「事無重出，文省可知。」〔註31〕《史通》以「事無重出」作爲史書「論贊」的極則，反對繁瑣議論的主張，頗得後世肯定和遵循〔註32〕。明確了「論贊」之義和總的方法論，隨後就是以此

〔註27〕浦起龍：《史通通釋》，第75頁。

〔註28〕如李維楨在《史通評釋》（上海古籍出版社2006年影印萬曆三十二年郭孔陵刻本）在該篇的評語中說：「史臣論贊，正以寓褒貶、定功罪。」

〔註29〕《史通》卷4《論贊》。

〔註30〕《史通》卷6《敘事》。

〔註31〕《史通》卷4《論贊》。

〔註32〕如呂思勉在《史通評》中說：「『事無重出』，『文省可知』兩端，自足爲作論贊者之楷模。」（《呂著史學與史籍》，第229頁）張舜徽的評價更高：「知幾此篇持論，大體精覈。實爲葳肓起廢、懲前毖後之言。鄭樵《通志總序》，章學誠《答甄秀才論修志第二書》，皆引申斯義，大暢其說。自此治史者，重在史事之求眞，不尙虛文之敷論，皆知幾斯議爲之先導也。」（《史學三書平議》，第42頁）後世史家修史時對這一主張的積極踐行，也證明了劉知幾史論具有極高的學術價值。

爲依據對諸家史書「論贊」展開的集中評價：

> 必尋其得失，考其異同，子長淡泊無味，承祚僄緩不切，賢才間出，
> 隔世同科。孟堅辭惟溫雅，理多愜當。其尤美者，有典誥之風，翩
> 翩奕奕，良可詠也。仲豫義理雖長，失在繁富。自茲以降，流宕忘
> 返，大抵皆華多於實，理少於文，鼓其雄辭，誇其儷事。必擇其善
> 者，則干寶、范曄、裴子野是其最也，沈約、臧榮緒、蕭子顯抑其
> 次也，孫安國都無足採，習鑿齒時有可觀。若袁彥伯之務飾玄言，
> 謝靈運之虛張高論，玉卮無當，曾何足云！王劭志在簡直，言兼鄙
> 野，苟得其理，遂忘其文。觀過知仁，斯之謂矣。大唐修《晉書》，
> 作者皆當代詞人，遠棄史、班，近宗徐、庾。夫以飾彼輕薄之句，
> 而編爲史籍之文，無異加粉黛於壯夫，服綺紈於高士者矣。〔註33〕

在這一段中自司馬遷以下的諸多史家被劉知幾按照史論水平之高低分爲不同等級，分等級評價是一種高效的史學批評方法。劉知幾在《品藻》篇專門講過這種「上智中庸等差有序」的史學批評方法，但這種高效的方法也容易造成強分等級背離實際的問題，他在《品藻》篇也曾批評以往史書中人物歸類不恰當的問題。劉氏此處的評論巧妙地克服了這一問題，他的分等級評價，史家史論有最好、次好、一般之分。但又不是簡單機械地劃定層級，更有對各自史論風格的具體分析，講出了不同史家的史論個性，充分表現出對古人的尊重。當然這一大段史學批評，歸根結底還是以「事無重出」的尚簡原則作爲主要標準。荀悅史論已然「失在繁富」，自其之後「大抵皆華多於實，理少於文，鼓其雄辭，誇其儷事」，袁宏「務飾玄言」，謝靈運「虛張高論」，唐代修的《晉書》多飾以「輕薄之句」。以上批評都由史論不符合劉氏的史學敘事「尚簡」原則而發，可見《史通》的史學批評實踐的確是以史法論爲指導的。

通過對《論贊》的案例分析，不難看出其中確實貫穿了史學範疇「發展史──核心含義──修撰方法──史學批評」的論證模式。四個步驟環環緊扣，層層遞進，以史學事實爲根本依據和出發點，以理論概念和方法論爲承上啓下的中心環節，以史學批評爲行文的全面展開和議論終點，這四個環節構成了內篇諸篇微觀的著述體系。由事實到理論概念，由理論概念再到方法論，由方法論到最後的史學批評實踐。以今天成熟的史學理論來考察，這一論證模式基本符合今天的學術研究規範，甚至可以說這一論證模式代表了中國古代史學前半

〔註33〕《史通》卷4《論贊》。

期史學理論的最高成就。故劉知幾作爲我國歷史上第一位史學理論家當之無愧，《史通》作爲第一部史學理論著作實至名歸。這是從整體上看各篇體現出較爲科學的理論論證模式，所以說《史通》是一部史學理論著作，這一點得到了後世大多數史家的認可。有的學者認爲《史通》是史法性著作，有的認爲《史通》是史學批評著作，還有人認爲《史通》是綜合性的史學著作，很難區分屬於哪一具體方面。甚至有的學者對《史通》性質的看法前後矛盾。爲了方便進一步分析《史通》這部著作的性質，先把諸家觀點以表格形式列出。

表　後世史家關於《史通》性質的看法

性質	學者	關於《史通》性質的評價	出　處
史學理論	錢穆	「中國人做學問，只重實際工作，很少寫通論概論，《史通》則可說是中國一部史學通論，也幾乎可以說是中國唯一的一部史學通論。」	《中國史學名著》，第 124 頁。
	趙俊任寶菊	「《史通》不僅是我國史學史上第一部史學批評專著，而且也是第一部史學理論著作。」	《劉知幾評傳》，第 123 頁。
史學批評	梁啓超	「批評史書者，質言之，所評即爲歷史研究法之一部分，而史學所賴以建設也。自有史學以來二千年間，得三人焉：在唐則劉知幾，其學說在《史通》。」	《中國歷史研究法》，第 26 頁。
	侯外廬	「不僅對過去的歷史學作了綜合的批判，而且如他所說，是志在『上窮王道，下挨人倫，總括萬殊，包吞前有』，對古今人物學術加以『與奪』、『褒貶』、『鑒戒』、『諷刺』。」	《中國史學史論集（二）》，第 1 頁。
	白壽彝	「我國第一部評論史書的專著是劉知幾的《史通》。」	《史學概論》，第 133 頁。
	楊翼驤	「《史通》是一部評論史學的專著，所評論的中心是歷史編纂學。」	《中國史學史論集（二）》，第 139 頁。
	瞿林東	「盛唐時期，傑出的史學批評家劉知幾寫出了《史通》一書。這是中國古代史學上一部劃時代的史學批評著作。」	《中國史學史綱》，第 309 頁。
	張三夕	「《史通》的性質和主旨從根本上說是史學批評。」	《批判史學的批判》，第 5 頁。
	趙俊任寶菊	「《史通》是我國史學史上第一部史學批評專著。」	《劉知幾評傳》，第 116 頁。
	許凌雲	「《史通》的基本特色是史學的批判，即是一部史學批評之作。」	《劉知幾評傳》，第 181 頁。

史法性著作	章學誠	「劉言史法，吾言史意。」	《文史通義》外篇三《家書》
	劉咸炘	「章君言：『劉言史法，吾言史意；劉議史局纂修，吾議一家著述。』截然不同。知此乃可以讀此書。」	《劉咸炘論史學》，第 122 頁。
	梁啓超	「劉知幾是史官中出類拔萃的，孤掌難鳴，想恢復班固的地位而不可能，只好悶煩鬱結，著成一部講求史法的《史通》。」	《中國歷史研究法》，第 268 頁。
	翦伯贊	「《史通》一書，全部都是論述歷史學方法。」	《中國史學史論集》（二），第 40 頁。
	白壽彝	「劉知幾是以善講『史法』著稱的。所謂『史法』，主要是從歷史編纂學方面說的，也包含有史料學的東西在內。」	《中國史學史論集》（二），第 95 頁。
綜合性的史學著作	梁啓超	「他（指劉知幾）雖然沒有作史的成績，但史學之有人研究從他始。這好像在陰霾的天氣中打了一個大雷，驚醒了許多迷夢，開了後來許多法門。」	《中國歷史研究法》，第 268 頁。
	傅振倫	《史通》不只爲吾國史學概論，史學史之作，抑且爲史學方法論之名著矣。	《劉知幾之史學》，第 28 頁。
	尹達	「（《史通》）差不多囊括了歷史學的全部問題。」	《中國史學發展史》，第 173 頁。
	謝保成	「《史通》確實是經過『區分類聚，編而次之』的一部結構完整的史學論著。」	《隋唐五代史學》，第 171 頁。
	許凌雲	劉知幾在《史通》中，幾乎論述了歷史學的全部問題，有史學發展史的，歷史編纂學的，歷史文獻學的，也有史學評論的。	《劉知幾評傳》，第 180 頁。

　　通過上表所列內容不難看出，後世史家對《史通》性質的評價可謂見仁見智。簡單就數量而言，持史學批評觀點的最多，其後持史法性著作、理論性著作、綜合性史學著作的數量依次遞減。同爲知名學者，何以差異如此之大，難道是他們的判斷有錯誤嗎？甚至有些學者的觀點前後都不一致，這該如何解釋呢？

　　事實上前文所述《史通》各篇的論證模式就是解決這一問題的鑰匙。如果用今天史學研究的眼光來看，《史通》內篇「發展史——核心含義——修撰方法——史學批評」的論證模式，就能夠得到更合理的理論性闡釋。第一步是對不同時間段的史學所作的事實層面的考察，相當於今天的史學史；第二步以史實層面的考察爲基礎歸納抽繹出史學範疇的核心含義，這是理論性的

分析提升，相當於今天的史學理論；第三步由史學範疇之內涵獲得史書編纂的方法論，講的是史法，相當於今天的歷史編纂學；第四步以著史方法論為標準評判諸家史書，是史學批評。因此可以說，在《史通》內篇各篇的行文論述過程中，已經包含了史學史、史學理論、著史方法論、史學批評等四項史學研究的主要內容。後世史家關注到了不同部分的內容，自然針對《史通》性質的分析會出現差異；同一個史家在不同時間關注的內容不同或觀察《史通》的視角轉換了，自然得到結論也就不同了。不是學者們的判斷錯了，是《史通》內容的豐富性和風格的多樣性，造成了「橫看成嶺側成峰，遠近高低各不同」的評價效果。

參考以上史家觀點，結合《史通》實際情況，學者們的看法頗有異曲同工之妙。尹達認為《史通》差不多囊括了史學的全部內容，雖然略顯籠統，卻道出了《史通》所涉及史學內容的廣泛性，是綜合《史通》各篇章的內容組成和創作風格得到的概括性認識。白壽彝既認為《史通》是一部評論性著作，又強調劉知幾以善講「史法」著稱，這兩個觀點並不矛盾。認為《史通》講史法關注的是這部書記載的主要內容，而把《史通》看成是評論性著作的依據則是它的批判性風格。從內容上看，《史通》的確幾乎篇篇都在講史法，但是像章學誠、劉咸炘那樣把《史通》僅僅看成講史法的技術性著作，就大錯特錯了。《史通》的偉大成就在於通過對以往史學的批判，提出系統的史學批評理論與方法論，這標誌中國古代史學理論的形成。

史學批評也好，著史方法論也好，按照今天的學術觀點來看，都屬於史學理論，加之劉知幾本人又「喜談名理」，對若干史學範疇的概念、性質的分析鞭闢入裏，帶有很強的理論色彩，所以綜合來看，把《史通》看成史學理論著作是比較恰當的。《史通》中史學史性質的梳理與分析，或獨立成篇，或貫穿於諸篇章之中，所佔篇幅頗為可觀，這一問題在本文第三章有專門的論述。因此《史通》堪稱是史學理論和史學史性著作，這樣的定位既全面又明確，還與今天歷史學二級學科的分類暗合，又能夠體現出《史通》在史學理論上的早熟。當然也應該看到，儘管把《史通》看作史學理論著作，已經包含了史學批評的含義。但畢竟這部書史學批評的特點非常突出，而且從內篇各篇論證模式來看前面三個步驟的史學史性回顧、史學範疇的概念分析和史學方法論的提出，大體上都是為後文的史學批評服務的，所以強調《史通》的史學批評性質很有必要，從目前的研究狀況而言，對《史通》的史學批評

研究尚不夠充分。

三、《史通》各篇間的邏輯關係

關於《史通》各篇之間的邏輯關係，前人論述極少，甚至有的學者認爲《史通》各篇支離破碎，不存在著述體系，這種看法顯然是錯誤的。劉知幾自己曾說：「嘗以載削餘暇，商榷史篇，下筆不休，遂盈筐篋。於是區分類聚，編而次之。」〔註34〕劉知幾利用史館工作的餘暇時間編寫《史通》，撰寫完成之後，對各篇的編次又進行了頗具匠心的統一編排。由此看來劉知幾對《史通》各篇的先後順序、結構層次是有專門設計的。後世學者中的一些有識之士已經肯定過劉知幾對《史通》的行文編次所作的總體考慮，並針對一些篇章提出了自己的看法，儘管他們沒有對這一問題作出全面的研究。如程千帆曾評價說：「本書編次，皆有義例，非率爾爲之也。」〔註35〕許冠三也曾經指出：「有人只見《史通》個別章節之瑣屑、支離與破綻，而無視於各篇論旨之內在邏輯。」〔註36〕兩位前輩學者的評論說明探究《史通》各篇章之間的邏輯關係是一個值得研究的真問題，同時也增加了本人探究這一問題的信心。

《史通》全書49篇，雖然均可獨立成篇，但各篇在整部書著述體系中的地位卻差異很大。有的篇章提領全書，作用極大，如外篇的《史官建置》、《古今正史》，內篇的《六家》、《二體》；有的是由若干篇章構成一組，集中評論史學某一方面的內容，如內篇自《六家》以下，直至《稱謂》，共十四篇是專門講史書的體裁、體例的；有的篇章相對立論，正反論證，對偶成組，如《直書》、《曲筆》；有的後篇實爲前篇的延伸和拓展，如《因習》、《邑里》；有的專題看上去相似，而實際評論的角度明顯不同，如《載言》與《載文》，《敘事》與《書事》。以上所列基本上都屬於內篇，源於內篇言理的特點，各篇在行文組織上往往有特定的邏輯關係。

外篇言事，在行文過程中主要使用的又是條陳例證的方法，所以外篇結構特點是按照時間順序依次展開論證。這一特點在兩個層面均有突出且普遍的體現。第一個層面是在各篇內部，都是按照時間的先後順序梳理史學發展線索來組織排列諸多條目的。第二個層面是在各篇之間的順序上，也考慮了

〔註34〕《史通·序》。
〔註35〕程千帆：《史通箋記》，第28頁。
〔註36〕許冠三：《劉知幾的實錄史學》，第2頁。

時間先後的因素，如《疑古》、《惑經》、《申左》、《漢書五行志錯誤》、《漢書五行志雜駁》等五篇依次排列，劉知幾顯然是按照《尚書》、《春秋》、《左傳》、《漢書》等四部書問世的先後順序來布局謀篇的。

（一）《史官建置》、《古今正史》、《六家》、《二體》統領全書

《史通》外篇以《史官建置》、《古今正史》起首，不僅在內容上，統領外篇，更重要的是從史學批評發生的邏輯層次來看，這兩篇又是統領全書的。顧名思義，前者主要是論述歷代史官建制的嬗變情況，我國史籍起源於上古，歷代多設有史官，記錄史事，他們是中國古代最集中的史家群體；後者是介紹歷代正史的編纂情況。與後代僅視紀傳體爲正史不同，《史通》中所說的正史包含紀傳體、編年體兩種，我國史書體裁眾多，但就唐以前而言其中葷葷大者無疑僅此兩類，因此這一篇是唐以前歷代主要史籍的彙編。

從內外篇關係來看，後世的《史通》研究者，一般都願意接受《四庫全書總目》的說法：「先有外篇，乃擷取其精華以成內篇。」呂思勉說：「就大體言，《外篇》蓋《內篇》未成時隨手箚記之作，《內篇》則合《外篇》所見精心結構而成。」〔註37〕傅振倫也認爲：「《外篇》之文頗多重複，或前後時有異同。其爲《內篇》底本，較爲可信。」〔註38〕總之後世學者基本上形成一致的認識，《內篇》是在《外篇》的基礎上完成的。實質上這不是簡單的成書先後順序的問題。《史通》從整體上看是一部史學批評著作無疑，但就《史官建置》、《古今正史》兩篇而言則是史學史著作，史學批評以史學史爲依託是可信的。

後人確定內、外篇成書先後關係的有力證據就是劉知幾在《六家》篇說的：「自古帝王編述文集，《外篇》言之備矣。」〔註39〕這裡所說的《外篇》所言帝王編述文集指的應該是《古今正史》篇，這說明此篇必在內篇撰寫之前已經完成，當然《史通》中也有明顯表達《內篇》成於《外篇》之前的隻言片語。但是兩者性質明顯不同，「自古帝王編述文集，《外篇》言之備矣」，這句話不僅是《六家》篇的第一句話，也是《史通》全書的第一句話。爲什麼劉知幾在《史通》全書一開頭就說這句話呢？比較合理的解釋是劉氏開篇就有意交代清楚《內篇》與《外篇》，至少是《內篇》的《六家》篇與《外篇》

〔註37〕呂思勉：《呂著史學與史籍》，第227頁。
〔註38〕傅振倫：《劉知幾年譜》，第98頁。
〔註39〕《史通》卷1《六家》。

的《古今正史》篇之間的關係。《六家》篇是在《古今正史》梳理歷代史著的基礎上，總結歸類、抽繹重點、區分門類而成的。實際上這種關係也是《史官建置》、《古今正史》兩篇與內篇諸篇關係的一大縮影。也可以說《史通》全書的第一句話是劉知幾在引導讀者可以先讀《史官建置》、《古今正史》，再讀《內篇》諸卷。後來史家如程千帆、瞿林東等都曾建議按照如是順序讀《史通》，這樣讀符合人的認識由事實層面上陞到理論層面的邏輯過程，這也應該是《史通》成書的合理順序。

內篇以《六家》、《二體》領起，把唐以前的眾多史著分為六大類，並突出強調了影響最大的兩類，這兩篇構成了《史通》全書的大、小綱領。《六家》篇獨據全書第一卷，在編次上昭示此為《史通》全書的大綱領，這種撰述編次上的邏輯特點，是通過劉知幾高明的史籍分類法完成的。唐代以前史家著作卷帙浩繁，堪稱汗牛充棟。而劉氏欲「商榷史篇」，就是要對這麼龐雜的史著進行系統評價，說起來容易，操作起來卻極難。《史通》開篇，劉知幾使用了把唐以前所有重要史籍區分為六類的作法，一下子抓住了評判史籍的重點。《史通》雖然在《雜述》篇又列舉了雜史十流，卻只是對各類作了簡單的評價，沒有再進行分專題論證。在劉知幾看來《尚書》、《春秋》、《國語》、《左傳》、《史記》、《漢書》這六家已經囊括了唐以前的主要史著類型，「考茲六家，商榷千載，蓋史之流品，亦窮之於此矣。」〔註40〕浦起龍可謂深明《史通》首列《六家》篇之意，評價說：「史體盡此六家，六家各有原委。其舉數也，欲溢為七而無欠，欲減為五則不全，是《史通》總挈之綱領也。」〔註41〕浦氏的評價有兩層含義，第一層是對劉知幾把唐以前史籍區分為六大類作法的肯定〔註42〕，稱讚他抓住了林林總總的史書中最重要、最有代表性的六類。

〔註40〕《史通》卷1《六家》。

〔註41〕浦起龍：《史通通釋》，第1頁。

〔註42〕對劉知幾區分「六家」作法持肯定態度的學者很多。如張孟倫：「總之，《六家》、《二體》兩篇，實將我國汗牛充棟的史書的體例，作了一個窮盡原委、脈絡分明的高度概括性敘述，從而不但綱維了百代群史，而且張開了《史通》全書的總目。」（《中國史學史論叢》，蘭州大學歷史系，1980年版，第26頁。）汪之昌認為：「《史通》首篇署以《六家》，蓋有見於史家體例雖不盡同，大家不外此六家。」（《青學齋集》卷16《六家體例源流考》，中國書店，1981年版。）也有一些學者對劉知幾的「六家」的分類方法和浦起龍的完全肯定提出了不同看法。比如劉咸炘作有《史體論》一文，其中以較大篇幅駁斥了劉知幾的《六家》、《二體》說。（詳見《劉咸炘論史學》，第48～53頁。）瞿林東認為：「《六家》、《二體》未能包舉百代史學。」（《唐代史學論稿》，第216

僅就唐以前的史書而言，這大體上是不錯的。第二層是指出了《六家》篇提領全書的作用。那麼《六家》篇是如何提綱挈領全書的呢？

第二篇《二體》，是從《六家》篇中選出的史體精華，「樸散淳銷，時移世異，《尚書》等四家，其體久廢，所可祖述者，唯《左氏》及《漢書》二家而已。」〔註43〕《六家》概括古史體例之完全，所以「爲例不純」的《尚書》和影響較小的《國語》也各占一家；《二體》則突出影響較大，祖述不斷的編年、紀傳兩大門類。《春秋》、《史記》肇其源，《左傳》、《漢書》化其成，《二體》脫胎於《六家》，是《六家》中的精華，《史通》的史學批評也主要是圍繞著對這兩種史書的批評展開的，所以《二體》篇又成爲統領《史通》全書的小綱領。由《六家》到《二體》，劉知幾史學批評的對象逐漸明確了，再往後的紀、傳、志、表各篇是紀傳體史書最爲重要的體裁，也是中國傳統史學特有的重要範疇。由這些重要的專題來展開，《史通》史學批評的矛頭所向就更爲精準了。

後世學者很願意稱呼《史通》是對唐以前史學的系統總結，所謂「系統」在形式上的體現就是《史通》在行文上存在的著述體系。《史通》由宏觀的《六家》，到中觀的《二體》，再到微觀的具體各篇，就是這種著述體系的一大體現。在這一組關係中《二體》處於重要位置，與歷來定紀傳體爲正史不同，在劉知幾看來，編年、紀傳這兩種史書都是正史〔註44〕。這不僅在《二體》篇表露無疑，《古今正史》篇亦僅記錄歷代的編年、紀傳史書，實爲又一力證，所以從《六家》中把這兩種體裁特選出來，詳細論列各自特點和優缺點。《史通》全書涉及史籍眾多，但十之八九都屬於這兩類。劉知幾看重編年體彰顯出他獨到的學術眼光，後世史體創新頗多。以劉知幾所推崇的編年體斷代史書爲例，一變而成爲編年體通史《資治通鑒》，由《資治通鑒》再變而成爲《通鑒紀事本末》。這一系列史體發展嬗變終歸發軔於編年體斷代史，這樣看來《四庫全書總目》的說法還是有一定道理的，「唐劉知幾作《史通》，敘述史例，

頁。）張舜徽也指出：「《尚書》、《春秋》，相互爲用。《左傳》、《國語》同出一手。古人本未區分，何必強立門戶。知幾釐爲六家，徒以繭自縛耳。」（《史學三書平議》，第6頁。）

〔註43〕《史通》卷1《六家》。

〔註44〕視編年體亦爲正史的史家極少。在《史通》問世之前，阮孝緒《七錄》視紀傳爲國史，編年爲注曆。《隋書·經籍志》則已經正式稱紀傳體爲正史，而視編年體爲古史。劉知幾在《隋書·經籍志》已然僅視紀傳體爲正史的情況之下，仍給予編年體正史地位，充分說明了他對編年體的看重。

首列六家，總歸二體。自漢以來，不過紀傳、編年兩法乘除互用。」〔註45〕

浦起龍在《史通通釋》中一再陳說《六家》、《二體》篇的統領作用：「《史通》開章提出四個字立柱棒，曰《六家》，曰《二體》……此四字管全書。」「如弈者開局布子，通領全局，以該史家之體，即以辨史體之家。」「《二體》兩字，貫徹全書，綱維群史。」〔註46〕這些評論充分說明《六家》、《二體》把《史通》的著述系統基本撐立起來，但他的歸納也不免有以偏蓋全之處。闕如說「《二體》兩字，貫徹全書」就不是很確當，很明顯有些內容是《二體》無法包括的。《六家》、《二體》是《史通》全書的大、小綱領，說《六家》統攝全書，絕大部分內容是通過《二體》來統攝的，也有一部分內容超出了編年、紀傳的範圍，是必須由《六家》本身來統攝的。比如《疑古》、《惑經》兩篇，評論的對象是《尚書》和《春秋》，嚴格按照劉知幾自己的分類標準來看，這兩部書既不是編年也不是紀傳，與《二體》無關，卻為《六家》中的兩大門派。還有《雜述》篇的設計是為了講十類雜史，以補《六家》遺缺，呈現唐以前史籍種類之全貌。

另外內篇的《自敘》、外篇的《忤時》，性質特殊，非是《六家》、《二體》所能統攝。《自敘》相當於全書的前言或是後記，交待了《史通》全書的寫作緣由、著述宗旨以及對此書的價值的展望；《忤時》篇則全文收錄劉知幾寫給蕭至忠的書信，講當時史館修史積弊，實際上是闡釋自己美志不遂，退而私撰《史通》之意。說的仍然是自己創作的緣起和宗旨問題，且處於全書最末，與《自敘》篇內外呼應，相當於全書的跋。浦起龍自己也曾評價說：「《忤時》與《自序》相表裏，《自敘》主衡史，《忤時》主職史。衡史本於識定，識定故論定。《史通》作，而識寓焉。職史期於道行，道行故直行。《史通》成，而道存焉。是二篇者，函古砥今，屹然分峙，為內外篇之殿。器鑒風稜，不規不隨。」〔註47〕因此基本可以確定《自敘》、《忤時》是從不同角度闡釋《史通》著述宗旨的，序跋性質明顯。除以上所列《疑古》、《惑經》、《雜述》、《自敘》、《忤時》等5篇之外，其餘44篇基本上都是紀傳、編年《二體》可以統攝的。劉知幾對於這44篇在行文編次上又分為若干組，分別圍繞著史學體裁體例、歷史編纂、歷史文學、史學見識等問題展開自己的史學批評。

〔註45〕永瑢等：《四庫全書總目》卷88《史評類》。
〔註46〕浦起龍：《史通通釋》，第27頁。
〔註47〕浦起龍：《史通通釋》，第559頁。

（二）內篇諸篇章邏輯關係

第一組自《載言》篇以下，直至《稱謂》等十二篇，講的是史書的體裁、體例問題。體裁、體例具體所指的內容，很容易混淆，白壽彝主編的《史學概論》一書對兩者進行了明確的界定與區分。「一書的內部的組織結構和表述形式」，「就是史書的體例」，「體裁是就各類史書之間之不同的表現形式說的」。〔註48〕這就非常智慧地從史書的內部組織和外在表現兩個角度區分了史書體裁、體例，該書還指出中國傳統史學的體例包括：斷限、標目、編次、記時、記地、記人、載言、載文、徵引、議論、注釋等。參考《史學概論》中的觀點，就可以對何為體裁，何為體例作出明確區分了。看一部史書呈現出來的外部形式，按年代先後行文列事的是編年體；史書本冊、目錄區分為紀、傳、志、表的則是紀傳體；因事命篇的是紀事本末體，體裁是觀察史書的外部形式能夠確定的。而史書的體例則是必須讀了書中的內容，才能瞭解到著史者如何區分時間階段、稱呼人物姓名、記載時間地點、編排內容先後、徵引人物語言、處理注釋議論的。用這種區分史書體裁體例的方法來審視《史通》這十二篇的內容，不難發現，劉知幾對史書的體裁、體例也是有區分的。

很明顯《史通》第二卷、第三卷講體裁，第四卷講體例。現在所見《史通》諸版本第二卷、第三卷依次是《二體》、《載言》、《本紀》、《世家》、《列傳》、《表歷》、《列傳》。這一組首說編年、紀傳兩大史書體裁，之後縮小範圍，專講紀傳體內部的紀、傳、志、表等具體體裁。與一般紀傳體史書編次按照紀、表、傳、志的順序不同，劉知幾反對把表夾在人物之間的作法，「用使讀者莫不先看本紀，越至世家，表在其間，緘而不視。」〔註49〕所以在《史通》中，本紀、世家、列傳以人物為中心的三種體裁處於第二卷，表歷、書志非以記人為中心的體裁處於第三卷。諸家體裁玉成一體，可見劉知幾行文編次之嚴整。但這一部分也似有失當之處，《二體》既與《六家》統領全書，在編次上與《六家》篇同居第一卷最妥，陳其泰老師在《歷史編纂的理論自覺》一文中已揭示此意〔註50〕。《載言》難以與紀、傳、志、表相提並論，反凌駕諸體裁之上，頗為費解。白壽彝主編的《史學概論》，則視「載言」為史書體例，這種差異源自劉知幾所說的《載言》並不是後人所理解的如何記載人物

〔註48〕白壽彝主編：《史學概論》，第153頁。
〔註49〕《史通》卷3《表歷》。
〔註50〕詳見陳其泰：《歷史編纂的理論自覺——〈史通〉、〈文史通義〉比較研究略論》，《人文雜誌》2010年第3期。

語言的意思。《史通》中的《載言》、《載文》討論的是如何記載歷史人物的文章問題，關於人物語言問題的評論則在《言語》篇。《載文》的主旨是從史料采集的角度討論什麼樣的文章可以載入史書；而《載言》的主旨是劉知幾建議設立一種名為《載言》的新體裁專門收錄知名文章。所以《載言》篇所論屬於體裁問題，而與紀、傳、志、表等沿襲既久的體裁不同，《載言》是劉知幾自創的體裁，擢陞於最首，是在特標舉其與眾不同。誠如程千帆所論：「於紀傳體中立制冊章表書，乃子玄創議，故於論紀傳時首及之。本紀以次，則向來所有，雖悉加討論，而言創自殊，故反列後。」〔註 51〕可見《史通》第二、三卷集中講紀傳體的體裁問題的整體設計是很明顯的。

　　隨後劉知幾以整個第四卷講史書的體例問題，這一卷包括《論贊》、《序例》、《題目》、《斷限》、《編次》、《稱謂》，上文引《史學概論》的論斷，已經說明體例關注的是史學內部的組織結構和表述形式，簡單說體例指的就是史家是怎麼樣寫史書的，與有形的體裁相比體例則是無形的。在劉知幾所列的體例中，論、贊極易被看成是有形的體裁，實則不然。如前文所論在《史通》中論贊的本質是史學敘事的一種形式。既然史書的體例不是一目了然的外在表現形式，所以要認識一部書的體例就必須讀書，甚至是通讀全書，才能真正知曉史家義例。如呂思勉所言：「惟古人著書，雖有例，而不自言其例，欲評其得失，必先通貫全書，發明其例而後可。」〔註 52〕

　　在劉知幾所列的六項體例中，《斷限》、《編次》兩篇說的是史書內部的組織結構問題。《斷限》關注的是對記載對象在時間上的劃分，歷史學科的時間線索性最強，雖然前後相聯繫，往來成古今，但不作區分勢必無法記載連綿不斷的歷史。《編次》關注的史書所呈現內容之間的層次關係，如並列、遞進、轉折、分總、總分、前後、主次等。《論贊》、《序例》、《題目》、《稱謂》四篇說的是史書的表述形式，即如何擬定題目，怎麼稱呼人物，如何寫論、贊、序等問題。這些都是講如何敘述歷史的，是非常典型的史書體例問題。雖然這一組講的都是史書的體例問題，但很顯然《序例》篇在這一組中處於統領地位。

　　序和例儘管放在一篇，但它們的差異卻很大。序與論、贊相似，都是史書在表現形式上特有的組成部分，而例就是這一組的主題——體例，是史書

〔註 51〕 程千帆：《史通箋記》，第 28 頁。
〔註 52〕 呂思勉：《呂著史家與史籍》，第 229 頁。

撰寫者所使用的無形的方法和原則。有的古人在著述書籍時，怕讀者不明著述之例，會在序中先把體例交代清楚，這樣書序就成了史例的載體。「若沈《宋》之志序，蕭《齊》之序錄，雖皆以序為名，其實例也。」〔註53〕這是書序與史例之間的一大統一性。例有時又被稱為義例，例如《六家》篇就有「尋其義例，皆準《尚書》」的說法，這一名稱也說明序、例之間統一性的存在。義例一詞有兩個基本含義，一是並列結構，作義和例解，指的是作者著述的主旨和體例。二是偏正結構，作義的例解，指的是著作中闡明義理的事例，偏正結構也可以省略僅說例，這一含義出自經學〔註54〕。傳統史學又脫胎於經學，古代史學中所說的為史之例本身就具有為闡明義理之用的含義。而關於序的本質，劉知幾在此篇第一句就已經通過引用孔安國的話說明：「序者，所以敘作者之意也。」〔註55〕序的本質是意或義，是作者在說明自己的著述宗旨。所以劉知幾在這裡，把序、例放在一篇。劉氏以重視史書體例和善講體例著稱於世，他曾稱道史例說：「史之有例，猶國之有法。國之無法，則上下靡定；史之無例，則是非莫準。」〔註56〕在他的眼中體例的本質，猶如國家的法度。國家沒有法律，就會上下竄亂；編纂歷史如果沒有義例，就會是非沒有準則。既然史例的本質是法度，那麼在修史實踐中就應該嚴格按照書序中關於史例的規定行文撰述。在這一篇劉知幾對《晉書》、《齊書》自立體例，又隨便破例的作法，提出了嚴厲的批評，以張明自己嚴守體例的修史主張。《序例》篇最末說：「至於題目失據，褒貶多違，斯並散在諸篇，此可得而略矣。」〔註57〕而後一篇即為《題目》，過渡之意頗為明顯。《史通》流傳過程很可能造成一些篇章錯置的問題，但《序例》、《題目》順序必出自劉知幾親手所定，兩篇若非相繼成文，必是諸篇克成之後，又有統一安排，於篇章銜接之處有所潤色。

在《序例》篇的統攝之下，以著史必須嚴格遵循史例作為基本標準，劉知幾隨後在《題目》、《斷限》、《編次》、《稱謂》等四篇依次展開評論。關於

〔註53〕 《史通》卷4《序例》。
〔註54〕 經學著作中時常使用義例一詞，如：晉代杜預：「其經無義例，因行事而言。」（《〈春秋經傳集解〉序》，上海古籍出版社，1988年版。）魏收：「三旬之中，吾貴兼讀杜服，隱括兩家，異同悉舉。諸生後集，便為講之，義例無窮，皆多新異。」（《魏書》卷84《張吾貴傳》，中華書局，1974年版。）
〔註55〕 《史通》卷4《序例》。
〔註56〕 《史通》卷4《序例》。
〔註57〕 《史通》卷4《序例》。

書的總題目，劉知幾反對標新立異，嘩眾取寵的作法。認為只要使用歷代沿襲的名稱就可以了，「編年月者謂之紀，列紀傳者謂之書，取順於時，斯為最也。夫名以定體，為實之賓。」〔註58〕可見劉知幾史書命名的根本原則是根據記載的實際內容來定，名要副實，這一觀點無疑是進步的，也是理性的。隨後對諸家史書的批判就是依據這一史例原則進行的。在史事記載範圍，載入人物斷限範圍上，劉知幾主張按照明確的、折中的標準來確定，嚴厲批評記事載人超越範圍的作法。《編次》篇主要評論紀傳體的紀、傳、志、表等類目中內容歸類是否恰當，名實是否一致，排列次序是否合適等問題。《稱謂》篇首列孔子三句名言：「唯名不可以假人」，「名不正則言不順」，「必也正名乎」，並以此作為如何確定史書中各種名稱的最高標準。

《史通》卷五包括《採撰》、《載文》、《補注》、《因習》、《邑里》五篇，講的主要內容是史書的編纂方法。

《採撰》講的是史料的採集和選擇問題，大概因為《採撰》是史書編纂的第一步驟，所以放在這部分的第一篇。在這篇劉知幾針對不同性質的雜史材料提出了自己慎擇意見，尤其是對歷史人物、歷史事件的「奇說」、「謗言」，要堅決剔除。郡國制記、譜牒之書，喜歡矜誇本地本族，所以要別加研核，詳其是非。道聽途說，街談巷議，僅可用作參考，不能錄為信史。《採撰》篇的核心內容是對書籍記載的和口頭流傳的史料要慎重選擇，《載文》篇講的是對古人所著文章史料也要慎重選擇，兩者之間是並列性的邏輯關係。這一點呂思勉早有發現，他說：「此篇（《採撰》）及下篇（《載文》），並為記事，求徵信而發。此篇言記述及口碑之不可信者，不宜誤採。下篇則為採他人文中之言，以考見當時之情形者而發也。」〔註59〕既然同為「採撰」，劉知幾為什麼特別列出「載文」一項，專篇評論呢？這與唐初編纂史書的不良風氣有關，魏晉以來的文辭華靡之風被引入史學，文體大變，「樹理者多以詭妄為本，飾辭者務以淫麗為宗。」〔註60〕劉知幾對此可謂是深惡痛絕，認為這些文辭有「虛設」、「厚顏」、「假手」、「自戾」、「一概」等缺陷，把它們載入史冊，「無裨勸獎，有長奸詐。」〔註61〕正是「載筆之士，其義不純」一大體現，所以要以專篇來論證「載文」問題。這一篇的設計體現出他強烈的學術問題意識，

〔註58〕《史通》卷4《題目》。
〔註59〕呂思勉：《呂著史家與史籍》，第233頁。
〔註60〕《史通》卷5《載文》。
〔註61〕《史通》卷5《載文》。

並希望通過自己的史學批判，爲史書「載文」指明正確的方向，最終達到「辨其指歸，殫其體統」的著述目的。

前兩篇關注史書編纂之前所需要的材料準備，第三篇《補注》講史書編纂之後爲方便讀者閱讀所作的補充、解釋和說明。第四篇《因習》，專門批評史家著述史書時，在語言、體例上機械習用前代史書的作法。如《漢書》因習《史記》，稱高祖爲「沛公」、「漢王」；前人稱「今」，事過百年以上，《漢書·高士傳》仍稱「今」。第五篇《邑里》仍是討論史書因習的問題，只不過討論的範圍和上篇不同，上篇是就一般的因習而言，此篇則專門就人物籍貫問題上的因習進行評論。

劉知幾特意標出人物的籍貫問題，進行專篇評論。不僅說明他對這個問題的重視，更表明在當時的史學編纂中這個問題的嚴重性。一個人的籍貫在今天看來，只是交代個人的一項基本信息，並不具有其他含義。但魏晉隋唐時代，在門閥氏族制度影響之下，一個人的籍貫所在，直接關係到他的氏族出身，郡望不同社會對其認可的地位就不同。劉知幾贊成氏族制度，曾建議增設《氏族志》，「帝王苗裔，公侯子孫，餘慶所鍾，百世無絕。能言吾祖，郯子見師於孔公；不識其先，籍談取誚於姬後。故周撰《世本》，式辨諸宗；楚置三閭，實掌王族。逮於晚葉，譜學尤煩。用之於官，可以品藻士庶；施之於國，可以甄別華夷。」〔註62〕所謂「用之於官，可以品藻士庶」，就是肯定以郡望品評人物的作法。但這些都必須以眞實爲前提，至於那些「虛引他邦，冒爲己邑」來擡高人物地位的編纂陋習，劉知幾是強烈反對的。

《採撰》之後又論《載文》，《因習》之後又論《邑里》，看似重複，實則是突出了劉知幾所關注的兩個主要問題，史文靡麗和矜誇郡望。毋庸置疑這兩個問題嚴重影響了唐代史書撰述的健康發展，這兩個問題並不是個別現象，而是普遍的，根深蒂固的，它們是時代風氣在歷史編纂領域中的反應。所謂史文靡麗是魏晉以來駢儷文風在史書編纂上的反應，矜誇郡望則是盛行的氏族制度在史書編纂上的反應。劉知幾在《史通》中，設立兩個專題批判這些著史陋習，就是要通過自己的批判與呼籲，把這兩個影響史學發展的問題解決，可以說這兩篇集中體現出他強烈的史學發展意識。

《史通》第六卷包括《言語》、《浮詞》、《敘事》三篇，都與史書「敘事」相關，主要談史書應該用什麼樣的文字來寫，專門講歷史文學。白壽彝主編

〔註62〕　《史通》卷3《書志》。

的《史學概論》一書把歷史文學區分為兩個意思，「一個意思是指用歷史題材寫成的文學作品。另一個意思是真實的歷史記載所具有的藝術性的文字表述。」〔註 63〕史學研究中所說的歷史文學往往指後者，即如何用文字表述真實的歷史。以史學中歷史文學的含義來審視《言語》、《浮詞》、《敘事》三篇內容，不難發現《史通》第六卷構成了講歷史文學的完整單元。《言語》篇講的是用什麼樣的文字表述人物語言。提出史書中人物的語言，應該使用「當世口語」，「從實而書」。劉知幾在《浮詞》篇是借用語法中的發語詞、語氣助詞等虛詞，來類比說明在歷史撰述中非載言記事的一些輔助性的文字的處理應恰到好處，力戒繁複。《敘事》篇顧名思義，是講如何用文字把史事敘述清楚的。編年、紀傳「二體」實際上均以記事為主，敘事的成分在史書中所佔比重最大，所以《敘事》篇較長。為了明確長篇文字中的層次關係，劉知幾在標題之下自注說：「序一章，尚簡、用晦、妄飾三章。」〔註 64〕

　　在這三篇中，很明顯《敘事》是處於核心地位的統領者，儘管從現在的位置上來看該篇處於最末。廣義的歷史敘事可以理解為一種文體，通常是歷史學家用以描繪人類歷史中有順序的變化，也可指一個歷史學家用一種特殊的故事形式表現過去（或過去的某些方面）的技巧。《言語》篇主要論述如何使用人物語言的問題；《浮詞》篇講史家使用虛詞應恰到好處。實際上就是表述過去的技巧，均屬於廣義的歷史敘事範圍。劉知幾對《敘事》包羅之廣也曾感歎道：「夫敘事之體，其流甚多，非復片言所能覶縷，今輒區分類聚，定為三篇，列之於下。」〔註 65〕《浮詞》篇又說：「是以伊、惟、夫、蓋，發語之端也；焉、哉、矣、兮，斷句之助也。去之則言語不足，加之則章句獲全。而史之敘事，亦有時類此。」明言《浮詞》亦屬於《敘事》統攝之下。後人議論也多認為此篇與敘事緊密相關，如呂思勉認為：「此篇戒敘事時羼入主觀

〔註 63〕白壽彝主編：《史學概論》，第 189 頁。
〔註 64〕見浦起龍《史通通釋》本。張之象本的劉氏自注是「並序、簡要、妄飾」。結合《史通》原文，比較判斷，張之象本雖然早出，但《史通通釋》本的劉氏自注更為可信。《史通》各版本《敘事》篇正文在大關節處均載有這樣一句話：「夫敘事之體，其流甚多，非復片言所能覶縷，今輒區分類聚，定為三篇，列之於下。」正文中既然已經說了序言之後又有三篇，題目之下的自注不應僅有簡要、妄飾兩篇。此外諸版本在各部分行文結束之後，均有劉氏自注說：「右《敘事》篇序」，「右簡要」，「右隱晦」，「右妄飾」。文中四處自注，與題目下的僅注三項也不相符。綜合來看《史通通釋》本較為可信。
〔註 65〕《史通》卷 6《敘事》。

之語，以至失眞也。」〔註66〕而《浮詞》又是《言語》的補充，《言語》開篇第一句話是：「蓋樞機之發，榮辱之主，言之不文，行之不遠。」《浮詞》篇的第一句話也說：「夫人樞機之發，囂囂不窮，必有徐音足句，爲其始末。」兩句話的主題都是「樞機之發」，前者講人物的語言很重要，後者講人物的語言需要「浮詞」來補充。從兩者之間的關係來看，必然是《言語》先成文，而後連貫而下寫成《浮詞》篇。

《史通》第七、八卷包括《品藻》、《直書》、《曲筆》、《鑒識》、《探賾》、《摸擬》、《書事》、《人物》等八篇，主要是關於史家歷史見識的評論。後世學者對歷史見識含義的理解不盡相同〔註67〕。通常所說的見識是指：明智地、正確地作出判斷及認識的能力。歷史見識是指對歷史問題（也包含史學問題）明智地、正確地認識的能力。《史通》作爲一部史學理論著作，討論的史學問題居多，史學以歷史爲研究對象，對歷史問題也有涉及。比較而言，如果說前六卷所講的史書體裁、體例、歷史編纂、歷史文學側重於評論史書的內在和外在的表現形式與技術性要求，那麼第七、八卷所講的歷史見識則是側重於史家的思想觀點，儘管《史通》全書都是圍繞著史書編纂問題展開的。劉知幾在《鑒識》篇，曾講過對史家見識的重要，「夫人識有通塞，神有晦明，毀譽以之不同，愛憎由其各異。蓋三王之受謗也，值魯連而獲申；五霸之擅名也，逢孔宣而見詆。斯則物有恒準，而鑒無定識，欲求銓核得中，其唯千載一遇乎！」〔註68〕因爲人的認識有通暢，有淤塞的不同，就會形成對事物或憎恨，或喜愛的不同評價。三王受到誹謗，遇到魯仲連得以澄清，五霸名望很高，碰到孔夫子才受到削弱。說明對於事物獲得理性的、正確的認識有賴於見識通達之人，說明通達見識之可貴。事物有一定的標準，而史家品評鑒別所依靠的見識卻沒有一定之規。要使對事物評價審核能夠達到恰如其分，大概是千年一遇吧，此處極言通達見識之難遇。這一段堪稱是整個歷史見識部分的序言，兩卷八篇內容是批評史家由於歷史見識不高在史書編纂各個方面造成的種種問題，並指出優秀史家應該具有的基本歷史見識。

〔註66〕呂思勉：《呂著史學與史籍》，第238頁。
〔註67〕瞿林東認爲歷史見識，「是指史家的器局和膽識，上文所說的著述原則、史書內容、編纂方法、史學功用都反映出這種器局和膽識。」（《中國史學史綱》，第323頁。）謝保成認爲歷史見識指：「分析史事、品評人物的眼光，重辨善惡、明是非、寓褒貶。」（《隋唐五代史學》，第188頁。）
〔註68〕《史通》卷7《鑒識》。

　　《品藻》、《人物》兩篇一首一尾，都是講史書記載人物的問題。前者論如何評價歷史人物，後者講史書應該記載什麼樣的人物。雖然談人物所選擇的角度不同，但選載和評價人物所依據的歷史觀點卻是一致的。先看《品藻》篇，紀傳體史書品評人物多通過類傳、合傳的形式來鑒定等級，區分流品，也有直接排定歷史人物三六九等的。但在劉知幾看來史家在使用這些區分類聚的評價方式時問題很多，如《史記》的合傳，同一傳中人物拼合不當，造成蘭艾相雜，朱紫不分，《漢書・古今人表》分人物為三科九等，也多有不當之處。史、漢尚且如此，至於之後的著作問題就更多了。造成這些問題的根本原因在於史家未能真正明白品評歷史人物的意義所在，或者說他們在這方面的歷史見識不高。這一點劉知幾在對該篇作最後總結時，闡述得很充分，「作者存諸簡牘，不能使善惡區分，故曰：誰之過歟？史官之責也。夫能申藻鏡，別流品，使小人君子臭味得朋，上智中庸等差有敘，則懲惡勸善，永肅將來，激濁揚清，鬱為不朽者矣。」〔註 69〕史家對人物進行品評鑒別，區別品行高下，按照等級排列有序，才能實現史書載人的意義——懲戒壞人壞事，勉勵善人善事，作為將來永遠的鑒戒。史書中的人物並不是毫無意義的古人、死人，他們雖然淹沒在歷史之中，但是對他們怎麼評價關係到對當下人生價值的勸獎。史家如能有這樣的歷史見識，在記載歷史人物時，就會謹慎歸類，嚴格體例，避免失誤。《人物》篇所講的史書選人入記的初衷，也是看重其懲惡勸善的社會功能，此義在是篇第一段即已申明：「夫人之生也，有賢不肖焉。若乃其惡可以誡世，其善可以示後，而死之日，名無得而聞焉，是誰之過歟？蓋史官之責也。」〔註 70〕史書記載人物，就是要記那些，其罪惡可以警誡後世，其善行可以垂範將來的人。

　　《直書》、《曲筆》兩篇一正一反相對立論，討論的是一個問題。意在闡明史家應堅持「直書」，避免「曲筆」的撰述原則，具體內容在本文第五章有詳盡的論述。

　　《鑒識》、《探賾》兩篇都是講如何評價史書的，前者是從鑒別史書價值高低的角度出發，後者則是從探求史書編纂者本意入手。顧名思義，「鑒識」強調公允鑒別史書的價值需要通達的史學見識；「探賾」則是強調評論者要通觀全書，努力探求史家的著述意圖，切忌斷章取義，妄生穿鑿。他說：「蓋

〔註 69〕　《史通》卷 7《品藻》。
〔註 70〕　《史通》卷 8《人物》。

明月之珠，不能無瑕；夜光之璧，不能無戮。故作者著書，或有病累。而後
生不能詆訶其過，又更文飾其非，遂推而廣之，強爲其說者，蓋亦多矣。」
〔註71〕史書記載難免會有這樣那樣的問題，後人不能夠指斥其中的毛病，反
而刻意掩飾錯誤，甚至於推演開來胡亂解釋。這是評判史書的大忌。後世研
究者對劉知幾的這一觀點大加讚賞，一致認爲評判史書必先探求史家本意，
探賾的過程首要是通觀全書，求得史書體例〔註72〕。

《摸擬》篇討論史書修撰應如何效法前人。五經、三史成就甚高，後人
模仿，非但無可厚非，且不失爲繼承我民族優良史學傳統的基本方法。那麼
應該怎樣模仿呢？劉知幾提倡史家在仿傚古人時，追求「貌異而心同」，而不
是「貌同而心異」，求神似而不是形似是《史通》關於著史模仿問題的方法論。
史學方法論必然是以一定的歷史觀爲理論依據的，劉知幾之所以能夠提出歷
史撰述切忌機械模仿的方法論，根本原因是他基本堅持了進步的變易史觀。
他曾分析說：「蓋語曰：世異則事異，事異則備異。必以先王之道，持今世之
人，此韓子所以著《五蠹》之篇，稱宋人有守株之說也。」〔註73〕此處援引
韓非子的名言說明：時代不同了情況也就不同，情況不同準備也就不同。一
定要用上古帝王的原則來要求今天的人們，這就像守株待兔的人一樣愚蠢。
在史書編纂上類似的作法是：有的史家泥古不化，機械模仿五經、三史，「撰
敘今事，而巍然自謂五經再生，三史重出，多見其無識者矣。」〔註74〕不難
看出劉知幾對模仿古人不當的根源分析最後還是歸結爲史家見識不足。

《書事》篇與前面的《敘事》不同，《敘事》說的是記述史事在語言文辭
上的要求，《書事》則討論史事的取捨問題。正史究竟應該記載什麼樣的史事，
在劉知幾之前荀悅所講的「立典五志」較爲全面。分別是「達道義，彰法式，
通古今，著功勳，表賢能」〔註75〕，即：規劃國家管理的要記載；用兵征伐
的權謀要記載；忠臣、烈士、孝子、貞婦的節操要記載；朝廷文誥以及交涉
應對的言論要記載；在才能、力氣、技能方面有特殊之處的要記載。劉知幾

〔註71〕《史通》卷7《探賾》。
〔註72〕如張舜徽認爲：「古人著述，皆各有其義例。苟非通貫全書，不容輕易置喙。」
（《史學三書平議》，第84頁。）呂思勉也指出：「欲評一書，必先知其書之
體例；然古書體例多不自言，貴在讀者求而得之。求得一書之體例，必須通
觀全局，虛心推校；妄爲穿鑿，無當也。」（呂著史學與史籍》，第244頁。）
〔註73〕《史通》卷8《摸擬》。
〔註74〕《史通》卷8《摸擬》。
〔註75〕《史通》卷8《書事》。

認為這五個方面還不能涵蓋史書書事的全部，應該增加三科——「一曰敘沿革，二曰明罪惡，三曰旌怪異」〔註76〕，他主張：禮節、儀式的變化要記載；君臣罪惡，國家衰亂要記載；怪異、符瑞要記載。荀悅、劉知幾在「書事」問題上觀點雖然不完全一致，但他們的修史主張都反映出各自的歷史見識。儘管劉知幾在歷史觀上進步的因素很多，此處他提出的書事三科，卻暴露出他在歷史觀上的矛盾，集中體現在矜怪異一條。他說：「事關軍國，理涉興亡，有而書之，以彰靈驗，可也。而王隱、何法盛之徒所撰晉史，乃專訪州閭細事，委巷瑣言，聚而編之，目爲鬼神傳錄，其事非要，其言不經。異乎三史之所書，五經之所載也。」〔註77〕按照他的觀點，幽冥感應、符瑞怪異現象，如果是關係到軍國的大事，是涉及到國家興亡的道理，記下來以表現徵兆的靈驗是可以的。如果是州縣鄉里的小事，街巷之間的瑣碎言論，聚而編之，稱爲《鬼神傳》、《鬼神錄》，荒誕不經，就不應該記載。書事原則的雙重標準，正反映出他在歷史觀上的矛盾。

《史通》卷九包括《核才》、《序傳》、《煩省》，很顯然《序傳》所講的仍然是史書的體裁、體例問題。《核才》篇認爲文士與史才不同，文士著史，造成了史書文煩辭費局面。《煩省》篇則強調歷代史書具有「遠略近詳」的特點，並詳細分析了造成這一特點的社會歷史條件。因此這兩篇說的都是史書的編纂方法問題。

第十卷包括《雜述》、《辨職》、《自敘》三篇。《自敘》置於上篇之末，是全書的序。《雜述》介紹正史之外的雜史十流，以呈現自魏晉以來我國史學多途發展的全貌，位置上在論列正史諸多專題之後是很合理的。《辨職》篇位於二者之中，專門批評當時的史館監修制度，感歎史館成爲「素餐之窟宅，尸祿之淵藪」〔註78〕，不僅與外篇最末的《忤時》篇所載致蕭至忠書主題一致，而且儼然是《自敘》篇所論美志不遂，退而私撰《史通》的先導。因此《辨職》篇在內容上與《忤時》類似，在篇章之間的邏輯關係上與《自敘》篇有直接關係，處於內篇次末篇的位置是合理的。瞿林東認爲，這三篇內容的主題是一致的，「《辨職》、《自敘》、《忤時》三篇，是闡述作者的經歷、撰述旨趣和對史學社會功用的認識。」〔註79〕內容作用上的一致性，更能夠說明三

〔註76〕 《史通》卷8《書事》。
〔註77〕 《史通》卷8《書事》。
〔註78〕 《史通》卷10《辨職》。
〔註79〕 瞿林東：《中國史學史綱》，第312頁。

篇編次處於同一部分的合理性。

　　這樣來看《史通》的第九卷，內容上既涉及史書體例，又包括歷史編纂學的內容，在位置上卻被卷七、卷八的歷史見識論與之前史體論、史法論隔開。這三篇位置的處理頗讓人費解。《史通》大部分篇章是劉知幾在工作之餘隨想隨寫的，有點像讀史箚記。主要依據是他在小序中曾說：「嘗以載削餘暇，商榷史篇，下筆不休，遂盈筐篋。」〔註80〕如此一來各篇必是斷斷續續完成，最後雖經「區分類聚，編而次之」〔註81〕，但也難免有收束不齊者。當然我們今天所能看到的《史通》篇章結構，與劉知幾最初的設計會有一些偏差。這主要是由於後來流傳過程中的亡佚、錯亂，遂使個別篇卷主題不清，形制散亂，難成規模。例如明代最先出現的陸深本，《補注》、《因習》、《曲筆》、《鑒識》四篇訛奪不可讀。雖經後世學者的考訂調整，也很難恢復劉知幾手定之最初面目，這恐怕是造成《史通》的編次並非如想像之齊整的一大原因。從以上對《史通》內篇各篇的分析來看，因流傳造成的亡佚與錯亂顯然對上篇的最後部分影響較大，一般認為《史通》亡佚的《體統》、《紕繆》、《張弛》三篇就居於全書最末。

　　白壽彝主編的《史學概論》一書，把史學的核心問題概括為五個方面：「第一，歷史觀方面。第二，歷史文獻方面。第三，史書編著和史書體例方面。第四，歷史文學方面。第五，史學跟其他學科關係。」〔註82〕實際上這些內容劉知幾在《史通》中都一一論述到了，關於史學與其他學科的關係，劉知幾談的比較多的是文、史關係，經、史關係，也涉及了史學與自然科學的關係，如天文學。從《史通》的著述體系來看，對於以上五部分的內容的評述，一方面由若干篇組成一個論述單元集中展開；另一方面，由於各部分內容之間難免彼此牽連，由此及彼，錯揉其間的也為數不少。

〔註80〕《史通·序》。

〔註81〕《史通》卷4《序例》。

〔註82〕白壽彝主編：《史學概論》，第25頁。

第三章　劉知幾史學批評的基本原則

　　《史通》是我國古代第一部史學批評著作，這一結論已經得到絕大多數史家的認可，詳見本文緒論部分。劉知幾在《自敍》篇連用四個辭彙闡釋《史通》之義：「其爲義也，有與奪焉，有褒貶焉，有鑒戒焉，有諷刺焉。」〔註1〕實際上這四個辭彙說的都是批評。那麼劉知幾又是憑藉什麼對史書、史家進行「與奪」、「褒貶」、「鑒戒」、「諷刺」呢？史學批評的過程中又貫徹了什麼樣的思想呢？這是研究劉知幾史學批評的核心問題。

　　前人對劉知幾史學批評的研究側重於第一個問題，即關注靜態的史學批評標準是什麼，得益於前人的努力，劉知幾史學批評的標準問題已經很清晰了。如瞿林東認爲「直道」與「名教」是劉知幾史學批評的雙重標準，並強調二者之間的關係說：「史家『直書』，正是爲了『激昂名教』。」〔註2〕很多學者也持相似觀點，謝保成說：「實錄直書」與「激揚名教」兩條基本準則矛盾統一〔註3〕；趙俊說：以揚名教和求實錄爲史學批評的主要原則〔註4〕，劉氏史學批評的核心標準是禮教和求眞〔註5〕。其他持相似觀點的文章還有：白雲的《求實錄與揚名教：劉知幾史學批評的雙重原則——讀〈史通〉箚記》，江湄的《試論劉知幾倫理主義史學理論》，等等。

　　至於第二問題，即《史通》的史學批評思想，是劉知幾史學批評活動的理論指導，學者們很少論及，抑或是大家認爲劉知幾的史學批評不具備思想

〔註1〕　《史通》卷10《自敍》。
〔註2〕　瞿林東：《中國古代史學批評縱橫》，第 111 頁。
〔註3〕　謝保成：《隋唐五代史學》，第 181 頁。
〔註4〕　趙俊、任賓菊：《劉知幾評傳——史學批評第一人》，第 164 頁。
〔註5〕　趙俊：《劉知幾對史學批評的反思》，《遼寧大學學報》1991 年第 4 期。

體系，未能達到理論高度。那麼劉知幾的史學批評有沒有達到理論高度呢？許冠三給出了肯定的回答，他的著作《劉知幾的實錄史學》實際上已經把「實錄」上陞到了劉知幾史學批評思想的高度。他說自己著作的一大主題是：「循古典史絡探求劉知幾史學思想的淵源（章二），以現代史學概念條陳其義理系統，分由史料學、撰述論和史評說三層面展露其實錄準繩（章三、四、五），顯示其在中國批判傳統中承先啓後的樞機地位（章六），尤其是知幾對章學誠的影響（章七）。」〔註 6〕雖然所稱仍是實錄準繩，但已經闡明書中的實錄是從劉知幾史學思想的高度切入探討的。在之後的行文中，他又說：「知幾史學思想之精華，並不止於實錄直書。」〔註 7〕由此可見，劉知幾史學批評達到了一定的思想高度。

綜合前人的評價，我以爲，如果說劉知幾的史學批評達到了具備嚴密思想體系的理性論高度，恐怕有誇大之嫌。但僅僅說劉氏的史學批評只有幾個簡單標準，未免又低估了《史通》史學批評的價值。是不是可以把這兩種看法統一起來。如果不把劉知幾的史學批評看成靜止的史學研究現象，而是作爲一種靈動的史學研究活動來看，就能夠發現一些規範劉氏史學批評的基本原則。這些史學批評的原則正是超越了簡單標準，而未達到具備思想體系之理論高度的中間狀態。前人所說的史學批評標準著眼點是史學批評的對象，如以「實錄」爲例，重點是考察史書或史家撰述是否做到了據事直書。而史學批評原則，則立足於史學批評者，著眼點是完整的史學批評活動，重點考察劉知幾在史學批評活動中貫徹什麼樣的原則。標準是對象性的，原則是主體性的；標準著眼於史書、史家，原則著眼於史學批評活動；標準是靜態的，原則是動態的。史學批評原則是結合對象性的史學批評標準和實踐操作性的史學批評方法的統一考察，這樣研究的優勢在於能夠更好地從整體上把握劉知幾的史學批評成就。《史通》中所見的史學批評原則主要有：實事求是，反對主觀臆斷；史學批評立足於史學史，反對議論空泛；辯證分析，反對片面武斷；關注時勢，反對因循保守；恪守理性，反對荒誕虛妄。

一、實事求是，反對主觀臆斷

評論史家、史書、史學現象的難度不亞於著史，劉知幾本人在《鑒識》、

〔註 6〕 許冠三：《劉知幾的實錄史學・自敘》，第 3 頁。
〔註 7〕 許冠三：《劉知幾的實錄史學》，第 10 頁。

《探賾》兩篇分別講了評價史書、史家之難。他說：「夫前哲所作，後來是觀，苟失其指歸，則難以傳授。而或有妄生穿鑿，輕究本源，是乖作者之深旨，誤生人之後學，其爲謬也，不亦甚乎！」〔註8〕個人編纂史書，對材料的取捨，對是非的認定，都有自己特定的用意，而後人由於時代隔膜，不瞭解當時的社會背景，理解起來就會有一定的障礙，所以需要探賾。那麼何爲探賾，史學評論者又該如何探賾呢？「況史傳爲文，淵浩廣博，學者苟不能探賾索隱，致遠鈎深，烏足以辯其利害，明其善惡。」〔註9〕探賾就要下一番功夫，後來的研究者必須探究其中的隱微之處，獲得史書中的深遠含義，才能夠真正辨析它們的利害得失和善惡是非。史學批評之難，難在評價的對象是人類社會發展過程中極其重要的文化現象，而不是靜止在你面前的固定事物。後者好評判，因爲它們有一定的標準，而史學就難了，它是靈動的文化現象，所以必須要求研究者具有較高的鑒識。這種鑒識又是無法具體化的，即劉氏所謂「鑒無定識」，因此「欲求詮核得中，其唯千載一遇乎！」〔註10〕事實上劉氏自己正是這樣千年一遇的史學批評家，正如梁啓超所論：「批評史書者，質言之，則所評即爲歷史研究法之一部分，而史學所賴以建設也。自有史學以來二千年間，得三人焉；在唐則劉知幾，其學說在《史通》。」〔註11〕劉知幾能夠得到「現代史林泰斗」梁啓超如此之高的評價，說明劉氏的史學批評經得起歷史的考驗。《史通》在古代一度飽受非議，在現代其價值卻得到肯定，主要原因就是劉知幾的史學批評基本符合實事求是的原則，他在當時的條件下最大限度地做到了公允評判史家、史著，而不是主觀臆斷。

　　實事求是本是句古語，自從毛澤東在《改造我們的學習》中對它做了辯證唯物主義的解釋，用它來概括馬克思主義學風，它就具有了嶄新的理論內涵，特別是唯物辯證法的理論內涵。實事求是的含義就是：從實際事物出發，探求其內部聯繫及發展規律，認識事物的本質。從學術研究的角度來說，「實事」就是要求分析問題時徵引的事物和論據當以客觀真實性爲前提。如果一切所憑均爲子虛烏有，論證也沒有從社會現實出發，縱然劉知幾有多麼強的批判精神，進行了多麼精巧的論證，《史通》也不可能傳之不朽。「求是」，指的是超越事物表象，獲得規律性的認識。毛澤東把「是」解釋爲「客觀事物

〔註 8〕　《史通》卷 7《探賾》。
〔註 9〕　《史通》卷 7《探賾》。
〔註 10〕　《史通》卷 7《鑒識》。
〔註 11〕　梁啓超：《中國歷史研究法》，第 26 頁。

的內部聯繫，即規律性」〔註12〕，而「規律就是關係……本質的關係或本質之間的關係」〔註13〕。那麼「求是」指的就是把握事物的規律、本質。史學批評的「求是」當是探求史學發展的規律性，揭示若干史學範疇的本質。

（一）求史學之「是」

劉知幾雖然生活在一千多年前的唐代，但《史通》已經肩負起了探求史學發展規律，嘗試揭示史學範疇之本質的學術重任。他在《自敘》篇直接表達出作《史通》的根本目的是辨史學之指歸，說清楚史學之體統。具有強烈的史學發展意識的劉知幾，有感於當時史家著史未能掌握編纂史書一般原則的現狀，立志著《史通》，以辨明歷史著述的根本宗旨和一般規律，這就是劉知幾的實事求是。不能說前人對這個問題沒有研究，但大家所主要關注的是《史通》中突出強調的「實錄」。「實錄」的核心含義主要是真實地記載發生的歷史事件，如傅振倫曾評論說：「其對於傳說，後出之說，作者成見，……皆辨析甚明，其識見之卓越，目力之銳利，不妄言，不苟信，能實事求是，作嚴正之批評，洵非後人所能及也。」〔註14〕這裡所說的實事求是雖然強調了尊重客觀事實的意思，卻不包涵劉知幾探求歷史著述的一般規律，為後世立法的著述宗旨。造成這種差異的根本原因仍然是前文所述：研究劉知幾史學批評的角度不同，以「實錄」看《史通》，則僅是劉知幾評論史家、史著時判定優劣的標準；以「實事求是」看《史通》，則是劉氏史學批評活動的一大宗旨。

以「實事求是」看《史通》，絕非為標新立異，也不是對劉知幾史學批評的刻意拔高，因為：「這種探索工作，不是以現代思想去裝扮古代史學批評，而是力圖使古代史學批評得到現代意義上的科學說明。」〔註15〕劉知幾感傷於「載筆之士，其義不純」，著《史通》就是要「純」歷史著述之「義」。「純義」、「求是」，其理相近，而話語不同。後世學者對劉知幾史學的研究，「多見其例，少見史義，雖現代學人之論《史通》，亦不免有此偏失。……章實齋則為一有趣之例外，既陽稱知幾但有史法而無史意，又陰取其據事直書、臨文從實之義。」〔註16〕許冠三的這句話反映出《史通》研究存在的不足，也說明目前的《史通》研究關注史義的必要性。

〔註12〕《毛澤東選集》第 3 卷，人民出版社，1991 年版，第 801 頁。
〔註13〕列寧：《哲學筆記》，人民出版社，1974 年版，第 161 頁。
〔註14〕傅振倫：《劉知幾之史學》，第 51 頁。
〔註15〕瞿林東：《中國古代史學批評縱橫》，第 31 頁。
〔註16〕許冠三：《劉知幾的實錄史學》，第 2 頁。

劉氏在《自敍》篇所倡明之「純義」既是《史通》全書一大宗旨，又放諸《史通》各篇內容而皆準，後者是前者的細化和局部呈現。《史通》各篇彼此之間既有較爲嚴密的著述體系，但又可以獨立成篇。尤其是內篇，每篇選擇的主題（即題目），都是傳統史學的重要範疇，各篇行文論證的一般模式是：依據史學發展的客觀事實，以體現理性精神的嚴謹推理爲方法，對前人著述開展史學批評，指陳利弊得失，並在此基礎上嘗試揭示出史學發展對諸多史學範疇的本質性要求，有時還提出有益於史學發展的具體建議。

劉知幾著《史通》對唐代以前的史學進行了系統的總結，而中國古代史學又素稱發達，系統總結就要對自孔子以來，中國史學千年發展時期內的史家、史著、史法、史義、史體、史例等等千頭萬緒的內容進行系統梳理和清晰說明，僅是面對汗牛充棟、卷帙浩繁的史學著作就可以想見其難度之大。所以張舜徽不無感慨地說：

> 一大堆叢脞而複雜的材料，客觀上急需要一部總結帳的評定書籍；但是沒有融會貫通之才，而濟之以宏博淵深之學，也無由下手做這種浩大艱難的工作。直到唐代大史學家劉知幾寫成了《史通》，才開始對過去歷史書籍，作一次總的分析和批判。這自然是我國史學界空前的傑構，值得我們重視。〔註17〕

劉知幾憑藉自己的宏博淵深之學和融彙貫通之才，當仁不讓地承擔了總結歷代史著的任務，這個任務是劉氏之前千年史學發展對盛唐史家所提出的時代要求，劉知幾就是這樣的命世之才。爲了條理分明地總結眾多史著，他巧妙地從史書的體裁入手，去繁取精，把眾多史著區分爲《六家》，以經典著作條貫眾書，綱維群史，又選擇出其中之葷葷大者定爲《二體》，從而準確把握了中國古代前半期史體發展的主流。《史通》一開篇即明此義，他說：

> 自古帝王編述文籍，《外篇》言之備矣。古往今來，質文遞變，諸史之作，不恒厥體。權而爲論，其流有六：一曰《尚書》家，二曰《春秋》家，三曰《左傳》家，四曰《國語》家，五曰《史記》家，六曰《漢書》家。今略陳其義，列之於後。〔註18〕

史著雖然繁多，但在劉知幾看來統歸「六家」，至於其他史著則無不淵源於此，而歸於各自門下。隨後則分別陳說「六家」之義。

〔註17〕 張舜徽：《中國古代史籍舉要》，湖北人民出版社，1980 年版，第 158 頁。
〔註18〕 《史通》卷 1《六家》。

（二）純史體之「義」

關於《尚書》之義，眾說紛紜，其中具有代表性的是孔安國、《尚書璇璣鈐》、王肅三家的說法。劉知幾參考諸說，依據《尚書》以典、謨、訓、誥、誓、命六種體裁爲主的實際撰述特點，求得《尚書》之義爲「本於號令，所以宣王道之正義，發話言於臣下」〔註19〕。劉知幾的這一說法雖然後來飽受章學誠等史家的指責〔註20〕，但公允而論，他對《尚書》之本質的闡釋，還是達到了盛唐時代所能夠企及的最高水準。劉知幾認爲《尚書》六種代表性體裁的本質特點是記言，是商周時代重要政治文獻的彙編。他的分析既尊重了《尚書》核心體例和所載主要內容的客觀事實，又從繁瑣細碎的體例中間抓住了記言這一主流，並勇敢地揭示出來，與一些評注家對《尚書》過於細碎的分類法相比更爲恰當。後人譏議劉知幾以己見苛求古人，而他們也未嘗不以己見苛求劉知幾。章學誠肯定《尚書》「因事命篇」的特點與後世的紀事本末體暗合，劉咸炘在章學誠的基礎上進一步提出：「後世紀傳方板，反須復《尚書》之法以救之。紀事本末之盛行，正以能得此意，知幾未之察也。」〔註21〕兩人關於《尚書》之論自然是更進步了，可是並不能因此就要求生活於二人千餘年之前，並沒有見過紀事本末體史書的劉知幾也要達到後人的認識高度，因爲這同樣是在苛求古人。後人對《尚書》之義的認識更趨完善，也是在繼承、批判劉知幾的基礎上完成的，這些共同構成了史學批評「求是」的過程。

《尚書》家已立，那麼哪些史書歸於其門下呢？劉知幾認爲《周書》、《漢尚書》、《後漢尚書》、《漢魏尚書》和王劭的《隋書》等著作，「尋其義例，皆準《尚書》」〔註22〕。李維楨不同意把這幾部著作歸入《尚書》家，他在《史通評釋》中說：「以守株之衍、畫虎之邵繼之，不幾於狗尾續貂乎？若以其自名《漢魏尚書》、《隋書》便以繼《尚書》，則班、范漢書，猶賢於衍、劭也。

〔註19〕《史通》卷1《六家》。
〔註20〕劉知幾認爲《尚書》家是記言體，而《堯典》諸篇敘人事、地理、災祥、喪禮，與記言體不合。後世史家多不以爲然，他們認爲：記事、記言之分只能大略言之，言、事很難截然分開，而且《尚書》也不是具有嚴密的組織結構的歷史專著，劉知幾是以後世史書苛求古人。詳見章學誠《文史通義》內篇一《書教上》、呂思勉《史通評》、金毓黻《中國史學史》、張舜徽《史通平議》、劉咸炘《史通駁議》等。
〔註21〕劉咸炘：《劉咸炘論史學》，第123～124頁。
〔註22〕《史通》卷1《六家》。

衍、劭尚不足窺班、范之藩籬，而況可議唐虞之典謨乎？」〔註23〕就以上所列書籍的成就和價值而言，班固《漢書》、范曄《後漢書》與《尚書》切近，而孔衍、王劭的著作則難及《尚書》之項背，這也是李維楨批評劉知幾的原因之所在。但李氏忽略了《史通》區分「六家」的依據是史書義例，而不是就其成就與價值區分三六九等。如就價值而言《春秋》、《史記》與《尚書》更爲接近，李維楨卻獨以兩漢書爲論，難道僅僅是因爲這兩部紀傳體著作也以書爲名嗎？如果那樣的話可眞是得名忘實了，反而不如劉知幾關注史籍義例的實際。

浦起龍可謂深諳《史通》之義，他辯解說：「其首《尚書》家者，劉氏特以記言之體當之云爾。家不類，族不備，人非其倫，書是其體，則以其族歸之。……若衍若邵等書，皆是記言之族，故亦以類相從。郭本紛紛譏劉氏以狗尾續貂，正緣不識『家』字所由。胥動浮言也。」〔註24〕浦起龍之所以能夠理解劉知幾關於《尚書》家的處理，在於他眞正明白《史通》史書分類的著眼點。劉知幾是以體裁體例定類聚，章學誠才是以著述之思想價值論高低，《文史通義》中說：「就形貌而言，遷書遠異左氏，而班史近同遷書，蓋左氏體直，自爲編年之祖，而馬、班曲備，皆爲紀傳之祖也。推精微而言，則遷書之去左氏也近，而班史之去遷書也遠；蓋遷書體圓用神，多得《尚書》之遺；班氏體方用智，多得官禮之意也。」〔註25〕這是劉知幾與章學誠史學理論之差異在史書分類問題上的一個具體表現。如果單就二人史書分類的差異來看，章學誠自詡的「劉言史法，吾言史義」，大體是貼切的。但不能因此就否定劉知幾所開創的從《尚書》記載的實際情況出發探求其本質特徵的研究工作，因爲他的研究顯然符合今天提倡的「事實求是」，力戒主觀臆斷的學風。這一史學批評原則在對其他五家的評價中也有鮮明體現，限於篇幅，僅以圖

〔註23〕李維楨評、郭孔延釋：《史通評釋》卷1《六家》。

〔註24〕浦起龍：《史通通釋》，第4頁。

〔註25〕《文史通義》內篇一《書教下》，葉瑛校注本，中華書局，1985年版。《文史通義》有「《章氏遺書》本」和「大梁本」之別，前者爲章氏友人王宗炎編校，後經嘉業堂主人劉承干進一步完善並刊刻，世稱「《章氏遺書》本」，文物出版社1985年影印出版之《章學誠遺書》就據此版本；「大梁本」爲章學誠次子華紱在河南刊刻，故稱「大梁本」。兩個版本內篇收錄內容相差不大，最大之區別在於外篇：《章氏遺書》本外篇收錄內容多爲章氏書信、序跋等，對於瞭解其學術思想關係重大；而「大梁本」外篇所收錄內容則主要是章氏論述方志之文，對於瞭解章氏學術思想而言價值相對低一些。

表形式列出。

	劉 知 幾 的 分 析		浦起龍評	其他史家的意見
	所 據 之 實	所 明 之 義		
尚書家	典、謨、訓、誥、誓、命六體。	本於號令，所以宣王道之正義，發話言於臣下。	記言家	章學誠、呂思勉、金毓黻、張舜徽、劉咸炘均不同意記言、記事的兩分。
春秋家	以事繫日，以日繫月；……年有四時錯舉以爲所記之名。	據行事，仍人道；就敗以明罰，因興以立功；假日月而定歷數，藉朝聘而正禮樂；微婉其說，志晦其文。	記事家	
左傳家	孔子既著《春秋》，而丘明受經作傳。	筆削及發凡例，皆得周典；廣包它國，每事皆詳；上詢夫子，下訪其徒，凡所採摭，實廣聞見。(後代編年)大抵皆依《左傳》。	編年家	郭孔延、浦起龍、呂思勉肯定了劉氏對《左傳》史書性質和特點的分析。
國語家	稽其(《左傳》)逸文，纂其別說，分周、魯、齊、晉、鄭、楚、吳、越八國事。	其文以方《內傳》，或重出而小異。	國別家	李維楨、郭孔延、浦起龍、張舜徽讚賞劉知幾重視《國語》。
史記家	遷乃鳩集國史，採訪家人，上起黃帝，下窮漢武，紀傳以統君臣，書表以譜年爵。	紀以包舉大端，傳以委曲細事，表以譜列年爵，志以總括遺漏。逮於天文、地理、國典、朝章，顯隱必該，洪纖靡失。	通史紀傳家	劉咸炘對劉知幾所論表、志之義頗有微詞。
漢書家	斷自高祖，盡於王莽，爲十二紀、十志、八表、七十列傳，勒成一史。	究西都之首末，窮劉氏之廢興，包舉一代，撰成一書。言皆精煉，事甚該密。	斷代紀傳家	郭孔延認爲劉知幾於《史記》有貶詞，於《漢書》加偉稱。

　　不可否認上表所列劉知幾對「六家」史體性質的論定，並不完善，也遭到後世一些史家的批評。但終歸劉知幾發前人所未發，肇立綱目，條貫眾書，綱維群史，後世有異議之人也未能超越劉知幾「六家」、「二體」之分，進而提出新的系統意見。也有一些史家對《史通》的史書分類給予了肯定評價，例如浦起龍認爲：「史體盡此六家，六家各有原委。其舉數也，欲溢爲七而無欠，欲減爲五而不全，是《史通》總挈之綱領也。其辨史體，援駁儷純而派同，移甲至乙則族亂，是六家類從之畛途也。」〔註26〕黃叔琳也說：「六

〔註26〕浦起龍：《史通通釋》，第1頁。

家體制，人口習而不知，一經提明，覺燦若列眉。」〔註27〕可見劉氏的分類方法總體上經受住了後世史學批評發展的考驗，其根本原因是：劉知幾的史學批評原則與今天「實事求是」的學風暗合。一方面，正是因爲劉知幾的史學批評建立在實實在在的事實根據之上，所以儘管《史通》被一些人看成是非聖無法、得罪名教，遭到後人的口誅筆伐，而劉知幾的史學批評卻很難被後人推翻。另一方面，劉知幾發掘傳統史學發展規律及本質的「求是」精神，「提出了系統的史學批評原理和方法論，標誌著古代史學理論的形成，是中國古代史學發展的里程碑」〔註28〕，並最終成就了自己中國史學批評第一人的稱號。

劉知幾肇立史籍「六家」門類的作法，尚有兩點值得肯定，劉氏不愧爲一代史家，在經史關係上，他的一大原則就是經學爲史學服務。劉知幾很可能是援經入史的第一人，他把《尚書》、《春秋》這樣的經學著作視爲與《史記》、《漢書》之同類，視《尚書》、《春秋》的本質屬性爲史書，誠如張舜徽所論：「《書》與《春秋》，自來列諸六藝，視爲垂世立教之書。昔人縱亦目爲史之大原，抑未有取與史、漢並論者。下儕漢人諸作，等量齊觀，則自知幾始。俾學者不囿於經史之分部，而有以窺見著作之本，推廓治史之規。劉氏之功，又不可名泯。」〔註29〕後世有「六經皆史」之說，肇其源者當是劉知幾。對經學的另一應用是以經論史。劉知幾把《春秋》、《左傳》各立門戶，頗讓人不解。一則就經學而言，後人所見的二書往往合刊；二則就史學而言，兩書同爲編年體。事實上劉知幾把兩書分爲兩類，正是基於經學上的思考。他說：「孔子既著《春秋》，而丘明受經作傳。蓋傳者，轉也，轉受經旨，以授後人。或曰傳者，傳也，所以傳示來世。案孔安國注《尚書》，亦謂之傳，斯則傳者，亦訓釋之義乎。觀《左傳》之釋經也，言見經文而事詳傳內，或傳無而經有，或經闕而傳存。」〔註30〕經、傳不同本來是經學問題，劉知幾卻非常巧妙地將其引入史學，作爲史籍分類的一大依據。他在闡述「本紀」之義時也援引經義說：「蓋紀之爲體，猶《春秋》之經，繫日月以成歲時，書君上以顯國統。」〔註31〕在他看來紀作爲一種體裁，就像《春秋》經一樣，

〔註27〕黃叔琳：《史通訓故補》卷1《六家》。
〔註28〕瞿林東：《中國古代史學批評縱橫》，第7頁。
〔註29〕張舜徽：《史學三書平議》，第6～7頁。
〔註30〕《史通》卷1《六家》。
〔註31〕《史通》卷2《本紀》。

聯繫日月而成四時年歲，書寫君王而顯示國位承續的系統。雖然是簡單的比
附，卻準確地揭示了「本紀」體裁以時序編年的編纂特徵和顯示國位承續的
政治功能。在經學上經、傳不同，傳是經的流傳和解釋，在內容上傳必然比
經豐富。劉知幾在《列傳》篇，巧妙地使用經傳之間的特殊關係來闡述紀傳
體史書中本紀與列傳之間的關係，他說「蓋紀者，編年也；傳者，列事也。
編年者，曆帝王之歲月，猶《春秋》之經；列事者，錄人臣之行狀，猶《春
秋》之傳。《春秋》則傳以解經，《史》、《漢》則傳以釋紀。」〔註32〕在經學
中傳是對經的補充和解釋，在劉知幾看來在紀傳體史書中，列傳與本紀之間
的關係與此類似，本紀是以帝王的紀年月曆為依託來記載一代大事，這與《春
秋》經極似；而本紀簡略，必有事件來龍去脈，委屈細事不能詳載者，則由
列傳作為揭示和補充，這又與經傳之間的關係極似。這種以經學論史的方法
符合史學源於經學的我國傳統史學發展特點，也比較準確地把握了本紀、列
傳這兩種體裁的特點和關係。劉咸炘以駁議《史通》著稱於世，但他對劉知
幾關於紀傳關係的論述卻持肯定態度，並批評後世浦起龍等反而誤解了劉子
玄，他說：「紀經傳緯之義，劉氏本知之，紀之體，特用王伯以紀年，非專紀
王伯之行事也。此言列天子行事，與篇末唯敘天子一人句，皆詞支有病，故
浦氏遂誤會，後世之謬見，皆與浦氏同者也。」〔註33〕這裡劉咸炘敏銳地發
覺了劉知幾論紀傳關係的重點是「紀經傳緯之義」，至於講本紀只列天子行事
則是細枝末節，浦起龍等後人由於沒有分清劉知幾史學批評的輕重主次，不
僅造成了對《史通》的誤讀，更不利於認清本紀之義。呂思勉在《史通評》
中也說：「後史之紀，非紀帝王本人，乃為全書提綱挈領耳，所謂『猶《春秋》
之經』也。」〔註34〕劉氏用經學分析史學的作法，更深刻地揭示出了本紀、
列傳的本質特點，是劉知幾求史學之「是」的又一典型例證。

二、史學批評立足於史學史，反對議論空泛

　　史學批評與史學著述相比，其突出特點就是褒貶得失、評價是非，因而
極易變成華而不實、空泛無物的議論，從而為後人再批評留下口實。《史通》
雖然也受到了後人強烈的再批評，但這些批評主要是指責劉知幾詆訶前賢，

〔註32〕《史通》卷2《列傳》。
〔註33〕劉咸炘：《劉咸炘論史學》，第129頁。
〔註34〕呂思勉：《呂著史學與史籍》，第224頁。

批評者往往站在傳統儒家知識份子的立場上反對劉知幾關於先賢聖王和經典著作的責難。宋代孫何批評劉知幾：「逆經悖道，拔本塞源，取諸子一時之言，破百代不刊之典，多見其不知量也，在聖人何損於明哉。」〔註35〕宋祁在《新唐書·劉子玄傳》中指責他「工詞古人而拙於用己」〔註36〕。明焦宏批評劉知幾：「勇於信塚中之斷簡，輕於悖顯行之六經，幾蓋小人之無忌憚者哉！」〔註37〕錢大昕指責劉知幾「疑古惑經，誹議上聖」〔註38〕。實質上這些對劉知幾的批評是由他們尊孔崇經的立場所決定的，他們不能容忍劉知幾像對待普通史家、史著那樣，對先賢聖王和儒家經典進行肆無忌憚的批判。所以後人的指責雖多，針對的卻不是劉知幾史學批評本身。黃叔琳認為《史通》的批評「如老吏斷獄，難更平凡」，「雖班、馬有不能解免」〔註39〕。之所以後人難以推翻《史通》的史學批判，其中一個重要的原因就是劉知幾的史學批評建立在幾十年對史學潛心研習的基礎之上，尤其是他對歷代史著涉獵極多，而「史學史，是指史學發展的客觀過程」〔註40〕，這樣來看洞察唐以前中國史學史發展基本脈絡的劉知幾，成為中國古代史學批評第一人就不是偶然的，《史通》的史學批評體現出明顯的立足於史學史的原則。

（一）博覽前史

按照《史通·自敘》記載，劉知幾從十一歲開始學習《左傳》，一年就誦讀完畢，從此步入史學殿堂。接下來又讀了《史記》、《漢書》、《三國志》。後來又想知道古今歷史沿革，歷代帝王的承續情況，於是凡有史籍，遇到便讀，不再需要人教導訓誨。從東漢以後直到唐代的實錄，到十七歲的時候，就大致全部閱覽一遍。十七歲到二十歲之間，劉知幾為了科考獲得功名，不得不忍痛割愛放棄史學數年。幸運的是他二十歲就科考得中，入仕為官。當了獲嘉縣主簿，在這個職位上一幹就是二十年，但劉知幾並沒有抱怨職微言輕和多年不得陞遷的仕途遭遇。因為這時他精神上有了餘暇，得償夙願，徜徉史林。遊歷於長安、洛陽，借閱公私書籍，任意閱覽。三十九歲時以史學見推，赴京供職，「三為史臣，再入東觀」，參與編修《唐史》、《則天大聖皇后實錄》，

〔註35〕《新刊國朝二百家名賢文萃》卷147，慶元三年(1197年)刻本。
〔註36〕《新唐書》卷132《劉子玄傳》。
〔註37〕焦宏：《焦氏筆乘》卷3「史通」條。
〔註38〕錢大昕：《十駕齋養新錄》卷13「史通」條，上海書店出版社，1983年版。
〔註39〕黃叔琳：《史通訓故補·序》。
〔註40〕白壽彝：《中國史學史》第一冊，上海人民出版社，1986年版，第29頁。

後因美志不遂，退而私撰《史通》。縱觀劉知幾的一生未嘗脫離史學，他的主要學術活動不是讀史，就是著史，這使他擁有了豐厚的史學知識儲備，成爲後來撰寫《史通》進行史學批評的重要學術基礎。

此外在年少讀史期間，劉知幾就開始作了一些史學史方面的思考和整理，比如開始有意識地探討諸家史書的利弊得失。「至如一代之史，分爲數家，其間雜記小書，又競爲異說，莫不鑽研穿鑿，盡其利害。」此外，他已經開始意識到個別史書在體裁體例上處理不當，「故始在總角，讀班、謝兩《漢》，便怪前書不應有《古今人表》，後書宜爲更始立紀。當時聞者，共責以爲童子何知，而敢輕議前哲。」〔註41〕可見劉知幾在被人視爲童子的少年時代，就已經表露出敢於議論的批判精神。但此時限於史學知識儲備有限，他還不能論證自己看法的合理性，在長者的批評之下，滿臉羞愧無話可答。後來他看到了張衡和范曄的文集，果然早已有人認爲班、謝二史的作法不當。按照劉知幾自己的說法，這樣的情況很多。「其有暗合於古人者，蓋不可勝紀。始知流俗之士，難與之言。凡有異同，蓄諸方寸。」〔註42〕他把讀書中獲得的很多基於史學問題的不同看法，一一記載下來，大概《史通》就是這樣整理出來的。

如第二章所論，若把《史通》的外篇《史官建置》和《古今正史》結合起來看，相當於一部史學史〔註43〕。而這部雛形的史學史正是劉知幾展開史學批評的基礎。這兩篇在結構上是外篇的開始，但在內容上這兩篇雛形的史學史也可視爲《史通》全書的基礎。

從理論上來看，史學史的梳理是史學理論建設和史學批評實踐的邏輯前提，沒有事實的梳理，理論批判必然流於空泛。以我們今天的學術眼光來看，劉知幾的史學批評固然瑕疵難掩，但至少不是空洞無物的，而是與不同時代的史學發展實際情況緊密聯繫的。如果劉知幾沒有首先對唐以前中國史學發展有全面、系統的瞭解，便不可能在內篇抽繹出若干帶有理論色彩的史學範疇，進行專題式的評論。

〔註41〕《史通》卷10《自敘》。

〔註42〕《史通》卷10《自敘》。

〔註43〕持此觀點的史學名家有：程千帆認爲：「將兩篇合觀，就是一部雛形的史學史。先讀這兩篇，便掌握了古代史學發生和發展的大致情況。」（《〈史通〉讀法》，見《史通》全譯・代序。）瞿林東也指出：「《史通》中的《史官建置》、《古今正史》、《六家》、《二體》、《雜述》等篇，是互有聯繫的、頗具規模的史學史著作。」（《中國史學史綱》，第13頁。）

　　《史通》內篇各篇的專題性史學批評具有一定的論述模式。這一模式的第一環節就是針對各個史學專題的學術史回顧，也就是各個專題性史學史。在此基礎上揭示出該專題本質內涵和核心要求，並據此評價以往史家、史著的利弊得失，最後提出自己的建議。大體上來說，四個環節是環環相扣，一環深於一環的遞進關係，作為第一環節的史學史回顧是其他三個環節的立論基礎。下面以《書志》篇為例，分析一下在具體篇章中，史學史回顧所佔的地位和在史學批評中所起的作用。

（二）以史學史為論證基礎

　　以《書志》為例，該篇前四百餘字是關於「書志」的史學史性回顧和對其含義與撰寫要求的概括，這是前兩個環節。其後是對歷代史著中《天文志》、《藝文志》、《五行志》問題的批判，最後提出設立《都邑志》、《方物志》、《氏族志》的建議。縱觀全文，開篇的學術史回顧是全文論述的基點。史學史作為分科學術史，是對史學自身發展的反思和前瞻〔註44〕，因此就需要通過考鏡源流，來辨彰學術。所以劉知幾關於具體史學專題的學術史回顧，主要是通過探究其淵源，梳理其發展流變，以闡明書志體的涵義與要求，在此基礎上評價得失，並提出建議。

　　史學體裁的發展，在肇源之初往往簡單、樸眞。但隨著時代的進步，需要記載的內容日漸豐富，所以就會日益繁複、龐雜。與其他體裁相比，揭示書志體的起源要更困難一些。因爲以後世的眼光來看，書志記載的內容極多，「是關於典章制度和有關自然、社會各方面的歷史」〔註45〕，甚至於「紀傳之外，有所不盡，隻字片文，於斯備錄」〔註46〕。面對這樣一種記載內容混雜多樣的史體，要想釐清其淵源流變，可以想見其難度之大。得益於劉知幾深厚的史學積澱，他明確提出書志體起源於「三禮」，「夫刑法、禮樂、風土、山川，求諸文籍，出於《三禮》。及班、馬著史，別裁書志。考其所記，多效《禮經》。」〔註47〕劉氏的判斷準確抓住了書志體所記載內容的主流，即典章制度，至於其他所記載的內容則是對典章制度的必要補充。創立書志是補充紀傳所缺和展現人類社會全史的需要，所以劉氏又補充說：「紀

〔註44〕詳見瞿林東：《中國史學史綱》，第 21 頁。
〔註45〕白壽彝主編：《史學概論》，第 125 頁。
〔註46〕《史通》卷 3《書志》。
〔註47〕《史通》卷 3《書志》。

傳之外，有所不盡，隻字片文，於斯備錄。語其通博，信作者之淵海也。」
〔註48〕不難看出，《史通》的分析既跳出了書志體所記紛繁複雜的羅網，抓住了該體裁肇始之淵源，又指出記載詳實與涉及方面廣闊是書志內容的基本特點。更重要的是，劉知幾能夠把書志體裁放在紀傳體史書內部，從不同體裁的特點出發，整體把握書志與紀傳之間不可分割的緊密關係。劉知幾關於書志之史學史方面的分析，得到了後世史家的廣泛認可。章學誠就曾經推崇劉知幾的觀點說：「史家書志之原，本於《官禮》，《史記·天官書》、《平準》等書，猶以官職名篇，惜他篇未盡然也。……劉氏《史通》謂書志想出於《三禮》，其說甚確。」〔註49〕這是完全同意並肯定了劉知幾的主張。當然章學誠作爲後世史家在《史通》認識的基礎上對該問題的研究又有推進，「劉氏《史通》知書志爲《三禮》之遺，不知《史記》之《天官》、《平準》，名篇，乃是官名。……嘗議書志一體，實《官禮》之遺，非《三禮》之謂也。故述事朔典，當取一代人官之綱領，而輕重詳略，則作者自爲權衡。此義明，則諸史書志不致參差矣。」〔註50〕章學誠的說法是對《史通》觀點的繼承和補充，兩人的基本觀點並不矛盾，都認爲書志體源於《禮書》。陳漢章對此分析說：「此文（指《史通·書志》篇）得其原本。……或以《三禮》中《周禮》爲疑，疑太史公時，未列學官，則《封禪書》明言上與公卿諸生議封禪，群儒採《尚書》、《周官》、《王制》之望祀射牛事，《周官》即《周禮》也。」〔註51〕說明《周官》與《周禮》相同，劉、章二人觀點並不矛盾。黃文弼在綜合諸家觀點的基礎上論定：「八書之本，處於《禮經》，書之得名，沿於《尚書》。推其標準，則八書所以窮禮樂之改易，曆律之損益，山川鬼神之事，天人之變也。非僅數陳朝章國典而已。」〔註52〕黃氏作爲現代學人，對於以八書爲代表的書志體起源及其所記載內容的分析，與《史通》中的觀點相差無幾，足以說明劉知幾史學見識之高遠。書志體的肇源問題已經明朗起來，緊隨其後是縱貫數百年的書志體流變史，這一大段以極爲流暢的語言梳理了書志名稱變易和內容增減，他說：

　　　原夫司馬遷曰書，班固曰志，蔡邕曰意，華嶠曰典，張勃曰錄，何

〔註48〕《史通》卷3《書志》。
〔註49〕《文史通義》內篇一《禮教》。
〔註50〕《章氏遺書》外編卷3《丙辰箚記》，文物出版社，1985年版。
〔註51〕陳漢章：《史通補釋》，見《史通通釋》附錄，第582頁。
〔註52〕黃文弼：《史記源流及其體例》，《說文月刊》1944年第四卷合刊本。

> 法盛曰說。名目雖異，體統不殊。亦猶楚謂之檮杌，晉謂之乘，魯
> 謂之春秋，其義一也。於其編目，則有前曰《平準》，後云《食貨》；
> 古號《河渠》，今稱《溝洫》；析《郊祀》爲《宗廟》，分《禮樂》爲
> 《威儀》；《懸象》出於《天文》，《郡國》生於《地理》。如斯變革，
> 不可勝計，或名非而物是，或小異而大同。但作者愛奇，恥於仍舊，
> 必尋源討本，其歸一揆也。〔註53〕

此段專爲書志正名。首先分析的是書志這種體裁本身名稱的由來。自《史記》之後，史家往往標新立異，致使史志名稱繁雜，如「書」、「志」、「意」、「典」、「錄」、「說」等稱呼。但經過劉知幾的仔細探究，這些體例實際上是一樣的。很像古代楚國的史書稱爲檮杌，晉國的史書稱爲乘，魯國的史書稱爲春秋一樣，本來都是一回事，只是稱謂不同而已。除書志總的名稱往往不同之外，具體篇目的名稱也往往互有出入，劉知幾略舉幾項陳說其中的關聯性。比如後來的《食貨志》相當於之前的《平準書》，後來的《溝洫志》相當古時候的《河渠書》，《郊祀》出自《宗廟》，從《禮樂》中分出《威儀》，《懸象》、《郡國》分別出自《天文》和《地理》。像這樣的變革很多，數不勝數。關鍵是分析出其中的關聯與異同，有的名稱不同而實質一樣，有的在內容上大同而小異。劉知幾還分析了造成這種情況的主要原因是著史者往往喜歡標新立異，恥於沿襲舊的名稱。以上兩項充分表明劉知幾針對書志體的研究，不僅是簡單流變過程的呈現，還就不同史志之間的關聯性進行了必要的分析。對於那些標新立異，改變書志名稱的作法似有批評之意。爲書志正名不僅僅是簡單的稱謂問題，此一層又對後世進一步深入研究史志命名得失有啓發之功。如《漢書》改《史記》中的《河渠書》爲《溝洫志》的作法就引來了後人的頗多批評。章學誠曾評價說：「河自天設，而渠則人爲，遷以《河渠》定名，固兼天險人工之義；而固之命名《溝洫》，則考工水地之法，井田澮畝所爲，專隸於匠人也。不識四尺爲洫，倍洫爲溝，果有當於瓠子決河、碣石入海之義否乎？然則諸史標題，仍馬而不依班，非無故矣。」〔註54〕這是在批評班固標新立異改書志之名，而造成題目與內容不一致，並指出這也是後世史家不採用「溝洫」名稱的原因所在。

「名正則言順」〔註55〕，劉氏於書志體名稱分析之後，略舉數例，介紹

〔註53〕《史通》卷3《書志》。
〔註54〕《文史通義》外篇二《永清縣志水道圖序例》。
〔註55〕《論語·子路》，《十三經注疏》本。

史志篇沿革發展概況。「若乃《五行》、《藝文》，班補子長之闕；《百官》、《輿服》，謝拾孟堅之遺。王隱後來，加以《瑞異》；魏收晚進，弘以《釋老》。斯則自我作故，出乎胸臆，求諸歷代，不過一二者焉。」〔註 56〕歷代史志篇目補闕拾遺，時而有之，至於能夠別識心裁，按照需要自創成例的就少之又少了。劉知幾對王隱增加《瑞異志》，魏收增加《釋老志》有益於史志體發展的創新作法給予了肯定。

以上關於史志體的史學史性研究，較爲充分地說明了史志的起源、本質、名稱、流變等核心問題。正是在這樣充分的學術史回顧的基礎之上，劉知幾才能對史志問題作出合理的總結性評價。「大抵志之爲篇，其流十五六家而已。其間則有妄入編次，虛張部帙，而積已久，不悟其非。亦有事應可書，宜別標一題，而古來作者，曾未覺察。今略陳其義，列於下云。」〔註 57〕總體上看，史志體有十五六家，史志的編纂主要存在兩個問題，其一，一些虛妄的沒有必要載入的內容佔據了很大的篇幅，應該革除；其二，有些重要的內容本應該以新的題目標舉出來記入書志。劉知幾不僅第一次明確提出了這兩個問題，而且對前人在這兩個問題上積習日久、執迷不悟感慨頗多。劉知幾能夠比較透徹地發現前人所未覺察到的問題，一個重要的原因就是他之前對書志體作了充分的學術史回顧。有了較充分的史學史考察爲基礎，史學批評才能眞正抓住史學發展中急需解決的問題，才能夠言之有物，而不會空發議論。這是劉知幾史學批評的一個重要原則，對我們今天的史學理論研究和史學批評實踐仍然具有借鑒意義。

三、辯證分析，反對片面武斷

劉知幾的史學批評，對史家得失、史著優劣往往能夠辯證分析，而不是一概否定或肯定；公允恰當地評價是非，而不是簡單武斷地想當然。劉氏最推崇者莫如左丘明，劉氏深惡者莫如魏收，但是他仍然能夠看到左丘明的不足，也肯定了魏收在歷史編纂方面的創建。

（一）「愛而知其醜」

《左傳》是引導劉知幾步入史學殿堂的啓蒙讀物。劉知幾對《左傳》的推崇之意在《史通》中幾乎舉目皆是。劉知幾對《左傳》推崇當在其他所有

〔註56〕《史通》卷 3《書志》。
〔註57〕《史通》卷 3《書志》。

史書地位之上，他視《左傳》爲「述者之冠冕」，「後來之龜鑒」〔註58〕。這兩句話很恰當地概括了劉知幾對《左傳》的高度評價，前者認爲在史學著述之林，《左傳》成就最高；後者稱讚《左傳》是後世史家學習、傚仿的最高楷模。立足《史通》全書對《左傳》的廣泛徵引和全面推崇，結合此處對《左傳》地位的高度評價，似乎不難發現，劉知幾的史學批評往往以《左傳》的作法和成就作爲評判的具體標準，往往把其他史著與《左傳》進行比較，來論定後世史著的優劣得失。儘管劉知幾對於《左傳》的推崇幾乎達到了無以復加的程度，但是在劉氏眼中這部史書也不是十全十美的，他還客觀、辯證地指出了《左傳》存在的問題。

在《雜說上》篇，《左傳》條專門有大段文字批評左丘明所記載孔子言論的悖理失當。《左傳》中記載孔子說：「鮑莊子之智不如葵，葵猶能衛其足。」〔註59〕劉知幾認爲這種說法有悖於常理，孔子不可能說這樣的話。他的理由是：「夫有生而無識，有質而無性者，其唯草木乎？然自古設比興，而以草木方人者，皆取其善惡薰蕕，榮枯貞脆而已。必言其含靈畜智，隱身違禍，則無其義也。」〔註60〕草木生來就是有生命而無思維，有形體而無感情。所以古人用植物與人做比喻時，只取草木的香臭、榮枯的特徵而已。如果說它們本身蘊含著聰明、智慧和有著隱藏自己的身體以避免災禍的本領，則是強加給它們的特徵。隨後劉知幾以世俗文人形容花開爲嬉笑、鳥鳴爲啼哭的例子，按照《左傳》所載孔子語的邏輯進行引申論證。葵能衛足，鮑莊子不能保命，就說鮑莊子之智不如葵。那麼人遇好事不笑，遇壞事不哭，豈不是要說人的智慧不如花、鳥了嗎？這顯然是荒誕不經的。所以劉氏最後歸結：「《左氏》錄夫子一時戲言，以爲千載篤論。成微婉之深累，玷良直之高範，不其惜乎！」〔註61〕劉知幾並不是批評孔子不當說這話，批評的是左丘明未能愼重采擇孔子言論，把孔子一時興起所說的玩笑話，當作千年不朽的確當評論，結果玷污了聖賢正直的高尚風範，不禁爲左丘明歎息連連。

（二）「憎而知其善」

《史通》對魏收所著《魏書》的批評多達四十餘處，讀者不細心，很容

〔註58〕《史通》卷6《敘事》。
〔註59〕《左傳·成公十七年》，《十三經注疏》本。
〔註60〕《史通》卷16《雜說上》。
〔註61〕《史通》卷16《雜說上》。

易形成劉知幾專會批評魏收的錯誤判斷。實際上《史通》也有褒舉魏收之處，甚至認爲在某些方面魏收的作法，反而比司馬遷、班固更高明。《史通》對魏收的稱道，集中體現在書志問題上。

在紀傳體史書中，書志所載內容反映的是當時社會的橫截面。而不同朝代的政治制度、經濟事物、文化現象不盡相同，這就需要史家根據所記客觀內容的需要，隨時增減史志的篇目和內容。而實際上，歷代史著在史志方面的創新極少，魏收就是能夠做到史志創新的史家之一。這種創新集中體現在《釋老志》上，「魏收晚進，弘以《釋老》。斯則自我作故，出乎胸臆，求諸歷代，不過一二者焉。」〔註62〕魏收當時有感於北魏時期佛道盛行的歷史現實，別識心裁地增加了《釋老志》，以專篇記載當時佛教在中國傳播的過程，詳細記載了佛教在北魏的興衰史。魏收在《前上十志啓》中說，十志的設計原則是「魏代之急」、「當時之重」〔註63〕，說明魏收在反映佛教流行風尚和特點方面的自覺性。

關於《天文志》，劉知幾主張只記載彗星、日月食、太陽明暗等變化的天文現象；而「兩曜百星，麗於玄象」〔註64〕，與前代相比沒有變化的天象，就沒有必要記載了。這一主張是比較進步的，就歷史編纂而言，的確沒有必要把亙古不變的天象不厭其煩地重複撰述。浦起龍對劉知幾的意思又有一番透徹地說明，「日之黃道，月之九行，千古不變。三垣（星有上、東、西三垣，見《史記·天官書》）之鼎立，四七之棋布，亦千古不變。見一史足矣，何必凡史悉陳？但當取其變者志之，劉氏之意如此。然歷數屢更，而宮度改移。宮名革易，亦未可不約舉其目。」〔註65〕從而更準確說明了劉知幾關於《天文志》記載內容取捨的建議是合理的。

後人往往站在獲得豐富古代天文資料的立場上，反對劉知幾的觀點。這是不合理的，因爲古人撰寫史書，只是記載那個時代他們認爲有價值的內容，他們不會預見是不是能夠爲現代天文學研究提供資料。我們不能以今天的需要來苛求古人。關於這一問題的處理，兩漢史家反而不如晚近的魏收等史家做得好。劉知幾評價說：「魏收等數家，頗覺其非，不遵舊例。凡所記錄，多

〔註62〕 《史通》卷3《書志》。
〔註63〕 《魏書·前上十志啓》，中華書局，2000年版。
〔註64〕 《史通》卷3《書志》。
〔註65〕 浦起龍：《史通通釋》，第54頁。

合事宜。寸有所長，賢於班、馬遠矣。」〔註 66〕魏收在這個問題上，能夠發覺錯誤，不遵照舊體例，按照自己的判斷記錄的內容大多合理適宜。劉知幾用「寸有所長」來形容魏收，也是非常貼切地概括了《史通》對魏收總體否定，局部肯定的公允評價。就史學造詣和著述成就等方面總體來看，魏收當然遠不及司馬遷、班固，但就《天文志》採擇的內容而言，《魏書》也有史、漢所不及之處。

　　劉知幾對自己極為推崇的《左傳》不會刻意隱晦其中的錯誤，對自己一貫批評的魏收，也不會隱沒他的長處，哪怕有一點點突出之處，也要公允地指出來。不妨用劉知幾自己所推崇的實錄論來評價他這種辯證的史學批評原則，「苟愛而知其醜，憎而知其善，善惡必書，斯為實錄。」〔註 67〕劉知幾希望史家著述歷史當持此客觀、公允之態度，實際上在《史通》的史學批評實踐中已經貫徹了這樣的原則。後人有感於劉知幾史學批評的這一特徵，建議：「讀《史通》時，要切記不要把劉知幾在某一篇中對某部書的評價當作他對這部書的整體評價。很可能在另一篇中，由於討論問題的角度不同，劉知幾會對這部書作出完全相反的評論，必須從全書的所有評語中來把握劉知幾對這部書的態度。」〔註 68〕

四、關注時勢，反對因循保守

　　「時」與「勢」是中國古代哲學的特有範疇。劉知幾的史學批評受中國古代進步哲學思想浸潤，尤其是受到了以荀子、韓非、王充為代表的具有樸素唯物主義哲學觀念的進步思想家影響，他的史學批評也多處使用「時」、「勢」這樣的辭彙。如果我們把這些相同或相近的辭彙綜合起來考察，就不難發現貫徹於《史通》史學批評之中的時變意識，所謂時變意識相當於今天歷史觀中的歷史運動趨勢問題。在劉知幾看來歷史是運動變化的，「三王各異禮，五帝不同樂……事有貿遷」〔註 69〕，歷史的運動必然帶來事務的變化，人們應對變化就要採取不同的舉措，「世異則事異，事異則備異」〔註 70〕，「傳稱因

〔註 66〕　《史通》卷 3《書志》。
〔註 67〕　《史通》卷 14《惑經》。
〔註 68〕　趙俊、任寶菊：《劉知幾評傳——史學批評第一人》，第 122 頁。
〔註 69〕　《史通》卷 5《因習》。
〔註 70〕　《史通》卷 8《摹擬》。

俗，易貴隨時」〔註71〕。劉知幾雖然沒有以直白的文字明言歷史運動的方向是前進的，但讀《史通》文字，我們會很自然認爲劉知幾是持有這一進步觀點的。比如《史通・疑古》篇中大量批駁儒家美化三代聖王的言論，揭示出那個時代的落後和人性的虛僞。上古三代並不比後世好，從反面說明了歷史發展是前進的。因此劉知幾對於歷史是如何運動問題的回答，比較接近後世進步的歷史哲學觀點，這一點已經被權威學者在 20 世紀 60 年代所論定。劉氏這種重視時勢流變，反對修史因循保守的史學批評原則就是其進步哲學思想在史學批評實踐中的突出體現。

「時」是上下貫通，向前運動的時間次序；「勢」是具體時間期限內，史家關注的史學運動的總趨勢。史家著述歷史著作應該隨時、就勢，與時俱進，著成反映新時代運動趨勢的新史，因循守舊則不可取，這又是劉知幾史學批評的一項重要原則。

（一）隨　時

劉知幾的史學批評已經具有強烈的時間意識，不認爲由古及今是鐵板一塊，已經有意識地把歷史分爲若干時段，並提出了一系列標示階段的名稱。白壽彝和臺灣學者林時民都曾經倡明此義。白壽彝指出：「劉知幾在《史通》的不同篇章裏，曾提到所謂『遠古』、『中古』和『近古』。『遠古』大約相當於先秦時期，《疑古》篇曾把《尚書》、《春秋》都說成是遠古的書。至於無文字記載的歷史時期，在他的心目中是未必想到的。『中古』約相當於兩漢或秦漢，《序傳》篇曾把司馬相如的自敘作爲中古作品。『近古』約相當於魏、晉、南北朝時期。這可見劉知幾對於歷史的變化，具有一種朦朧的歷史階段觀念。這種朦朧的對歷史階段的看法，也還是接近史實的。」〔註72〕林時民的觀點是劃分五個階段，即「上古」、「中古」、「近古」、「近世」、「當代」。「『上古』是指先秦時期，又稱『遠古』；『中古』指兩漢時期，或稱爲中世、中葉；『近古』則意屬魏晉時期。近古以下，則是南北朝以降迄於隋唐之時的『近世』或『近代』。另外，除非因爲敘述的需要，近世一詞又概括劉知幾生當其時的初唐與盛唐。也就是說除特別標明『當代』之外，『近世』的時間範疇，在劉氏的理念當中已含攝其所處的時代。」〔註73〕結合《史通》原文，對比兩家

〔註71〕《史通》卷 5《因習》。
〔註72〕白壽彝：《劉知幾的史學》，吳澤主編《中國史學史論集（二）》，第 93～94 頁。
〔註73〕林時民：《劉知幾史通之研究》，第 86 頁。

說法，林氏的說法區分細緻，階段性名稱指向的朝代也很明確。實際上問題也出現在這，想當然地推測《史通》區分時間斷限的傾向很容易，而不是立足文中提及這些階段性名詞的具體語境來分析其指向的時期，以至於造成了兩個問題。其一，同一階段性名詞在文中不同位置指向的朝代略有差異，甚至不乏矛盾之處，如「中古」時期，按照白壽彝的說法約相當於兩漢或秦漢則可，按照林時民說的指兩漢時期則不可。其二，林時民想當然地認爲「當代」是時間最後的時代，即劉知幾生活的時代，實際上《史通》中 10 次提到的「當代」只有一次指的是劉知幾生活的時代。

結合前人研究成果，分析《史通》原文，總結爲下表：

	先　秦	秦漢或兩漢	魏　晉	南北朝	隋　唐
白壽彝	遠古	中古	近古		
林時民	上古、遠古	中古、中世、中葉	近古	近代、近世	近世、當代
本人	上古、遠古、太古、上代	中古、中世、中葉	近古、近代、近世		今、當今、今世
歸納	遠	中	近		今

《史通》提到的「上古」、「遠古」、「太古」、「上代」，大致指的是離劉知幾生活的時代較遠的歷史時期，這四個辭彙在《史通》中一共出現了 9 次，基本指的都是先秦時代。先秦時代是中國古代文明史的初步形成時期，後人著述通史往往從這一時期開始。如劉知幾所述：「《科錄》二百七十卷，其斷限亦起自上古，而終於宋年。」〔註 74〕按照《北史》記載：「（《科錄》）凡二百七十卷，上起伏犧，迄於晉，凡十四代。」〔註 75〕說明劉知幾此處所說的「上古」遠及傳說時代。《史通》中多次提到《尚書》，利用《尚書》可以進一步確定劉知幾所說的「上古」的時間斷限，《六家》篇說：「《尚書》家者，其先出於太古。」《尚書》是我國最早的一部國家政事史料彙編，春秋時期孔子整理成爲百篇。浦起龍認爲：「書之所起遠矣。」〔註 76〕此外據《言語》篇所說：「上古之世，人惟樸略，言語難曉，訓釋方通。……若《尚書》載伊尹立訓，皋陶矢謨，《洛誥》、《牧誓》、《泰誓》是也。」〔註 77〕明言《尚書》所

〔註 74〕《史通》卷 1《六家》。
〔註 75〕《北史》卷 15《昭成子孫・常山王遵傳》附《元暉傳》，中華書局，1974 年版。
〔註 76〕浦起龍：《史通通釋》，第 2 頁。
〔註 77〕《史通》卷 6《言語》。

記載的這些言辭屬於上古，而《尚書》最終成書於春秋時代，所以在劉知幾眼中典型的「上古」時代應該是夏、商、西周三代時期。這在《題目》篇也可以得到印證：「上古之書，有三墳、五典、八索、九丘，其次有《春秋》、《尚書》、檮杌、志、乘。自漢已下，其流漸繁，大抵史名多以書、記、紀、略為主。」〔註 78〕劉知幾把傳說中的書籍三墳、五典、八索、九丘，春秋時期成書的《尚書》、《春秋》，都歸為上古之書，以示區分漢代以後的史書。但又明言「上古」先有三墳、五典、八索、九丘，其次是《尚書》、《春秋》，說明劉知幾也看出了三代和春秋戰國時代的差異。此外還可以利用人物確定時代斷限，如《疑古》篇曾假設說：「向使漢、魏、晉、宋之君生於上代，堯、舜、禹、湯之主出於中葉。」〔註 79〕可見唐堯、虞舜時代，商朝、夏朝都屬於典型的「上代」，而漢、魏、晉、宋四朝屬於「中葉」。只有一處劉知幾把春秋戰國視為「中古」時代，《雜述》篇說：「在昔三墳、五典、春秋、檮杌，即上代帝王之書，中古諸侯之記。」〔註 80〕這樣的個別超越斷限的說法在其他階段也有出現，該如何看待這類問題，將在分析完三個時間斷限之後一併作出解釋。

《史通》中提到「中葉」6 處，「中古」4 處，「中世」3 處，這些時間斷限的核心是「中」，大概是離劉氏生活的時代時間距離適中的意思。主要是指秦漢時期，但有時也向上拓展到春秋戰國時代，或向下拓展到魏晉時期〔註 81〕。與之類似的「中葉」的說法也從漢直至南朝時代，「嘗試言之，向使漢、魏、晉、

〔註 78〕《史通》卷 4《題目》。

〔註 79〕《史通》卷 13《疑古》。

〔註 80〕《史通》卷 10《雜述》。

〔註 81〕如《序傳》篇說：「蓋作者自敘，其流出於中古乎？……司馬相如，始以自敘為傳。……至馬遷又徵三閭之故事，放文園之近作，模楷二家，勒成一卷。於是揚雄遵其舊轍，班固酌其餘波。」《載文》篇又說：「爰洎中葉，文體大變，樹理者多以詭妄為本，飾辭者務以淫麗為宗。……若馬卿之《子虛》、《上林》，揚雄之《甘泉》、《羽獵》，班固《兩都》，馬融《廣成》，喻過其體，詞沒其義。」這兩處所說的兩司馬、揚雄、班固、馬融均為兩漢人物，「中古」主要指兩漢無疑。《採撰》篇又說：「中世作者，其流日煩。……嵇康《高士傳》，好聚七國寓言，玄晏《帝王紀》，多採《六經》圖讖。」嵇康、玄晏同為魏晉時期人物，「中世」時間斷限又向下延伸了。而按照《書志》篇的說法，所謂「中古」時代下限已延至南北朝時代，「譜牒之作，盛於中古。漢有趙岐《三輔決錄》，晉有摯虞《族姓記》。江左有兩王《百家譜》，中原有《方思格》。」這裡歸入「中古」時代的五部書分別屬於東漢、西晉、北魏、南齊、南梁五朝，以此判斷「中古」下限已至南北朝晚期。

宋之君生於上代，堯、舜、禹、湯之主出於中葉，俾史官易地而書，各敍時事，校其得失，固未可量。」〔註82〕如果僅以這兩處爲論，則無「近代」可言，顯然這兩處只能作個別變例分析，不可視爲劉知幾整體的「中古」時間觀念就是如此。

《史通》提到「近古」20處，「近代」20處，「近世」7處，這些時間斷限名詞的核心是「近」，意思是臨近自己所處的時代，主要指的是魏晉南北朝和隋朝。如《世家》篇說：「子顯《齊書》，北編《魏虜》；牛弘《周史》，南記蕭詧。考其傳體，宜曰世家。但近古著書，通無此稱。用使馬遷之目，湮沒不行；班固之名，相傳靡易者矣。」〔註83〕可見南北朝時期屬於「近古」，而司馬遷、班固所處的兩漢必不屬於「近古」。類似證據還出現在《敍事》篇：「降及近古，彌見其甚。如魏收《代史》，吳均《齊錄》。」〔註84〕

《稱謂》篇又說：「近古則不然，當漢氏云亡，天下鼎峙，論王道則曹逆而劉順，語國祚則魏促而吳長。」〔註85〕則「近古」上限應在漢魏之間，《載文》、《直書》篇的說法也是這一判斷的有力支撐，「古者……逮於近古則不然。曹公歎蜀主之英略，曰『劉備吾儔』；周帝美齊宣之強盛，云『高歡不死。』」〔註86〕「當宣、景開基之始，曹、馬構紛之際，或列營渭曲，見屈武侯，或發仗雲臺，取傷成濟。陳壽、王隱，咸杜口而無言，陸機、虞預，各棲毫而靡述。至習鑿齒，乃申以死葛走生達之說，抽戈犯蹕之言。歷代厚誣，一朝如雪。考斯人之書事，蓋近古之遺直歟？」〔註87〕

《曲筆》篇又說：「自梁、陳已降，隋、周而往，諸史皆貞觀年中群公所撰，近古易悉，情僞可求。」〔註88〕按照此句之意「近古」下限到隋唐之際，而唐初如貞觀時期不屬於「近古」，所以通過以上分析，劉知幾眼中的「近古」應該是魏晉南北朝以及隋朝，文中提到的「近代」、「近世」指的也是這一時期。只有《書事》篇一句超過了上限，他說：「爰及近古則不然。凡祥瑞之出，非關理亂，蓋主上所惑，臣下相欺，故德彌少而瑞彌多，政逾劣而祥逾盛。

〔註82〕　《史通》卷13《疑古》。
〔註83〕　《史通》卷2《世家》。
〔註84〕　《史通》卷6《敍事》。
〔註85〕　《史通》卷4《稱謂》。
〔註86〕　《史通》卷5《載文》。
〔註87〕　《史通》卷7《直書》。
〔註88〕　《史通》卷7《曲筆》。

是以桓、靈受祉，比文、景而爲豐；劉、石應符，比曹、馬而益倍。」〔註89〕按照這句話的意思，東漢時代也包含在「近古」期限之中了。

通過統計這些時間斷限，不難發現劉知幾在各篇使用這些辭彙時所指的朝代並不統一，此長彼短、此有彼無的情況時有出現。這爲從整體上確定各個時間斷限所指的具體朝代造成了一定的困難，解決這一問題的主要辦法是按照統計的基本原則，以出現頻率較高者爲準。此外那些歸屬上衝突的朝代往往都是兩個時代的銜接期，如「遠古」與「中古」之間的春秋戰國時期，「中古」與「近古」的漢魏時期，並沒有出現大的時間跳躍性衝突，這說明整體上《史通》的時代性還是比較明確的。實際上個別時間上的矛盾與衝突，也是可以理解的。

首先這些階段性時間斷限，散見於《史通》各篇，各篇成書時間又先後不同，雖然劉知幾最後進行了整理，區分類聚，編而次之，但其中疏漏在所難免，何況《史通》中對史學問題的看法也時有彼此矛盾之處。如史表，《內篇》說其不作可也，外篇則強調功用甚大，此等疏漏尚且難免，更不用說時間階段的分界點本來就是很難明確的。

其次，《史通》以駢體行文，極講究對仗整齊。個別的地方也會出現以文害意的情況，內容難免截長而補短，時間上也有取前以就後。例如上文所舉《書事》篇：「近古則不然……桓、靈受祉，比文、景而爲豐；劉、石應符，比曹、馬而益倍。」〔註90〕以此句之意推斷「近古」包含東漢時代，爲知劉知幾不是取前以就後，以成對偶之語。

再次，各篇所論的具體史學範疇不同，這些範疇或爲體裁體例，或爲採撰編纂，或爲歷史文學。雖然在整體上劉知幾認爲中國古代史學前半期的發展是：先秦草創，兩漢化成，而後走向僵化，出現了一些問題。劉知幾的史學批評主要也是針對這些問題而發。但是這些具體的史學範疇又都有各自產生、發展、成熟、僵化的過程，與整體的史學發展趨勢不可能完全相同，彼此之間也往往不完全一致。而劉知幾在各篇對於「遠」、「中」、「近」三個時間斷限的確定，往往是根據各篇所論述的具體史學範疇的時代特點來劃分的。類似於「逮於近古，我則不暇」〔註91〕之類的說法出現的頻率相當高〔註92〕，幾乎成爲一種程

〔註89〕《史通》卷8《書事》。
〔註90〕《史通》卷8《書事》。
〔註91〕《史通》卷18《雜説下》。
〔註92〕如：《忤時》篇：「爰自近古，此道不行。」《稱謂》篇：「至於近古則不然。」

式化的套詞。這充分說明劉知幾對時間斷限的劃分，充分考慮了具體史學範疇前後不同的特點。綜合以上三個方面的原因來看，劉知幾的史學批評總體上依據一個比較統一的時間線索展開，局部又有所不同。

「遠」、「中」、「近」時代之後就是劉知幾生活的時代了，《史通》中多次出現的「今」、「當今」、「今世」等時間性辭彙指的是這一時期。如《忤時》篇所說：「當今朝號得人，國稱多士。蓬山之下，良直差肩；芸閣之中，英奇接武。」〔註93〕這裡的「當今」指的就是劉知幾當時所生活的唐代，再如《古今正史》篇記載：「今世稱魏史者，猶以收本為主焉。」〔註94〕是說在劉知幾生活的時代，最流行的魏史是魏收的《魏書》。

值得注意的是《史通》中10次提到的「當代」，4次使用的「當世」卻幾乎都不是指劉知幾生活的唐代，而是指歷史上史家各自所處的時代〔註95〕。「當世」與「當代」的意思則是一致的，《古今正史》篇：「《春秋》所貶當世君臣，其事實皆形於傳，故隱其書而不宣，所以免時難也。」〔註96〕《因習》篇：「若乃韋、耿謀誅曹武，欽、誕問罪馬文，而魏、晉史臣書之曰賊，此乃迫於當世，難以直言。」〔註97〕《言語》篇：「而後來作者，通無遠識，記其當世口語，罕能從實而書，方復追效昔人，示其稽古。」〔註98〕三處「當世」所指的均是不同史家各自所處的時代。這樣看來林時民關於「當代」的判斷

《載文》篇：「爰泊中葉，文體大變」；「逮於近古則不然」。《邑里》篇：「爰及近古，其言多偽。」《敘事》篇：「降及近古，彌見其甚。」《曲筆》篇：「逮乎近古，無聞至公。」《雜述》篇：「爰及近古，斯道漸煩。」

〔註93〕《史通》卷20《忤時》。

〔註94〕《史通》卷12《古今正史》。

〔註95〕如《六家》篇：「君懋《隋書》，……似《孔子家語》、臨川《世說》，謂畫虎不成，反類犬也。故其書受嗤當代，良有以焉。」這裡的「當代」指的是王邵生活的隋代。《採撰》篇：「自太初已後，又雜引劉氏《新序》、《說苑》、《七略》之辭。此並當代雅言，事無邪僻，故能取信一時，擅名千載。」這裡的「當代」指的是劉歆生活的漢代。《史官建置》篇：「按劉、曹二史，皆當代所撰，能成其事者，蓋唯劉珍、蔡邕、王沈、魚豢之徒耳。」這裡的「當代」是指三國時代。至於《稱謂》篇所說的「當代」就更複雜了，「周衰有共和之相，楚弒有郟敖之主，趙佗而曰尉佗，英布而曰黥布，豪傑則平林、新市，寇賊則黃巾、赤眉，園、綺友朋，共云四皓，奮、建父子，都稱萬石。凡此諸名，皆出當代，史臣編錄，無復張馳。」很明顯已經不是簡單的指哪一個朝代或時期了，而是指各個歷史人物生活所在的正當其時。

〔註96〕《史通》卷12《古今正史》。

〔註97〕《史通》卷5《因習》。

〔註98〕《史通》卷6《言語》。

是有失誤的，他說的：「除特別標明『當代』之外，『近世』的時間範疇，在劉氏的理念中已含攝其所處的時代。」〔註99〕這句話有兩層意思，第一層意思是有時「近世」包含劉知幾所處的時代；第二層意思是「當代」指的是劉知幾所處的時代。第一層意思沒有問題，而第二層意思顯然沒有仔細分析《史通》中10處「當代」的具體含義，就武斷地認爲「當代」指的是劉知幾所處的時代。綜合來看劉知幾不以「當代」作爲自己所處的時代，而是指不同時期的史家各自所在的時代，突出強調史家撰述史書應該正當其時。這並非隨意爲之，也不僅僅是劃分時間斷限的問題，這與他一貫的歷史編纂主張密切相關。劉知幾主張撰寫斷代史，推崇當時之人撰寫「當代」的歷史，在史書編纂的語言上他主張使用史事發生之時的「當世」口語。

如前所述，劉知幾對歷史上不同時間的劃分既在總體上考慮到距自己所處時代的遠近，更重要的是他非常重視具體史學範疇發展的階段性。所謂史學範疇發展的階段性就是其在各個時代體現出的不同趨勢，所以「時」與「勢」，本身是相連的。劉知幾的史學批評非常重視對史學發展時代趨勢的探討。在劉知幾看來不同時代史學發展趨勢不同，史家著史就應該「隨時」、「就勢」，與時俱進，著成反映新時代運動趨勢的新史，因循守舊則不可取，這是劉知幾史學批評的又一項重要原則。

（二）就　勢

劉知幾從不同歷史階段文史關係的特點出發，較好地回答了史書載文的問題。在他看來上古之文均可載入史書，中古文章就要有選擇地記載了，至於近古文章絕大部分都是要摒棄於史籍記載之外的。不同時代史籍載文的比重不同，是由各個階段文章的不同特點所決定的。

《史通》中認爲上古時代文章都可以入史，因爲當時文章的特點符合入史的要求。上古文章的第一個特點是所記的內容「不虛美，不隱惡」。劉知幾舉例說：《周詩》中有對周宣王、魯僖公德政的記載，後來讀者並不認爲這些內容的書寫者尹吉甫、奚斯是在諂媚君主；《楚賦》有對楚懷王、楚襄公昏庸無道的譴責，後世的讀者也不認爲屈原、宋玉是在誹謗君主。因爲那時候的文人作文，既不曾誇大君王的優點，也沒有隱藏君王的缺點，這和《史通》中對歷史記事「善惡必書」的要求是一致的。既然文章的性質和著史的要求

〔註99〕林時民：《劉知幾史通之研究》，第86頁。

是一致的，自然都可以入史。上古文章的第二個特點是「理讜而切」，「文簡而要」。例如虞舜渴望天下大治，夏代喪失了統治天下的地位，《尚書》就記載了關於他們的「元首之歌」和「禽荒之歌」；鄭莊公孝順，晉獻公昏庸，《春秋》中就記載了關於他們的「大逯之詩」和「狐裘之詩」。這些文章表現的道理正直、懇切，使用的文字又簡明扼要，足以懲戒惡人，勉勵好人，考察風俗，瞭解民情。

　　上古文章的這些特點與劉知幾首重簡要的史學敘事主張，直書實錄的歷史撰述思想，懲惡勸善的史學功用論基本是一致的，所以劉知幾得出結論，在上古時代「文之將史，其流一也」〔註100〕。但是到了中古時代，文風大變，「樹理者多以詭妄為本，飾辭者務以淫麗為宗。」〔註101〕講的道理荒誕不經，修飾的文辭綺麗淫靡，與劉知幾提倡的隆理、尚簡要求漸行漸遠，已經很少有「不虛美，不隱惡」的文章了。其中最具代表性的就是中古時代的主流文章——漢賦。比如司馬相如的《子虛》、《上林》賦，揚雄的《甘泉》、《羽獵》賦，班固的《兩都》賦，馬融的《廣成》賦。大量比喻的應用大大超過了本來要說的內容，刻意追求辭藻的鋪陳，以至於淹沒了所要說的主題。繁華不合事實，游離不知所歸。就其價值而言，無益於勸勉獎掖，有助於滋長奸詐。這樣的文章與劉氏對歷史著述的要求大相徑庭，所以他在《史通》中，對《漢書》、《後漢書》把這些文章收入列傳的作法提出了批評。這裡劉知幾所否定的文章都是賦體，其他文章則要另當別論了，「漢代詞賦，雖云虛矯，自餘它文，大抵猶實。」〔註102〕除賦以外的文章，基本上都是實在的，可以有選擇地載入史書。此外從這句話還可以看出，劉知幾雖然對文章入史提出了繁簡上、內容上、功用上的要求，但其中最重要的標準還是記載的內容要真實。「中古」與「上古」相比可入史的文章比重大減，到了近古就更糟糕了，在劉知幾看來，幾乎就沒有什麼可以徵引入史的文章了。「至於魏、晉已下，則訛謬雷同。」〔註103〕這裡所說的魏、晉及以後的時代相當於近古或近代，此時文風大變，文章錯訛謬誤增多，而且相互雷同，與前兩個時代相比差異很大。

〔註100〕《史通》卷5《載文》。
〔註101〕《史通》卷5《載文》。
〔註102〕《史通》卷5《載文》。
〔註103〕《史通》卷5《載文》。

　　劉知幾認爲近古的文章有五大缺點：「一曰虛設，二曰厚顏，三曰假手，四曰自戾，五曰一概。」〔註104〕虛設主要指的是後世朝代鼎革，名爲禪讓實爲篡奪。史家還不厭其煩、千篇一律率地記載那些掩蓋篡奪眞相的禪位詔書和辭讓表彰，這就是所謂的「虛有其文」。厚顏主要指的是敵對雙方發佈的誥誓檄文不切實際地醜化、污蔑對方，這樣厚顏無恥的文章怎麼可以載入史書呢？假手是指君主的詔敕出自大臣之手，在劉知幾看來這類詔令也不當征引入史書本紀。浦起龍對此稍有微詞：「唐置中書省，宋設內外制，大抵王言胥歸官掌。『假手』一條不可泥。」〔註105〕需要注意的是劉知幾反對假手之文載入史書，著眼點不僅是文之所出非君主之手，而是由於文臣舞文弄墨混淆歷史的眞實。劉知幾分析說：「是以每發璽誥，下綸言，申惻隱之渥恩，敘憂勤之至意。其君雖有反道敗德，唯頑與暴。觀其政令，則辛、癸不如；讀其詔誥，則勳、華再出。」〔註106〕文人墨客潤色詞章，只要皇帝下詔書，發誥令，申說皇朝表示同情憐憫的恩澤，敘述帝王爲國憂慮操勞的心意，雖然個別君主悖離常道，德行敗壞，凶頑殘暴，看他們行爲政令連夏桀、商紂都不如。但讀他們的詔書誥令卻彷彿是堯、舜在世。不難看出劉知幾反對假手之文入史，主要原因是這樣做有悖於「務從實錄」的歷史撰述要求。這樣來看，浦起龍的分析沒有抓住《史通》所論假手問題的關鍵。自戾是指君主對大臣的評價前後矛盾，不僅有悖於「君無戲言」的古訓，史書也很難眞實地呈現出這些大臣的是非忠奸。一概是指史書所記載的聖主賢臣千篇一律，一看就違背歷史的眞實。「人事屢改，而文理無易，故善之與惡，其說不殊。」時代在變化，文章中關於聖主賢臣的說法卻千人一面，好壞善惡都是一個樣，又怎麼能讓後世的讀者心服呢？最後劉知幾倡明歷史記載務必隨時就勢之義，「國有否泰，世有污隆，作者形言，本無定準。」縱觀劉知幾所列近古文章五大不足，最終的著眼點是所言非實，不能入史。正如呂思勉在《史通評》中對這個問題的總結：「此篇論魏、晉以降，文辭華靡，採以爲史，有失眞實之義，可謂深切著明。」〔註107〕劉知幾關於近古文章五大缺點的分析，得到了後世史家的廣泛認可〔註108〕，說明他在這裡較準確地把握住了「近古」作文發展

〔註104〕《史通》卷 5《載文》。
〔註105〕浦起龍：《史通通釋》，第 118 頁。
〔註106〕《史通》卷 5《載文》。
〔註107〕呂思勉：《呂著史學與史籍》，第 234 頁。
〔註108〕比如：郭孔延在《史通評釋·載文》篇稱讚說：「子玄載文，五失之言，讜矣。」

趨勢的明顯變化。

五、發揚儒家樸素理性精神，反對荒誕虛妄

儒學是中國古代佔據統治地位的主流學術，歷朝歷代無論是學者還是官僚，首先都是儒家的知識份子，「孔子學說在長期封建社會中不僅世世代代被官方尊奉為指導思想，而且歷代文人學者無不視為聖賢之教，竭誠盡致地信仰它，實行它。」〔註109〕生活在唐代的劉知幾自然也不例外，可是由於《史通》「多譏往哲，喜述前非」的批判性質，造成在相當長的時期內，一些學者把劉知幾看成是反聖賢、反儒學的「異端」。乾嘉考據大家錢大昕就曾斥責說：「後人大聲疾呼，目為明教罪人，自是百世公論。」〔註110〕這些人的評價顯然是片面和武斷的，他們這樣看待《史通》，正是中國古代一般儒生把儒家先賢神聖化思想傾向的反映。漢武帝時期儒學成為主流意識形態，自此之後各朝各代，咸以孔子之是非為是非的迂腐陋儒比比皆是，他們教條地理解孔子的言論，不敢對上古聖王、儒家先賢的觀點提出任何不同意見，對儒家經典著作中的矛盾也視而不見，更不可能批判其中的謬誤。一種學術思想一旦缺失了對自身的反思和揚棄，必然喪失其發展的生命力。幸而有對儒家先賢批判性繼承之人，才使儒家學說每每能夠進取發展，而不至於枯竭僵死。此等人物可謂鳳毛麟角，實屬難得。在漢則為董仲舒，在宋則為朱熹，二者均為鴻儒碩學。在唐首倡此義者，當為史學理論家劉知幾。一般庸儒固守定論成說，不敢越雷池一步，劉知幾著《史通》恰恰是反其道而行之，在尊重儒家先賢權威的前提下，敏銳地發現了他們著述言論中的矛盾之處，批判其謬誤漏洞，肯定其思想精華。

（一）以孔子的理性論斷作為史學批評原則

劉知幾非但不是「妄誣先哲」，而且同樣是把孔子作為聖人看待，並以傲仿孔子的著述事業作為自己的最高追求，他在《史通·自敘》篇把此心迹表

紀昀《史通削繁》讚歎說：「其言明確，深中時弊。」(《史通削繁·載文》篇眉批，湖北崇文書局，清光緒元年刻本) 劉咸炘《史通駁議》說：「知幾標舉《尚書》、《春秋》，糾正後史浮濫皆是。」(《劉咸炘論史學》，第148頁。) 呂思勉《史通評》也稱讚說：「大抵華靡之文，最不宜於作史。」(《呂著史學與史籍》，第234頁。)

〔註109〕陳其泰：《史學與民族精神》，學苑出版社，1999年版，第203頁。
〔註110〕錢大昕：《十駕齋養新錄》卷13「史通」條。

白於眾。首先他高度讚揚了孔子在著述方面的卓越成就,「昔仲尼以睿聖明哲,天縱多能,睹史籍之繁文,懼覽之者之不一,刪《詩》爲三百篇,約史記以修《春秋》,贊《易》道以黜八索,述《職方》以除九丘,討論墳、典,斷自唐、虞,以迄於周。其文不刊,爲後王法。」〔註111〕隨後引出自己著述之旨趣實爲效法孔子,「自茲厥後,史籍逾多,苟非命世大才,孰能刊正其失?嗟予小子,敢當此任!其於史傳也,嘗欲自班、馬已降,訖於姚、李、令狐、顏、孔諸書,莫不因其舊義,普加釐革。但以無夫子之名,而輒行夫子之事,將恐致驚末俗,取咎時人,徒有其勞,而莫之見賞。所以每握管歎息,遲回者久之。非欲之而不能,實能之而不敢也。」〔註112〕《史通》雖然是史學理論著作,但是劉知幾最初是要像孔子著《春秋》那樣,勘正歷代史籍。正如白壽彝所論:「他(劉知幾)所要求的『通』,本來是要刪定司馬遷以下的史書,上繼孔子成不刊之典。」〔註113〕但由於自己沒有孔子之名,又有擔任官職的束縛,再加上和同僚之間的矛盾,美志不遂,故退而私撰《史通》。

《史通·惑經》篇是專門批評《春秋》的。但讀開篇第一段,就能發現他既不是「妄誣先哲」,也不是像一般的庸儒那樣爲孔子文過飾非,而是通過理性的分析來表達自己觀點,既尊崇孔子,又指陳其不足。他說:「孔宣父以大聖之德,應運而生,生人以來,未之有也。故使三千弟子、七十門人,鑽仰不及,請益無倦。」〔註114〕這句話對孔子評價甚高,認爲孔子是從來未有過的大聖人,實際上完全接受了孟子對孔子的評價。但與一般陋儒不同,極高的評價之後,緊跟著就是理性的分析:「尺有所短,寸有所長,其間切磋酬對,頗亦互聞得失。」〔註115〕言外之意,即便聖明如孔子,其處世行事也是有得有失的,有例爲證:「睹仲由之不悅,則矢天厭以自明;答言偃之弦歌,則稱戲言以釋難。斯則聖人之設教,其理含弘,或援誓以表心,或稱非以受屈。一個例子是孔子見子路對自己見南子而不高興,便對天發誓說:「如果做了不合於禮的事,就叫老天爺拋棄我」,以這樣的方式表白自己;另一個例子是,孔子到武城,笑話學生子游讓小民百姓按禮行事,是殺雞用牛刀,子游立即用孔子過去教導的話——「讓小民百姓遵禮,易於統治他們」——來反

〔註111〕 《史通》卷 10《自敘》。
〔註112〕 《史通》卷 10《自敘》。
〔註113〕 白壽彝:《中國史學史論集》,第 198 頁。
〔註114〕 《史通》卷 14《惑經》。
〔註115〕 《史通》卷 14《惑經》。

駁他，孔子馬上說自己是在開玩笑，還要求其他學生向子游學習。孔子對於自己不適宜的言行，或通過發誓來表白自心，或受屈認錯。說明孔子雖為聖人也是會犯錯誤的，而且孔子也不掩飾自己的過失與錯誤。既然孔子言行有失，其著作《春秋》也難免會出現問題。這樣劉知幾不僅說明了不屑與一般庸儒為伍，更重要的是為評價孔子所著《春秋》之得失創造了條件。作為以孔子著《春秋》事業繼承者自居的劉知幾，在評論之前，向孔子再致敬意說：「嗟夫！古今世殊，師授路隔，恨不得親膺灑掃，陪五尺之童；躬奉德音，撫四科之友。而徒以研尋蠹簡，穿鑿遺文，菁華久謝，糟粕為偶。遂使理有未達，無由質疑。」〔註116〕劉知幾是在感慨：因為時代不同，自己不能成為孔子的學生，親自侍奉在孔子的身邊聆聽教誨。只能研讀孔子留下來的「菁華久謝，糟粕為偶」的著作，所以才出現道理講不通的問題。仔細分析不難發現，這裡他並沒有把《春秋》中存在的問題完全直接歸咎於孔子，而是向孔子再三致以敬意之後，才提出批評。

　　劉知幾史學批評深受儒家樸素理性精神影響，集中體現在《史通》中大量引用儒家先賢孔子、孟子、荀子等人的理性論斷，有些言論儼然成為劉知幾史學批評的原則。許冠三的《劉知幾的實錄史學》一書，重點探討了《左傳》、《論衡》、《文心雕龍》、《齊志》這四部書對《史通》的影響，比如指出劉知幾引述、因襲、套用《左傳》之文句、成語五十六處〔註117〕，顯然作者更多著眼於語言上徵引的多寡，排定諸書對劉知幾著《史通》影響大小之座次，相比之下孔孟言論就成了隻言片語，淹沒於《史通》之中視而不見了。雖然引述、因襲、套用以上四書語句之數量蔚為可觀，但是《史通》中涉及到的孔孟言論往往是通過引經據典，作為立意主旨或批判準則，終不失為成就《史通》之葷葷大者，此中作用輕重，實非僅據數量可定。許凌雲的《劉知幾評傳》中相關章節則側重於對劉知幾的孔子觀、儒家政治倫理觀的論述，卻不涉及對儒家思想如何影響劉知幾史學批評的具體分析。因此儒家先賢哪些富有理性的論斷是劉知幾史學批評實踐的理論來源，劉知幾在具體的史學批評中如何發揚傳統儒學思想中的進步成分，是非常值得研究的問題。

　　陳其泰老師曾把孔子具有進步意義的主張分為兩大類，一類是：「《論語》中說：『子不語怪力亂神』，『敬鬼神而遠之』，『未能事人，焉能事鬼』，孔子

〔註116〕《史通》卷14《惑經》。
〔註117〕詳見許冠三：《劉知幾的實錄史學》，第31～32頁。

所修《春秋經》也,『記異而說不書』。」一類是:「孔子重視史事的記載和文獻的甄別整理,反對主觀臆測,故《論語》中又說:『多聞闕疑,甚言其餘』,『毋意,毋必,毋故,毋我』。」並總結說:「這些都被進步的儒家學者所繼承,形成儒學內部樸素理性精神的傳統。」〔註118〕陳老師這裡指出的「史事的記載和文獻的甄別」問題是歷史編纂學的兩個核心問題,以講歷史編纂學為主的《史通》,對這兩個問題均有專篇的論述,前者在《書事》篇,後者在《採撰》篇。尤其值得關注的是,這兩篇史評的立論基礎正是建立在上述孔子兩大進步主張之上的,可以說這兩篇是劉知幾發揚孔子樸素理性精神的集中體現。

孔子「不語怪力亂神」的作法,說明他認為神鬼是不可確定的東西,是和「人事」不發生關係的,因此應該把它們放逐於理性範圍之外。以孔子「不語怪力亂神」為據,劉知幾對史家選擇神仙怪異、荒誕不經的內容入史進行了嚴厲的批評,並主張把此類內容排斥於史書記事的範圍之外。他說:「怪力亂神,宣尼不語……而王隱、何法盛之徒所撰晉史,乃專訪州閭細事,委巷瑣言,聚而編之,目為鬼神傳錄,其事非要,其言不經。異乎《三史》之所書,《五經》之所載也。」〔註119〕王隱撰《晉書》、何法盛撰《晉中興書》,專門採訪州縣鄉里的小事,街巷之間的瑣碎言論,聚而編之,稱為《鬼神傳》、《鬼神錄》,造成所記非事,言語也荒誕不經。不僅違背了儒家始祖孔子不言「怪力亂神」的理性精神,也與孔子著《五經》的作法大不相同。相似的論述還出現在《採撰》篇,他說:「晉世雜書,諒非一族,若《語林》、《世說》、《幽明錄》、《搜神記》之徒,其所載或恢諧小辯,或神鬼怪物。其事非聖,揚雄所不觀;其言亂神,宣尼所不語。」〔註120〕仍然是以孔子不言「怪力亂神」,作為批評諸家《晉史》記載荒誕不經的理論依據。這兩個例子不僅僅是簡單的引經據典批評所記非實,此中還閃爍著劉知幾實錄史學精神和樸素的唯物主義傾向,這才是影響劉知幾史學批評重大而切要的內容。劉知幾實錄史學的核心意思是如實地記載歷史,當然也包含記載的內容要真實,在書事時摒棄神鬼怪異的內容,正是這一層面的實錄精神的體現。在孔子的影響下,劉知幾反對歷史記載的荒誕不經,在一定程度上摒棄了唯心主義或神異史觀,「具有唯物主義和無神論的傾向,實

〔註118〕陳其泰:《史學與民族精神》,第 279 頁。
〔註119〕《史通》卷 8《書事》。
〔註120〕《史通》卷 5《採撰》。

質上是一種差怯的唯物主義。」〔註121〕

在其他篇章劉知幾引用孔子合理論斷的隻言片語，爲之發揚光大，作爲史學批評的具體原則或依據，來布局謀篇展開論證的，也爲數不少。如在《書志》篇，劉知幾連引孔子三句話獨立成段，這在《史通》中較爲罕見，他說：

> 子曰：「蓋有不知而作之者，我無是也。」又曰：「君子於其所不知，蓋闕如也。」又曰：「知之爲知之，不知爲不知，是知也。」鳴呼！世之作者，其鑒之哉！談何容易，駟不及舌，無爲強著一書，受嗤千載也。〔註122〕

這三句話分別出自《論語》的《述而》、《子路》、《爲政》三篇。劉知幾把孔子在不同地方說的話歸攏起來同時引用，一方面是他刻意地把孔子意思相近的論述綜合起來，以增強自己史學批評的理論基礎；另一方面也說明劉知幾引用孔子的話不是隨手拈來，隨意爲之，而是帶有強烈目的性的綜合考慮，主要是爲自己的史學批評提供有力的依據。這三句話所要表達的意思分別是：有人自己不懂的，卻妄自造作，我沒有（做過）這樣的事情；君子對自己不懂得的，大概就不說吧；知道就是知道，不知道就是不知道，這就是聰明智慧。概括起來就是說：對於自己不懂的，不說不作，誠實面對自己知道的或不知道的是一種智慧。後世《穀梁傳》進一步提出：「《春秋》著以傳著，疑以傳疑」〔註123〕，司馬遷在《史記・太史公自序》中則更明確地表述爲「信以傳信，疑以傳疑」〔註124〕的採撰原則。這些是對孔子「知之爲知之，不知爲不知」、「多聞闕疑」論斷的發展。照理說穀梁家和司馬遷的說法更明白、透徹，但劉知幾卻摒棄不用，仍然以孔子的原典說法爲據。這不僅從一個側面說明了劉氏對孔子的推崇之意。更證明以孔子爲代表的儒家先賢的理性論斷爲史學批評原則，實爲劉知幾史評的一大特點。體現這一特點的篇章還有：《六家》篇引孔子所說：「疏通知遠，《書》之教也」，「屬辭比事，《春秋》之教也」，來評價《尚書》、《春秋》二書性質；《稱謂》篇引孔子所論：「唯名不可以假人」，「名不正則言不順」，「必也正名乎」，來論證史書稱謂問題的重要性；《斷限》篇以孔子「不在其位，不謀其政」之論，批評《漢書》表、志僭

〔註121〕侯外廬：《論劉知幾的學術思想》，吳澤主編：《中國史學史論集（二）》，第4頁。

〔註122〕《史通》卷3《書志》。

〔註123〕《春秋穀梁傳注疏》，《十三經注疏》本。

〔註124〕《史記》卷13《三代世表》。

越斷限範圍；在《品藻》篇，徵引孔子「以貌取人，失之子羽；以言取人，失之宰我」之歎，感慨評價古人之難。此外在《人物》、《辨職》、《惑經》、《申左》、《暗惑》、《雜說》等篇章也都有依託孔子言論進行的專題論述或具體論證。

劉知幾對孔子之樸素理性精神之發揚，以依託其言論為主。但又不是都如此，尚有若干處，以孔子行事為史評之根據，尤其是孔子著《春秋》的修史實踐取得很大成就。正如劉知幾的評價「其文不刊，為後王法」〔註125〕，孔子修《春秋》的很多作法是值得後世史家借鑒學習的，因此《史通》中依託孔子修史作法展開的史評也為數不少。例如同樣是在《稱謂》篇，劉知幾說：「知名之折中，君子所急。況復列之篇籍，傳之不朽者邪！昔夫子修《春秋》，吳、楚稱王，而仍舊曰子。此則褒貶之大體，為前修之楷式也。」〔註126〕這是在引用孔子的正名論斷的基礎上，進一步用孔子修《春秋》的具體作法推進論證。

（二）以孟子、荀子的理性論斷作為史學批評依據

儘管《史通》中徵引孟子、荀子言論的數量比孔子的少，但就其重要性而言卻毫不遜色。

劉知幾在《疑古》、《惑經》兩篇中批判《尚書》、《春秋》，很明顯受到了孟子質疑性論斷的有力支持。

在《疑古》篇開頭和《惑經》篇結尾，劉知幾兩次援引孟子的話說：「堯舜不勝其美，桀紂不勝其惡。」〔註127〕這句話的意思是說：堯、舜已經承受不了人們給予他的讚譽了，桀、紂也已經承受不了人們強加在他們身上的罪惡了。不難看出孟子對《尚書》、《春秋》刻意美化堯、舜，醜化桀、紂已經有所察覺。劉知幾則把孟子的這一理性思考發揚光大，提出史家修史要努力做到「善惡必書」，著成實錄。並在這一標準的指導下，對《尚書》、《春秋》這兩部著作進行了專篇批判。

劉知幾在兩篇中一頭一尾的顯要位置引用這句話，本身就已凸顯出其在行文謀篇過程中的重要地位。此外孔子的弟子子貢也有類似言論，劉知幾在《疑古》篇中就轉引子貢的話說：「桀、紂之惡不至是。君子惡居下流。」

〔註125〕《史通》卷 10《自敘》。
〔註126〕《史通》卷 4《稱謂》。
〔註127〕《史通》卷 4《稱謂》。

〔註 128〕在《論語·子張》中這句話的原文是：「紂之不善，不如是其甚也。是以君子惡居下流，天下之惡皆歸焉。」〔註 129〕可見子貢對紂王種種惡行說法的形成原因，已經作過較為合理的分析。紂的罪惡不至於如此，是因為君子憎恨居於下流，一旦居於下流，人們便將天下所有惡名都歸到他們的名下了。

實錄論是劉知幾史學批評的精華，劉知幾在《惑經》篇對實錄的含義明確概括為：「愛而知其醜，憎而知其善，善惡必書。」〔註 130〕此中涉及的「善」與「惡」兩個概念，如果沒有孟子等人根據商周古史，很早就作出了理性的分析，恐怕劉知幾很難得出「善惡必書」的精闢論斷。所以儒家先賢對上古史事固有的理性分析是劉知幾實錄精神的重要來源。

此外劉知幾對於儒家經典著作的批判，無疑受到了孟子質疑《尚書》言論的影響。在《疑古》篇最末，劉知幾總結說：「孟子曰：『盡信書，不如無書。《武成》之篇，吾取其二三簡。』推此而言，則遠古之書，其妄甚矣。豈比夫王沈之不實，沈約之多詐，若斯而已哉。」〔註 131〕孟子不迷信《尚書》的態度和認為《武成》篇只有兩三片竹簡所記內容可取的作法，體現出他強烈的質疑精神。劉知幾的《疑古》、《惑經》正是把孟子的這種質疑精神發揚開去，評判古史。「取其正經雅言，理有難曉，諸子異說，義或可憑，參而會之，以相研核。」〔註 132〕即摘取那些道理難以講通的地方和諸子異說中可以作為依據的說法，把它們彙集起來，互相參考，考察真相。最終得到結論：遠古的歷史書籍，虛妄不實的內容太多了，豈不是和後世的王沈、沈約以自己的愛憎態度去篡改事實，虛構歷史很相似嗎？《史通》中其他篇章引用孟子言論作為論據還有：《六家》篇、《雜說上》篇，引孟子所說：「晉謂之乘，楚謂之檮杌，而魯謂之春秋，其實一也。」說明當時多國均有《春秋》之類的史書；《惑經》篇引孟子的話：「孔子成《春秋》，亂臣賊子懼。」說明孔子修《春秋》達到的勸誡效果。

《史通》中直接徵引荀子言論大概僅在《煩省》篇有一處，與孔、孟相比可謂單薄，但其中產生的積極影響卻不能小視。因為荀子是戰國時代的樸

〔註 128〕《史通》卷 13《疑古》。
〔註 129〕《論語·子張》，《十三經注疏》本。
〔註 130〕《史通》卷 14《惑經》。
〔註 131〕《史通》卷 13《疑古》。
〔註 132〕《史通》卷 13《疑古》。

素唯物主義思想家，劉知幾對其觀點的借鑒與應用，增強了《史通》的哲學思辨色彩和史評的進步性。《煩省》開篇第一句便是：「昔荀卿有云：遠略近詳。」〔註133〕這句話出自《荀子‧非相篇》，原文爲：「傳者，久則論略，近則論詳。略則舉大，詳則舉小。愚者聞其略而不知其詳，聞其詳而不知其大。」〔註134〕這是荀子對史書作出的直接評價，他認爲：史傳對於年代久遠的記載簡略，年代近的詳細。簡略的主要列舉大事，詳細的就把小事都寫上了。不夠智慧的讀者，讀記載久遠的史書就很難體察史事之詳；讀年代較近記載詳細的史書，又很難發現歷史的大勢。荀子這句話對劉知幾史學批評的啓發有兩處，一在《煩省》篇，一在《疑古》篇。在《煩省》篇，荀子「遠略近詳」的論斷，幫助劉知幾公允評判了前人以詳略論《左傳》、《史記》、《漢書》優劣的論爭，劉知幾把這一論爭概括爲：

> 干令升《史議》，歷詆諸家，而獨歸美《左傳》，云：「丘明能以三十卷之約，括囊二百四十年之事，靡有子遺。斯蓋立言之高標，著作之良模也。」又張世偉著《班馬優劣論》，云：「遷敘三千年事，五十萬言，固敘二百四十年事，八十萬言。是班不如馬也。」〔註135〕

干寶認爲《左傳》優於《史記》，張輔認爲《漢書》不如《史記》，僅僅從史籍篇幅繁簡程度的外在形式出發，能以較小篇幅容納較長時段歷史者爲優，反之則爲劣。這很顯然是流於表面形式的膚淺判斷。三書成書年代依次由遠及近，篇幅也由小至大，這與荀子「遠略近詳」之論契合。劉知幾循著荀子的啓示推進分析，得出公允而又接近問題實質的結論：「近史蕪累，誠則有諸，亦猶古今不同，勢使之然也。」〔註136〕近代史書的繁蕪，是確有其事，這也是由於古今時代不同，情勢使然。隨後劉知幾從不同時代區域之間交流的通達程度，史料保存客觀條件的優劣情況，史家搜集史料的難易程度等多方面分析了造成古今修史詳略不同的客觀原因。即使以今天的眼光來看，劉知幾的分析也是紮實可信的，此處實事求是的分析是劉知幾史學批評的一大亮點。能夠達到如此理論高度，顯然與荀子言論的啓示密切相關。

　　再來看劉知幾在《疑古》篇關於古史、近史記載差異的論證。他說：

〔註133〕《史通》卷9《煩省》。
〔註134〕《荀子》，王先謙集解本，（上海）歸葉山房，民國32年（1943）。
〔註135〕《史通》卷9《煩省》。
〔註136〕《史通》卷9《煩省》。

> 夫遠古之書，與近古之史，非唯繁約不類，固亦向背皆殊。何者？
> 近古之史也，言唯詳備，事罕甄擇，使夫學者睹一邦之政，則善惡
> 相參；觀一主之才，而賢愚殆半。至於遠古則不然。夫其所錄也，
> 略舉綱維，務存褒諱，尋其終始，隱沒者多。〔註137〕

這是一段具較強思辨色彩的對比論證，劉知幾認爲古史與近史不僅僅是詳略的區別，其背後還有記載態度的差異。近人寫歷史，記載言論往往將人物的話詳細記入書中，對歷史事件也是無分鉅細、好壞全記下來了；古人記載歷史只寫個提綱大概，未記載的事情很多，致使後人很難知道事情的始末。綜合來看劉知幾是從古今史家著史態度、記事方法的差異出發，分析古史、近史呈現給讀者的不同結果。不難看出劉知幾歸納的古人、近人的作法，與上文所引荀子說的「略則舉大，詳則舉小」是一致的，造成的結果又與荀子說的：「聞其略而不知其詳，聞其詳而不知其大」如出一轍。因此可以得出結論：史學理論家劉知幾引用、拓展了哲學家荀子的論斷，增強了自己史學批評的哲學思辨色彩。

縱觀《史通》全書，劉知幾不是「妄誣先哲」的「異端」，恰恰是批判地繼承儒家樸素理性精神的史學理論家、思想家。

〔註137〕《史通》卷 13《疑古》。

第四章　劉知幾的「史才三長論」

　　「史才三長論」是劉知幾留給後世史學的重要理論之一。他對於這一理論的明確表述在《新唐書》、《舊唐書》中都有詳細的記載，且均被置於劉知幾本人傳記的最後。前面介紹的是他一生經歷，即使是其他言論、文章如《思慎賦》、《致蕭至忠書》、《衣冠乘馬議》等，均按照創作的時間附記於相應位置之下。「史才三長論」既非劉知幾臨終著文，卻特意被置於全傳最後。編者這樣處理，最合理的解釋是，視「史才三長論」爲劉知幾一生史學成果之精華，特意最後標出。《舊唐書》還評價說：「時人以爲知言。子玄至安州，無幾而卒，年六十一。」〔註1〕似有蓋棺論定之意，足見「史才三長論」在劉知幾一生史學建樹中的重要地位。

一、關於「史才三長論」的整體理解

（一）「史才三長論」的提出

　　一般認爲這一理論的提出是在武則天執政末期的長安三年（西元 703 年）〔註2〕。這是他調任京官的第四年，進入史館的第二年。此時劉知幾遇到了志同道合的史界同好，正是他施展平生所學，著成「實錄」的好機會，也是劉知幾在史館活動的活躍期。

　　爲了深入分析「史才三長論」與《史通》之間的關係，首先有必要全面

〔註1〕　《舊唐書》卷 102《劉子玄傳》。
〔註2〕　傅振倫在《劉知幾年譜》中把劉知幾提出「史才三長論」的時間確定在長安三年（西元 703 年），此後學者基本上都採用這一觀點，如許凌雲的《劉知幾評傳》、劉占召的《史通評注》等。

瞭解《舊唐書‧劉子玄傳》中關於這一理論的完整記載。

　　禮部尚書鄭惟忠嘗問子玄曰:「自古已來,文士多而史才少,何也?」

　　對曰:「史才須有三長,世無其人,故史才少也。三長:謂才也,學也,識也。夫有學而無才,亦猶有良田百頃,黃金滿籝,而使愚者營生,終不能致於貨殖者矣。如有才而無學,亦猶思兼匠石,巧若公輸,而家無梗楠斧斤,終不果成其宮室者矣。猶須好是正直,善惡必書,使驕主賊臣,所以知懼,此則為虎傅翼,善無可加,所向無敵者矣。脫苟非其才,不可叨居史任。自敻古已來,能應斯目者,罕見其人。」

　　時人以為知言。〔註3〕

從史料記載情景來看,劉知幾提出「史才三長論」僅僅是在日常交談中回答鄭惟忠提出的問題,從形式上看只是生活中的一段對話。但是後世學者對它的關注程度卻很高,不僅《新唐書》、《舊唐書》本傳中都有收錄,在記載唐朝重要史事的《唐會要》中也有完整記錄,足見其價值之高。材料中所謂「時人以為知言」,認為這句話是富於智慧的論斷,說明這一理論的價值在當時史家群體裏就有影響。從中國古代史學理論發展的歷程來看,「史才三長論」第一次比較全面地提出了史家素養的要求。儘管前人對於這個問題也有所論及,但從沒有誰像劉知幾這樣對史家應該具備的各方面素養作出如此系統的闡述。

　　儘管「史才三長論」在《史通》中沒有明確的記載,但很多後世學者認為二者之間聯繫密切,並對「才」、「學」、「識」的具體含義和「史才三長論」在《史通》中的體現與作用作了比較充分的探討和研究。〔註4〕

(二)「三長」的含義與相互關係

　　學者們對於「才」、「學」、「識」三個方面具體含義的理解大同而小異,這得益於原始材料中保存了劉知幾關於這一問題的直接表述。與一些學者用

〔註3〕《舊唐書》卷 102《劉子玄傳》。

〔註4〕如瞿林東認為:「劉知幾對史學批評的貢獻,不僅在於它寫出了第一部綜論性的史學批評專書《史通》,還在於他首先提出了史才、史學、史識這三個大的史學批評範疇,為中國古代史學批評初步奠定了理論基礎。劉知幾的才、學、識『史家三長論』,本貫穿於《史通》全書,但他關於這一理論的概括性的說明,則是在回答別人提出的問題時予以闡述的。」(《中國古代史學批評縱橫》,第 28 頁。)趙俊、任寶菊等學者也均持類似觀點。

現代名詞解釋「才」、「學」、「識」的具體含義不同，白壽彝是從史學繼承的角度，探究劉知幾所論與前人觀點的相關性。在傳統史學的語境範圍內分析問題，更具有中國學術氣派，並爲我們深入研究這一問題指明了方向。他說：「劉知幾所說的才，相當於孟子、班固、范曄所謂文，《史通》卷九有《核才》篇，就是專論史傳之文的。劉知幾所說的學，相當於孟子、班固、范曄所謂事，是指史事說的。劉知幾所說的識，相當於孟子所謂義、班固所謂『不虛美，不隱惡』，范曄所謂論議、所謂意，是指歷史觀點說的。劉知幾繼承前人的論點，把『學』比作材料和工具，把『才』比作生產的方法，把『識』說成思想觀點，他比前人說的更清楚，更系統了。」〔註5〕這樣的分析，使三者之間的根本性差異躍然紙上。爲了深入探究「史才三長論」含義，首先瞭解一下孟子、班固、范曄三人關於「文」、「事」、「義」的闡釋。孟子在評價孔子著《春秋》時說：「王者之迹熄而《詩》亡，《詩》亡然後《春秋》作。晉之《乘》，楚之《檮杌》，魯之《春秋》一也。其事則齊桓、晉文，其文則史。孔子曰，其義則丘竊取之矣。」〔註6〕班固在評價司馬遷時說：「然自劉向、揚雄博極群書，皆稱遷有良史之材，服其善序事理，辨而不華，質而不俚，其文直，其事核，不虛美，不隱惡，故謂之實錄。」〔註7〕范曄在介紹自己時也說：「常謂情志所託，故當以意爲主，以文傳意。以意爲主，則其旨必見；以文傳意，則其詞不流。」〔註8〕

　　劉知幾說的「才」與前人所說的「文」是對應的，那麼「文」又是什麼呢？按照孟子的說法孔子所著《春秋》的「文」就是「史」。這與「文勝質則史」〔註9〕中所說的「文」、「史」關係類似，都強調了「文」與「史」的同一性。同樣生活在戰國時代的韓非子也曾說：「捷敏辨恰，繁於文采，則見以爲史。」〔註10〕可見在先秦時代對「文」與「史」同一性的認識是很普遍的。劉知幾也多次談及此問題：「文之將史，其流一焉」〔註11〕；「蓋史者當時之文也」〔註12〕。應該怎樣理解這種同一性呢？孟子說「其文則史」，應該是說

〔註5〕　白壽彝：《劉知幾的史學》，吳澤主編：《中國史學史論集（二）》，第68頁。
〔註6〕　《孟子・離婁下》，《十三經注疏》本。
〔註7〕　《漢書》卷62《司馬遷傳》。
〔註8〕　《後漢書・獄中與諸甥姪書》，中華書局，1965年版。
〔註9〕　《論語・雍也》，《十三經注疏》本。
〔註10〕　《韓非子》卷3《難言》，《諸子集成》本，上海書店出版社，1986年版。
〔註11〕　《史通》卷5《載文》。
〔註12〕　《史通》卷9《核才》。

《春秋》的文辭就是史，即孔子通過「屬辭比事」形成的文字是「史」；劉知幾說史者當時之文，是說「史」的呈現形態是文辭。所以以現在眼光來看，先秦時代「文」與「史」的同一性，是「文」與「史」的呈現形態是一致的，「文」與「史」不可能完全是一回事。同樣以現在的學術眼光來看，孟子所說的「事」、「文」、「義」均未嘗不是「史」。「事」是歷史著述活動中對象性存在的「史」，「文」是歷史著述活動中表象性呈現的「史」〔註13〕，「義」是歷史著述活動中意象性作用的「史」〔註14〕。大致上三者分別相當於：客觀歷史事實、歷史記載、歷史觀念。先秦時代已經談到了「事」與「義」，但僅認爲「文」、「史」是同一的，說明當時進步的知識份子已經意識到史學活動中三種不同形態之內容的存在，但在概念層面上，對「史」的理解大概僅爲文字上的呈現。

孟子所說的史學研究要素「文」、「事」、「義」與劉知幾所說的史家素養「才」、「學」、「識」是相對應的。史家之「才」是呈現史書之「文」的手段或能力，劉知幾也曾把史家之「才」比喻成「匠人」之「思」、「公輸」之「巧」，所以史家之「才」主要談的是史家編纂的技術性要求，即編纂史書所需要的各種能力。比如處理史料的能力，運用與駕馭體裁體例的能力，文字表述能力等等。有鑒於「才」與「文」的對應關係，可以想見在史家諸多才能中以文字表述能力最爲重要。孔子修《春秋》的「屬辭比事」就是史家之「才」的典型例子。

史家之「學」主要講的是對歷史著述活動中對象性的「事」的掌握，巧婦難做無米之炊。史家寫歷史著作，首先要通過史料閱讀和考察研究，弄清楚過去究竟發生了什麼，這是撰寫史書的前提條件。劉知幾也曾把史家之「學」在史家歷史著述活動中的地位和作用，比喻爲工商業者在從事經營活動時所需要的「良田」和「黃金」，比喻爲匠人在建設活動中所使用的工具。綜合來

〔註13〕表象一般是指事物不在面前時，人們在頭腦中出現的關於事物的形象。歷史著述過程雖然不是簡單的事物形象再現的過程，卻天然具有過去的事情不在眼前，歷史學家要靠自己理性研究把過去事情的眞實情況通過文字展示給讀者，所以說歷史著述中的「文」是史學活動中表象性呈現的「史」。

〔註14〕臺灣學者林時民著有《劉知幾史通之研究》一書，該書第三章的標題是「劉知幾的歷史意象」，下列的四個小節分別是：「通識觀念」、「批判精神」、「懷疑精神」、「進步意識」。他還解釋說：「四項分別提敘其理念之運作，冀於劉氏史學的圖象，可獲得初步的認識。」（《劉知幾史通之研究》，第31頁。）可見林氏眼中的史學意象指的是史家在史學活動中堅持的思想意志。

看「史學」強調的是史家編纂歷史所需要的前提條件，主要是指史家的知識儲備，最核心的「學」應該是史家精通史事，還應該有史料學知識、文獻知識，甚至社會科學和自然科學知識。

　　「史才三長論」中「史識」最複雜，孔子著《春秋》貫徹其中的「微言大義」是「史識」，司馬遷著《史記》所遵循的善惡必書是「史識」，范曄自詡通過文辭所傳達的個人意志是「史識」。如果說得寬泛一些，「史識」就是史家在所編纂的歷史著作中所貫徹的思想觀點。「求真」與「致用」是中國傳統史學兩大宗旨。但二者之間是有差異的，「求真」就是要求史家追求歷史撰述的真實，最大限度地呈現過去究竟發生了什麼，這更多是史學本身學科特點的要求。而「致用」則因人而異，孔子著《春秋》的「致用」是「微言大義」，要使「亂臣賊子懼」；司馬遷著《史記》的「致用」是：「糾天人之際，通古今之變，成一家之言。」〔註15〕但無論是「求真」，還是「致用」，都與史家之「識」的高低密切相關。劉知幾講解史家之「識」並沒有像前兩者那樣作類比論證，僅說：「猶須好是正直，善惡必書，使驕主賊臣，所以知懼，此則為虎傳翼，善無可加，所向無敵者矣。」此處評價的立足點是史學的「求真」宗旨，至於史家歷史撰述各自的「致用」目的，大概是因為彼此之間千差萬別，所以沒有闡釋，但是在《史通》中針對一些具體著作談論頗多。「識」與「才」、「學」相比，更為抽象，往往需要通過具體內容和手段才能體現出來，這也是劉知幾關於「識」的介紹沒有「才」與「學」明確的原因所在。

　　關於史家素養問題，在劉知幾之前也有人談論過。但他們的著眼點主要是評價具體史家，如前面提到的孟子評價孔子著《春秋》，班固評價司馬遷著《史記》，范曄又評價班固著《漢書》，隨意性較強，不具有明確的關注史學發展的目的性。劉知幾的「史才三長論」，已經不再是具體評價某個史家，也不是為了肯定某一項重要的史家素養，而是把自孔子以來優秀史家的優良素養熔為一爐，形成一個完整的、抽象的模範史家。這就是劉知幾與前代史家在論述史家素養問題上的根本差異，劉氏的評價完成了由具體到抽象的提升，著眼點不再是個別史家，而是整個史家群體和整個史學的發展。所以直到「史才三長論」的出現，才可以說中國古代的史家素養理論誕生。這個標準史家應該具有「才」、「學」、「識」，要有能力、有知識、有見識，能夠勝任史學工作。在白壽彝主編的《史學概論》中，曾對史學工作特點和史家需要

〔註15〕《漢書》卷62《司馬遷傳》。

具備的學識素養，作出過系統的闡釋，書中說：「客觀歷史過程留下了各種史料，它們有的直接地反映著歷史，有的間接地反映著歷史，有的準確地反映著歷史，有的歪曲地反映著歷史，史學家要決定如何鑒別和使用。客觀歷史過程中的事件和人物有曲折善惡之分，史學家要決定如何評價。史學家還必須考慮到用什麼表現方式更能反映歷史的真實，怎樣的表現才能影響讀者，以達到自己寫作的目的。凡此等等，都是治史學的人無法迴避的問題。如果把這些問題概括起來，那末歷史學本身就包含著歷史觀點、歷史文獻整理、史書編著和歷史文學等內容。」〔註16〕這段話通過分析歷史學科的特點，歷史研究的媒介、方式、方法，提出史家應該具備歷史觀點、歷史文獻整理、歷史編著和歷史文學四個方面基本素養。如果我們進行一下簡單的比較，不難發現這四個方面均可包含在劉知幾的「史才三長論」中，歷史觀點屬於「識」；歷史文獻整理是一項基礎學問，屬於「學」；歷史編著和歷史文學均屬於「才」。當然由於時代所限，劉知幾的闡釋使用的是中國傳統文化中的特殊辭彙，缺乏現代語言的準確性，但其中所蘊含的豐富內容，是需要後來學者不斷探究的。通過與《史學概論》中所述內容的比較分析，至少可以得出劉知幾的史家修養理論是比較成熟的，在中國古代史學理論中佔有重要地位的結論。

「才」、「學」、「識」是劉知幾在回答別人提問時，自己定的順序，那麼在他的眼中這三者之間的輕重關係是什麼樣的呢？顯而易見「識」是最重要的，所謂「猶須好是正直，善惡必書」，就是在強調「史識」尤為重要。他對「才」與「學」所作的是對比分析，強調了哪個也不能少，是不是二者之間也分伯仲呢？在《史通·辨職》篇的一段論述，能幫助我們理解這個問題。他說：「史之為務，厥途有三焉。何則？彰善貶惡，不避強禦，若晉之董狐，齊之南史，此其上也。編次勒成，鬱為不朽，若魯之丘明，漢之子長，此其次也。高才博學，名重一時，若周之史佚，楚之倚相，此其下也。苟三者並闕，復何為者哉？」〔註17〕儘管這一段談論的主題是史家著史的三種職責，但很明顯職責的劃分與「史才三長論」有關，更為重要的是明確區分了等級。像晉國的董狐、齊國的南史那樣完成表彰善人善事，貶斥惡人惡事的任務，屬於上等。這裡的「彰善貶惡，不避強禦」，以及董狐、南史的典故，都與闡

〔註16〕白壽彝主編：《史學概論》，第8～9頁。
〔註17〕《史通》卷10《辨職》。

釋「史識」所說的「好是正直，善惡必書」的意思是一致的。劉知幾以「史識」為史家素養之最重要部分，確鑿無疑。像左丘明、司馬遷那樣完成編纂史書，並傳之不朽的任務，屬於中等。這裡強調的是史書編纂，劉知幾在「六家」篇評價《左傳》、《史記》時，也突出強調了二者對編年體、紀傳體的開創性意義和對後世史著的影響，所以劉知幾把左丘明、司馬遷歸入第二等，著眼點是兩部書突出的歷史編纂成就，尤其是全新體裁的應用，這些在「史才三長論」中屬於「史才」範疇。像史佚、倚相那樣才學高博、名氣很大的古史官屬於第三等，顯然這一類側重史家素養中的「史學」。

這樣大體上就可以推知，在劉知幾眼中「識」重於「才」，而「才」又重於「學」。與三者之間的重要程度類似，後世學者對這三方面內容研究的成熟度也是「識」、「才」、「學」依次遞減的，關於「史學」的研究最不充分，為後人進一步探討這一問題留有了拓展空間。此外，從史學批評的角度研究《史通》，「史才三長論」在《史通》中所起到的作用也與以往的理解有所不同。在內容上《史通》中評價史書、評論史家的文字俯仰皆是，劉氏既有史家素養「三長」之論，評論史家孰優孰劣以「才」、「學」、「識」為標準自然是順理成章的。此外史家的歷史觀念、思想意志作為一種致力於史學的精神追求，必藉以文辭、體例等實在的內容才得以體現，所以史家之「識」往往是寓於「才」、「學」之中的，因此有的時候需要結合起來探討。

二、「學」：史家的知識儲備

「學」強調的是史家編纂史書時所需要的前提條件，主要是知識儲備。最核心的「學」應該是史家精通史事，還應該有史料學知識、文獻知識，甚至其他社會科學和自然科學知識。

（一）精通史事

「史學」的核心要求是精通史事，這一點在《史通》中的主要體現為劉知幾經常稱道史家、學者的「博學」。

劉知幾在《言語》篇曾以「學」字讚譽郯子，他說：「辯若駒支，學如郯子，有時而遇，不可多得。」〔註18〕按照劉知幾評價古人的一般習慣，從這句話能夠讀出，在他看來郯子應該是達到了「學」的標準，那麼郯子究竟

〔註18〕《史通》卷6《言語》。

是什麼樣的人呢？這一問題的答案在《史通》的《書志》篇，「能言吾祖，郯子見師於孔公。」〔註19〕這裡說的事件記載於《左傳》昭公十七年，郯子朝魯，魯大夫叔孫昭子問道：少皞氏爲何以鳥爲官名？郯子回答說：「吾祖也，我知之。……我高祖少皞摯之立也，鳳鳥適至，故紀於鳥，爲鳥師而鳥名。」〔註20〕孔子聽說後，拜見郯子而向他學習。這段話的意思是郯子諳熟於典故而得到孔子的尊重，突出了郯子的博學。由此可以推知，劉知幾對史家素養之「學」的一項重要內容，就是擁有廣博的歷史知識。

《史官建置》篇也說：「其有才堪撰述，學綜文史，雖居他官，或兼領著作。」〔註21〕有的人雖然擔任的是別的官職，但因爲符合「才」與「學」的要求，所以也可以兼職修史。在這裡「才」強調的是撰述才能，「學」說的則是文、史知識。劉氏在講到班固的妹妹時也說：「固後坐竇氏事，卒於洛陽獄，書頗散亂，莫能綜理。其妹曹大家，博學能屬文，奉詔校敘。又選高才郎馬融等十人，從大家受讀。」〔註22〕所謂「能屬文」講的是班昭善於文字編纂，「博學」是說她知識廣博，前者是說她具備史家之「才」，後者是說具備史家之「學」。在講到王銓父子時說：「歷陽令陳郡王銓有著述才，每私錄晉事及功臣行狀，未就而卒。子隱博學多聞，受父遺業，西都事迹，多所詳究。」王銓有史家著述之「才」，私下裏撰寫西晉史事和功臣傳記，遺憾的是事業沒有完成。其子王隱則以「博學多聞」著稱，繼承王銓的未盡事業，對西晉一代的史事記載得頗爲詳盡。王氏父子是否分別長於「才」與「學」，已經無從考證，但劉知幾以「才」、「學」作爲評價史家的重要標準是很明顯的。

劉知幾認爲司馬遷引用「不韋遷蜀，世傳《呂覽》」的典故自喻並不恰當，並批評說：「若要多舉故事，成其博學，何不云虞卿窮愁，著書八篇？」〔註23〕這實際上是在諷刺司馬遷，如果要多列典故，以說明自己的博學，爲什麼不舉虞卿因窮愁而著書八篇的例子呢？可見劉知幾所講史家素養之「學」的追求是求「博學」，而「博學」的最突出體現就是盡可能多的掌握知識、典故。唐代所修《晉書》收錄了志怪小說中所講漢高祖斬白蛇的寶劍穿屋而飛的荒誕之事，劉知幾認爲造成這種記載不實情況的原因是：「學未

〔註19〕 《史通》卷3《書志》。
〔註20〕 《左傳‧昭公十七年》，《十三經注疏》本。
〔註21〕 《史通》卷11《史官建置》。
〔註22〕 《史通》卷12《古今正史》。
〔註23〕 《史通》卷16《雜說上》。

該博，鑒非詳正，凡所修撰，多聚異聞，其爲踳駁，難以覺悟。」〔註24〕史家「學」不淵博，「識」不詳正，即使有修撰之「才」，所修撰的歷史著作，大多是彙集著民間奇異的傳聞。內容博雜，史家卻執迷不悟。很顯然這是僅有一定的技術能力，沒有史學的廣博知識和詳正鑒識所造成的問題。劉知幾所深惡痛絕的文人修史就屬於這類問題。文人能屬文，但卻不具備史學知識儲備和歷史見識，「史才三長」僅具其一，所以文人不能修史。劉知幾對文人修史可謂深惡痛絕，對這個問題的思考必然也很深刻，所以當鄭惟忠問起爲什麼文士多而史才少這一問題時，劉知幾立即就作出了那段精彩的論述。若非如此，生活中的一句話又怎麼能夠成爲影響千餘年的史家素養理論呢？

（二）佔有史料

擁有廣博的歷史知識，就要充分地佔有史料，劉知幾所說的史家之「學」與史料學關係密切。著史的前提當然是要充分佔有史料，充分佔有史料也是一種「博學」。除正史史料之外，劉知幾還建議史家「窺別錄」、「討異書」，不能把自己的眼光僅僅局限於儒家經典著作，或僅僅關注於《史記》、《漢書》之類的正史是怎麼記載的。所謂「別錄」、「異書」指的是除編年、紀傳正史之外，《雜述》篇所列的十種雜史，分別是：偏紀、小錄、逸事、瑣言、郡書、家史、別傳、雜記、地理書、都邑簿。

劉知幾的雜史十分法，與前人的史書分類方法可謂大相逕庭。唐代以前，按照梁阮孝緒《七錄》中的分法，史部之下有十二類，分別是：國史部、注歷部、舊事部、職官部、儀典部、法制部、僞史部、雜傳部、鬼神部、土地部、譜狀部、簿錄部。其中除了相當於劉知幾主要討論的正史之外還有十一類。唐代所修《隋書·經籍志》，在史部之下除了國史、古史相當於傳記、編年之外，把其餘部分也區分爲十一類，與《七錄》的分類方法大致相同。不難看出前人的十一分法與劉知幾的十分法明顯不同，何以造成如此大的差異呢？前人的分類是圖書目錄學的方法，而劉知幾對雜史的分類是從史料學出發的。這種差異正是史學理論家與圖書目錄學者之間學術眼光差異的反應。這種差異標誌著古代史書的分類，已經從僅著眼於史書外部形態特徵的簡單模式，發展到了關注史書內在史料價值的高級形態。劉知幾是實現這一發展的推動者。就史料價值而言十類雜史各有特點，史家在兼采之時更要善擇，陳其泰老師在《歷史編纂的理論自覺》一文中把這兩個主題準確地概括爲：「劉

〔註24〕《史通》卷17《雜說中》。

氏的論述，打破正史獨尊的觀點，對各種雜史的價值和缺陷在理論上予以總結。」﹝註25﹞下面分析一下在劉知幾看來十種雜史各自的史料價值和缺陷。

劉知幾認爲史料價值最高的是偏紀和小錄之書，理由是這兩種書「記即日當時之事，求諸國史，最爲實錄」﹝註26﹞，很明顯他是用「當時之簡」和「實錄」兩條原則來評價史籍的史料價值。所謂偏紀是「權記當時，不終一代」﹝註27﹞的當代小史，所以浦起龍將其定性爲「但記近事，而非全史」的「短述之書」﹝註28﹞，陸賈《楚漢春秋》、樂資《山陽載記》等書均屬於這一類。分析這幾部著作書名及其內容不難發現：劉知幾將其統一命名爲偏紀大概是覺得諸書是以君主爲線索貫串大事，性質上與本紀相近，因記載的多爲亂世霸主、遜位國君，故而以「偏」視之。與偏紀對應本紀類似，小錄對應的則是正史中的列傳，是作者「以其獨有之親見親聞材料而寫成之名人列傳」﹝註29﹞。戴逵的《竹林名士》、王粲的《漢末英雄》是這類史書的代表。儘管劉知幾認爲偏紀、小錄史料價值極高，但由於史家缺乏「史才」導致言語鄙樸，載事缺失，終究只是後生作者削稿之資。

逸事、別傳可歸爲一類，此類突出特點在於能補前史所缺，這也是其史料價值所在。「國史之任，記事記言，視聽不該，必有遺逸。於是好奇之士，補其所亡。」﹝註30﹞僅記前史遺逸之事，遂名逸事。別錄則是對「賢士貞女，類聚區分」，「取其所好，各爲之錄」﹝註31﹞，浦起龍評價說：「此謂甄補貞範之書，能補前史缺遺乃貴。」﹝註32﹞可見其價值也在於補缺，正所謂：「前史所遺，後人所記，求諸異說，爲益實多。」﹝註33﹞在采擇逸事史料時一定要仔細分析，若是虛妄者爲之，記載的內容就會眞僞不別，是非相亂。而別傳史料多是對史籍某一專題內容的采集彙編，新言論、新說法很少，史家要想獲得有價值的史料，恐怕要進行千淘萬漉的辛苦採擇。

﹝註25﹞陳其泰：《歷史編纂的理論自覺——〈史通〉、〈文史通義〉比較研究略論》，《文史雜誌》2010 年第 3 期。

﹝註26﹞《史通》卷 10《雜述》。

﹝註27﹞《史通》卷 10《雜述》。

﹝註28﹞浦起龍：《史通通釋》，第 254 頁。

﹝註29﹞許冠三：《劉知幾的實錄史學》，第 73 頁。

﹝註30﹞《史通》卷 10《雜述》。

﹝註31﹞《史通》卷 10《雜述》。

﹝註32﹞浦起龍：《史通通釋》，第 254 頁。

﹝註33﹞《史通》卷 10《雜述》。

　　郡書、家史、地理書、都邑簿四種書主要是記載作者所在州郡、城邑的史地知識和家族史。這一大類雜史存在兩個問題，其一史家在主觀上很難摒棄個人偏好，所以劉知幾評價這類史書往往是郡書「矜其鄉賢，美其邦族」，家史「紀其先烈」，「思顯父母」，地理書「人自以為樂土，家自以為名都，競美所居，談過其實」。〔註34〕其二由於僅記本家、本土，史料記載價值的廣泛性大打折扣，所以劉知幾評價郡書「施於本國，頗得流行，置於他方，罕聞愛異」，家史則是「正可行於室家，難以播於邦國」。〔註35〕但終歸這四類史書中還是有值得稱道之處的，地理書不乏雅正之作，都邑簿對於城市的記載也往往能夠明辨規模、制度，為後人研究地方史、城市史保留了重要的材料，郡書、家史也不乏「詳慎」、「該博」之作，例如陳壽《益部耆舊》、揚雄《家諜》等等。

　　瑣言、雜記屬於小說類史料。劉知幾認為一些素質不高的編纂者影響了小說史料的價值，如瑣言「及蔽者為之，則有詆訐相戲，施諸祖宗，褻狎鄙言，出自床第」；再如雜記「及謬者為之，則苟談怪異，務述妖邪，求諸弘益，其義無取」。〔註36〕劉知幾的意思是：到了後來那些不明道理的、荒謬的人來編纂這類書籍，難免會有大量嘲弄攻訐、淫穢粗話、妖邪怪異的內容充斥其中，史料價值自然就不高了。所以劉知幾對小說史料本身的價值看得並不低，只是否定一些荒誕、粗俗的記載。

　　史家之「學」除了通過廣泛地佔有史料，達到精通史事之外，還涉及文獻知識，甚至社會科學和自然科學知識。由於論文篇幅所限，暫不作論述。

三、「才」：史家的撰述能力

　　「史才三長論」包含的史家之「才」是「三長」之一，同時所談的三個方面又為「史才」的三項要素。劉知幾在《史通》中多次提到「才」與「史才」，但他並沒有告訴讀者各自的具體含義，這就需要研讀《史通》文本，區分史家之「才」和「史才」，前者所指為「三長」之一，後者則是三者兼備的史學大才。

（一）「中古」史家以「才」見長

　　在《史通》中，如果「才」與「識」或「學」並稱或對偶成句時指的是

〔註34〕《史通》卷10《雜述》。
〔註35〕《史通》卷10《雜述》。
〔註36〕《史通》卷10《雜述》。

史家著史的技術性能力，這種能力主要是歷史編纂學和歷史文學方面的。如《史官建置》篇說：「其有才堪撰述，學綜文史，雖居他官，或兼領著作。」〔註37〕這裡說的「才」指的是史家的撰述能力，「學」指的是史家有廣博的文史知識。兩者兼善，而又有「識」，當然是一種理想狀況，而事實上這樣的兼善「史才」在中國史學史上鳳毛麟角。不僅如此，在劉知幾眼中，不同時代史家群體的「才」、「學」素養有所偏重。

劉知幾在《雜說下》篇，曾引劉勰《文心雕龍》中的話說：「自卿、淵以前，多俊才而不課學；向、雄已後，頗引書以助文。」〔註38〕劉勰在這裡所說的是文學問題，大致意思是：在司馬相如、王褒之前，作者著述多憑藉自己的才氣，而不靠學問；劉向、揚雄之後，喜歡引經據典來擴充文章的內容，壯大聲勢。劉知幾在這裡引用這句話來說明史學問題是可行的，因為文、史在著述方面大概經過了相似的變革歷程，即「近史所載，亦多如此」〔註39〕。

如果用劉知幾的「史才三長論」來分析，就是說：司馬相如、王褒之前，史家著述多靠「才」，而「學」往往不足。劉知幾曾用「編次勒成，鬱為不朽」來評價左丘明、司馬遷的才情，兩人恰恰在司馬相如、王褒之前。而劉向、揚雄之後再也沒有出現達到《左傳》、《史記》敘事成就之高的作品，劉向、揚雄之後的歷史著述往往倚仗的是「史學」。把所掌握的經文典故、精美語言堆砌在著作中，為文章增添色彩，即所謂「良由才乏天然，故事資虛飾者矣」。由於撰者缺乏天生的才氣，而只得憑藉著典籍資料以虛飾文辭。東漢以來這種風氣愈演愈烈，以至於以文害實，「王平所識，僅通十字；霍光無學，不知一經。而述其言語，必稱典誥。」〔註40〕史家不具備駕馭形形色色的原始史料的才情，僅能憑藉諳熟於《五經》、《三史》之文辭，生搬硬套，看上去文辭古雅俊美，所反映的卻不是歷史的真實情況。「夫以博采古文而聚成今說，是則俗之所傳有《雞九錫》、《酒孝經》、《房中志》、《醉鄉記》，或師範《五經》，或規模《三史》，雖文皆雅正，而事悉虛無，豈可便謂南、董之才，宜居班、馬之職也？」〔註41〕這是有文辭之「學」，而無編纂駕馭之「才」，造成的機械類比問題。如此推斷就敘事而言是「近古」不如「中古」，那麼「中古」與

〔註37〕《史通》卷11《史官建置》。
〔註38〕劉勰：《文心雕龍》卷4《史傳》。
〔註39〕《史通》卷18《雜說下》。
〔註40〕《史通》卷18《雜說下》。
〔註41〕《史通》卷18《雜說下》。

「上古」比較又當如何呢？《史通・敘事》篇的一些記載，提供了這個問題的答案。

劉知幾在《敘事》篇曾說：「自漢已降，幾將千載，作者相繼，非復一家，求其善者，蓋亦幾矣。夫班、馬執簡，既《五經》之罪人；而《晉》、《宋》殺青，又《三史》之不若。譬夫王霸有別，粹駁相懸，才難不其甚乎！」〔註42〕這裡是說史學敘事水平每況愈下，則「中古」又不如「上古」。「近古」不如「中古」，是因為「近古」敘事靠的是史家的記誦之「學」，必然比不了「中古」史家敘事所靠的撰述之「才」。那麼「中古」史學敘事何以又遜於「上古」呢？劉知幾在這裡講司馬遷、班固是《五經》的罪人，意思是說《史記》、《漢書》的敘事背離了《春秋》的敘事傳統。又應該如何理解這一論斷呢？答案在《六家》篇，是篇在介紹《春秋》時說：「仲尼之修《春秋》也，乃觀周禮之舊法，遵魯史之遺文；據行事，仍人道；就敗以明罰，因興以立功；假日月而定歷數，藉朝聘而正禮樂；微婉其說，志晦其文；為不刊之言，著將來之法，故能彌歷千載，而其書獨行。」〔註43〕其中「微婉其說，志晦其文」說的就是《春秋》的敘事，這種「微婉」、「志晦」的敘事筆法，正是孔子著《春秋》竊取之「義」的實現手段，而如前文所述，這裡的「義」是和「三長論」中的「識」相對應的。再看後面劉知幾對《史記》敘事的評價，「至太史公著《史記》，始以天子為本紀，考其宗旨，如法《春秋》。自是為國史者，皆用斯法。然時移世異，體式不同。其所書之事也，皆言罕褒諱，事無黜陟，故馬遷所謂整齊故事耳，安得比於《春秋》哉！」這裡突出了司馬遷的體裁創新，至於孔子寓褒貶、黜陟於敘事的筆法已經很難見到了，所以《史記》只不過是整編史事。這樣就可以概括「中古」敘事不如「上古」的深層原因了，「中古」敘事靠的是史家的撰述之「才」，必然比不了「上古」史家敘事所靠的「微婉」、「志晦」之「識」。從表層來看是史學敘事的每況愈下，如果向深層探問，則是「識」、「才」、「學」史家三大素養重要性依次遞減關係的反應。他最後不無感慨地說：「人才有殊，相去若是，校其優劣，詎可同年？」〔註44〕這裡的「人才」可就不僅僅指史家著述才能了，而是包括「三長」內容的「史才」。與此類似的還有《核才》篇所講的「才」，也是講史家各方面的素養問題。

〔註42〕《史通》卷6《敘事》。
〔註43〕《史通》卷1《六家》。
〔註44〕《史通》卷6《敘事》。

（二）歷代「史才」狀況

「史才三長論」闡述的緣起是別人問劉知幾爲什麼文士多而「史才」少。《核才》篇所批評的核心問題就是「齒迹文章，而兼修史傳」的史學現象。這篇意在審驗核實的不是史家之「才」，而是兼有「三長」的「史才」。篇首說：「夫史才之難，其難甚矣。」此即爲該篇主題爲兼有「三長」之「史才」的明證。篇中強調史家需要有「銓綜之識」，不僅「術同彪、嶠，才若班、荀」，還要「懷獨見之明，負不刊之業」，以上所說考覈、綜合的見識，獨到高明的見解，胸有修史大業的抱負，均屬於「史識」範疇。班彪、華嶠的駕馭能力，班固、荀悅的才情，則屬於「史才」範疇。

《辨職》篇的一段論述更能夠說明「三長論」與《史通》著述間的密切關係，「大抵監史爲難，斯乃尤之尤者。若使直若南史，才若馬遷，精勤不懈若揚子雲，諳識故事若應仲遠，兼斯具美，督彼群才，使夫載言記事，藉爲模楷，搦管操觚，歸其儀的，斯則可矣。」〔註 45〕這裡所說的四個方面，與其說超過了「三長」的範圍，不如說對「史才三長論」的內涵作出了更爲充分的解釋。作爲史館監修必須是史學方面的全才，要具備「直」、「才」、「精勤」、「諳識」四項要素。這四個方面與「史才三長」對應明顯，「才」、「諳識」與「史才三長」中表述辭彙一致，「精勤」以實現「博學」，「直」就是要直筆，善惡必書，類似於後世章學誠所說的「史德」，可以理解爲屬於史家之「識」的範疇。這一點可以從後世史家的研究中獲得認可，楊翼驤就曾指出：「劉氏所指出的歷史家必須具備的三個條件，可謂得到後世的公認。雖然清朝人章學誠曾爲之補充了一個『史德』，但『史德』實際上是包括在劉氏所說的史識之內的。」〔註 46〕這一點越來越被眾多史學專家學者所認可。

有了「三長論」標準，上下千年的史家都成爲劉知幾品評的對象，梳理一下《史通》中的這些評價，有益於我們瞭解中國古代史學前半期史學人才隊伍的變化情況。

首先看「上古」時代，大略言之在劉知幾看來董狐、南史、孔子、左丘明均堪稱「史才」。他講上古文章均可以入史時，解釋說：「蓋不虛美，不隱惡故也。是則文之將史，其流一焉，固可以方駕南、董，俱稱良直者矣。」

〔註45〕《史通》卷 10《辨職》。
〔註46〕楊翼驤：《劉知幾與〈史通〉》，吳澤主編：《中國史學史論集（二）》，第 158 頁。

〔註47〕還說：「南、董之仗氣直書，不避強禦。」〔註48〕還有很多地方也是把董狐、南史作爲「史才」的標準來衡量其他史家。劉知幾在《鑒識》篇曾評價說：「夫以丘明躬爲魯史，受經仲尼，語世則並生，論才則同恥。」〔註49〕按照這句話的意思，可以推斷左丘明和孔子一樣堪稱「史才」，至於其他篇章關於孔子、左丘明的極高評價在本文的第一章均有論述。

關於「中古」時代，劉知幾大體上認爲仍不乏史才，「昔夫子修經，始發凡例；左氏立傳，顯其區域。科條一辨，彪炳可觀。降及戰國，迄乎有晉，年逾五百，史不乏才。」〔註50〕其中堪稱史才的代表性史家是：司馬遷和班固。《史通》有時把司馬遷與左丘明合稱，有時把班固與左丘明並論，班固與司馬遷並稱的情況就更多了。《古今正史》篇還曾說：「後來經始者，貴乎俊識通才，若班固、陳壽是也。」〔註51〕說明在劉知幾眼中陳壽也堪稱「史才」。

魏晉以來的「近古」史家普遍「史才」不足。如《書志》篇說：「如彪之徒，皆自以名慚漢儒，才劣班史，凡所辯論，務守常途。既動遵繩墨，故理絕河漢。」〔註52〕司馬彪自知才情不足，務守常途，仍不失守成之功。在劉知幾眼中范曄則是不自知的代表，「爰洎范曄，始革其流，遺棄史才，矜衒文彩。後來所作，他皆若斯。於是遷、固之道忽諸，微婉之風替矣。」〔註53〕范曄著《後漢書》，《后妃》、《列女》、《文苑》、《儒林》這一類的列傳無一不序，放棄「史才」，炫耀文采，唯恐被認爲自己遜色於古人，實則更加顯示出自己才情的不足。《史記》、《漢書》時常有序，但並不像後來的史家那樣每書必序，而是根據實際需要，堪序則作，不堪序則不作。這種史書體例上因勢制宜的判斷，對史家「史才」的要求較高，後世史家往往達不到，遂每書必序。恪守成法易，創新運用難。

魏晉以來歷史撰述走向僵化與史家群體普遍「史才」不足有關。如，《補注》篇評價裴松之、陸澄、劉孝標、劉肜、劉昭等人是「才短力微」，評價蕭大圜、羊衒之、宋孝王、王劭等人是「才闕倫敍」，眞可謂是集中批評「近古」

〔註47〕　《史通》卷5《載文》。
〔註48〕　《史通》卷7《直書》。
〔註49〕　《史通》卷7《鑒識》。
〔註50〕　《史通》卷4《序例》。
〔註51〕　《史通》卷12《古今正史》。
〔註52〕　《史通》卷3《書志》。
〔註53〕　《史通》卷4《序例》。

史家。劉知幾認爲晉代領秘書監武陵王「才非河獻，識異淮南」〔註54〕，東吳史官丁孚、項峻「俱非史才」，北齊的刁柔、辛元植、房延祐、睦仲讓、裴昂之、高孝幹等人均乏史才。他還說：「道鸞不揆淺才，好出奇語，所謂欲益反損，求妍更媸者矣。」〔註55〕還嘲笑作《雞酒錫文》的袁淑，作《酒孝經》的劉炫，作《房中志》的皇甫松，作《醉鄉記》的王績均不具南、董之才。以上均爲漢唐間史家，到了唐代這種情況也沒有改觀。據《史官建置》記載：「至咸亨年，以職司多濫，高宗喟然而稱曰：『朕甚懵焉。』乃命所司曲加推擇，如有居其職而缺其才者，皆不得預於修撰。」可見高宗朝已經出現史官缺才的問題。針對唐代具體史家的批評也不少，如批評張太素、郎餘令是「自負史才」〔註56〕，牛鳳及是「暗聾不才」〔註57〕，等等。

通過以上分析，不難發現，儘管劉知幾在歷史觀上認爲時代是向前發展的，但就「史才」而言，卻是越往後世大才越少。

四、「識」：史家的歷史見識

如前文所述，史家之「識」是歷史著述活動的統帥，應該指的是史家的歷史觀念、思想意志等，這是我們從現代學理角度理解劉知幾。需要引起注意的是，劉知幾對「識」的闡述卻有自己的方式，儘管這種方式與現代學術理論相通，用歷史觀念、史學思想來解釋也能融通。但如果從古人的方式出發，更有益於在傳統與現代的史學理論之間架起一座溝通的橋梁。從劉知幾的方式出發，就要回歸《史通》原典，深入探問劉氏所說的「識」是什麼？本人以爲在劉知幾眼中，「識」是對「理」的認識。正如謝保成所論：「《史通》中更強調『識理』，認爲它關係到史學水平的高下。」〔註58〕

（一）「識」理

劉知幾在《申左》篇曾說：「難者以理爲本，如理有所闕，欲令有識心伏，不亦難乎？」〔註59〕解決難題的根本是闡述義理，如果沒有道理，很難得到有「識」之人的心服，因爲有「識」之人明白其中的義理。那麼在劉知幾看來需要貫徹於修史活動中的理是什麼含義呢？主要是三方面的，一爲儒學之

〔註54〕《史通》卷 10《辨職》。
〔註55〕《史通》卷 17《雜說中》。
〔註56〕《史通》卷 6《言語》。
〔註57〕《史通》卷 12《古今正史》。
〔註58〕謝保成：《隋唐五代史學》，第 180 頁。
〔註59〕《史通》卷 14《申左》。

理，二爲事物之理，三爲史學之理。

所謂儒學之理，主要是倫理。中國古代史家，從根本上講都是儒家知識份子。這種特殊身份，決定了他們在價值觀念上必然受儒家的「仁」、「禮」、「修、齊、治、平」思想影響，這種特殊的價值觀又會影響到他們的歷史著述活動。此外儒家的創始人孔子也是史學家，孔子著春秋所形成的「微言大義」筆法對劉知幾談論的史家之「識」也有直接影響。

比如受儒家的價值觀影響，劉知幾所說的「直書」並不完全是今天所理解的以實直書，而是具有特定含義的。他曾解釋說：「肇有人倫，是稱家國。父父子子，君君臣臣，親疏既辨，等差有別。蓋『子爲父隱，直在其中』，《論語》之順也。」〔註60〕站在儒家倫理觀念的立場上，兒子要爲父親隱瞞過失，其中也包含著正直的品德。所以《史通》中的「直」，實際上是儒家價值觀和史學學術要求的統一體，「史氏有事涉君親，必言多隱諱，雖直道不足，而名教存焉。」〔註61〕這是正面的分析，還有反面的批評：「臣弒其君，子弒其父，凡在含識，皆知恥懼。」〔註62〕很顯然儒家的君臣、父子觀念是史家之「識」的內容之一。此外劉知幾一些具體修史主張也明顯受儒家的價值觀影響，比如認爲本紀應只記天子一人，項羽、呂后不應入本紀；還認爲世家只能記世代相傳，不失王侯之位的貴族，反對司馬遷著《陳涉世家》。

劉知幾的「史識」觀繼承了孔子著《春秋》的一些特殊筆法。劉知幾用「微婉其說，志晦其文」來評價孔子著《春秋》的筆法，這種史家有意識的微婉其詞遂成爲史家之「識」的又一重要內容。後世那些「言罕褒諱，事無黜陟」的史書，僅爲「整齊故事耳」，怎麼能和《春秋》相提並論呢？「整齊故事耳」，只有一些編纂方面的技術就可以，而「微言大義」的褒貶義理則需要依靠史家的見識。「趙穿殺君而稱宣子之弒，江乙亡布而稱令尹所盜，此則春秋之世，有識之士莫不微婉其辭，隱晦其說。」〔註63〕明明是晉國的趙穿殺死了國君，董狐記載這件事時，卻說國君是趙盾殺害的。江乙母親的布被人偷去了，而說是令尹偷盜的。這種超越事實層面的道義分析，非有「識」之人是作不到的。所以微婉其詞看似是屬於史家之「才」，實爲史家之「識」。劉知幾還曾說：「遂使握管懷鉛，多無銓綜之識；連章累牘，罕逢微婉之言。」

〔註60〕《史通》卷7《曲筆》。
〔註61〕《史通》卷7《曲筆》。
〔註62〕《史通》卷13《疑古》。
〔註63〕《史通》卷14《惑經》。

〔註64〕這句話中「銓綜之識」與「微婉之言」對偶相成，說明二者之間的同一性，後世史書很少能夠看到「微婉之言」，正是無「銓綜之識」的體現。

所謂事物的之理，就是事情的道理。劉知幾對臧榮緒《晉書》的評價涉及事理。據臧氏《晉書》記載，前秦苻堅僭位篡號，不是正統，疆域不如石虎，但人才很多。劉知幾批評臧榮緒不明地理，石虎在位時期，瓜州、涼州、巴蜀、燕趙等地，均為別人佔據。到了前秦初期，這些地方都被苻堅吞併了。《禹貢》上所說的九州，苻堅實際上已經佔據了八州。劉知幾評價臧榮緒此處所犯的錯誤是：「夫識事未精，而輕為著述，此其不知量也。」〔註65〕即明事理之「識」不夠精深，卻又輕率著書。這是人文地理，再如著史文理。劉知幾在《敘事》篇極為稱道《春秋》之文省簡合理：「《春秋經》曰：『隕石於宋五。』夫聞之隕，視之石，數之五。加以一字太詳，減其一字太略，求諸折中，簡要合理，此為省字也。」〔註66〕繁與簡並不絕對是文字上多寡，簡固然是史家著述所要追求的，但簡也要省略的合乎史文之理，劉氏認為史家處理史文的理想狀態是：「作者言雖簡略，理皆要害，故能疏而不遺，儉而無闕。」〔註67〕仍然強調「理」的重要。

所謂史學之理，就是歷史這門學問的本身具有的特點。治史學一項最根本的要求就是「求真」，劉知幾不愧為一代史學理論大家，在闡述史家之「識」時，他只強調了史家記載歷史當然要追求真實這一點，即「猶須好是正直，善惡必書」〔註68〕，足見他對歷史著述本質要求理解之深。他在《惑經》篇又說：「蓋君子以博聞多識為工，良史以實錄直書為貴。」〔註69〕對於良史的要求很多，但最根本的要求是「實錄」。嵇康的《高士傳》就違背了「直書」、「實錄」的史學求真精神，就遭到了劉知幾批評。「嵇康撰《高士傳》，取《莊子》、《楚辭》二漁父事，合成一篇。夫以園史之寓言，騷人之假說，而定為實錄，斯已謬矣。」〔註70〕把莊子寓言中的人物，屈原虛構的故事，當作實錄看待已經是很荒謬了。至於嵇康只選取披髮美服的漁夫傾聽孔子彈琴，與

〔註64〕《史通》卷9《核才》。
〔註65〕《史通》卷17《雜說中》。
〔註66〕《史通》卷6《敘事》。
〔註67〕《史通》卷6《敘事》。
〔註68〕王溥：《唐會要》卷63《修史官》。
〔註69〕《史通》卷14《惑經》。
〔註70〕《史通》卷18《雜說下》。

屈原見到的漁父鼓枻歌滄浪之水的事，更顯得他淺薄。劉知幾不禁反問：「夫識理如此，何爲而薄周、孔哉？」〔註71〕認識如此膚淺，爲什麼還要輕薄周公和孔子呢？這又涉及儒家倫理問題了。關於劉知幾史學的實錄問題，前人評論極多，無需再費筆墨。但對於《史通》中尚有一些未被研究者重視的與「史識」有關的材料，值得進一步發掘，其中最集中的部分就是《雜說下》篇的「雜識十條」。

（二）「雜識十條」

「雜識十條」位於《雜說下》篇的最後，這一部分在內容、體例上均與前面三篇「雜說」諸條目不同。以上三篇若干組「雜說」均具體針對某史書中的某一編纂技術問題作出直接評價和分析。「雜識十條」則不同，所講內容均與史家見識密切相關，與前文專門評價修史的技術問題明顯不同，形式上也是靈活多樣的。簡列十條內容如下：

第一條的分析的是一種學術現象，「精於《公羊》者，尤憎《左氏》；習於《太史》者，偏嫉孟堅。夫能以彼所長而攻此所短，持此之是而述彼之非，兼善者鮮矣。」〔註72〕劉知幾的意思是史家應反對根深蒂固的門戶之見，兼善諸家之長，說的很明顯是史家見識問題。

第二條批評史家知識上缺乏上下貫通的問題，「談《春秋》者，則不知宗周既隕，而人有六雄；論《史》、《漢》者，則不悟劉氏云亡，而地分三國。」〔註73〕這是在知識上畫地爲牢，只知道自己致力的領域，上下臨近時代的內容全然不知，就好像是武陵的隱士，藏身於桃花源，到了晉代，仍然以爲世間還在暴秦的統治之下。這是說知識上不貫通造成的問題。隨後話鋒一轉，講了另外一種情況，「假有學窮千載，書總五車，見良直而不覺其善，逢牴牾而不知其失，葛洪所謂藏書之箱篋，五經之主人。而夫有云：『雖多亦安用爲？』其斯之謂也。」〔註74〕這段話對研究劉知幾的「史才三長論」很有啓發，分明是在討論「學」與「識」之間的關係。有的人在學問、知識上已經做到了貫通，博通千年之間的史事，閱讀了大量的書籍。可以說史家已經具有淵博之「學」，但在歷史著述上仍無成就，因爲不具有詳正之「識」。當他們看見

〔註71〕《史通》卷18《雜說下》。
〔註72〕《史通》卷18《雜說下》。
〔註73〕《史通》卷18《雜說下》。
〔註74〕《史通》卷18《雜說下》。

正直賢良的行爲時而沒有覺得其善，碰到與道德相違背的行爲時也不知道他有什麼過失，雖然書富五車，卻不過是書箱子。如果沒有見識，縱然掌握的知識再多，又有什麼用處呢？這就是劉知幾對史家有「學」無「識」情況的比較分析，在他看來「識」要比「學」重要得多。

第三條講的是：評價作品的價值不能僅看此時彼刻是否受推崇，要貫通時代，以長遠的、發展的眼光來評定著作的價值。因此在他眼中漢、晉時代流行一時的《公羊傳》、《莊子》的價值終究比不過千載流行的《左傳》和《尚書》。這一條分析的核心問題是評價史書需要通識眼光。

第四條舉了孔子、揚雄的著述中存在感情偏斜的例子，說明聖賢之人尚且不能忘掉私念，利用著述的機會，將自己親近的人寫入書中。那麼道德品質在中等以下的人，就可想而知了。實際上講的是史家著述不偏私之難，仍然屬於「史識」範疇。

第五條，劉知幾援引孔子語──「汝爲君子儒，無爲小人儒」，來類比史家，認爲史家群體也有「君子」、「小人」之分。在他看來左丘明、司馬遷就是史家中的君子，吳均、魏收就是史家中的小人。那麼劉知幾這樣評價四位史家的依據又是什麼呢？後人著述對「君子儒」與「小人儒」的注釋是：「君子爲儒，將以明道；小人之儒，將以矜其名也。」﹝註75﹞大意是：君子致力於儒，爲的是倡明儒家道義；小人致力於儒，爲的是矜誇自己的名聲。劉知幾將此「君子」、「小人」之分由儒學引入史學，大概在他眼中，「君子之史」、「小人之史」的差異與解經學者所分析的差異類似，此等思想道義必爲「史識」範疇。此處對魏收爲「小人之史」的定位在《採撰》篇有可爲支撐的分析，「魏收黨附北朝，尤苦南國，承其詭妄，重以加諸。遂云馬叡出於牛金，劉駿上淫路氏。可謂助桀爲虐，幸人之災。尋其生絕胤嗣，死遭剖斫，蓋亦陰過之所致也。」﹝註76﹞

第六條，再次援引孔子語──「禮云禮云，玉帛云乎哉？」來類比史書，既然禮不僅僅是玉帛，史書也就不僅僅是文辭。禮寓於玉帛載體的是西周時代的政治秩序，那麼寓於史書文字之中的又是什麼呢？「史者，固當以好善爲主，嫉惡爲次。若司馬遷、班叔皮，史之好善者也；晉董狐、齊南史，史之嫉惡者也。必兼此二者，而重之以文飾，其唯左丘明乎！自茲以降，吾未

﹝註75﹞《論語‧庸也》，《十三經注疏》本。
﹝註76﹞《史通》卷5《採撰》。

之見也。」〔註77〕寓於文辭之載體的是勸善與嫉惡，這是史家應該具備的著述宗旨，顯然討論的核心是史家的「史識」素養。並以此為標準評價幾位著名史家，好善的代表是司馬遷、班固，嫉惡的代表是董狐、南史。儘管史書以好善為主，以嫉惡為次，但實際上董狐、南史比司馬遷、班固更為可貴。因為成人之美容易，書人之惡卻要承擔很大的人身危險，董狐、南史的典故就是很好的說明。兼有「好善」、「嫉惡」之「史識」，又有文飾之「才」的大概只有左丘明一人。

第七條是第六條的延展，仍然講的是歷史撰述的原則問題，「夫所謂直筆者，不掩惡，不虛美，書之有益於褒貶，不書無損於勸誡。但舉其宏綱，存其大體而已。非謂絲毫必錄，瑣細無遺者也。」〔註78〕以「直筆」論指導史書編纂的根本原則，對所立傳的人物既不掩飾他的邪惡品質和行為，也不無中生有地誇獎他。以此原則為指導，何事該書，何事不該書也就明確了，對於褒貶勸誡有益的就要載入，對於褒貶勸誡無益的就不要載入。但在敘事技術上要注意，所寫的內容只是反映一個人一生的主要事跡或主要品質而已，絕不是大事小事一點不遺漏地全部寫出來。例如，宋孝王、王劭這類史家，在撰寫的內容中，喜歡談論別人不檢點的男女之事。表面上好像表現了作者對這類事的鄙夷，實際上，是把發人隱私當作正直的作法，劉氏認為史家不應採取這種態度。這一條論述的邏輯很明顯是講「史識」對「史才」的統帥和指導。

第八條批評像沈約這樣的史家在歷史撰述中故意載入異端奇說，史書語言口語與書面語不同。記載人物說話的語言，以書面語代替口語，相當於讓文學之士居於史官的位子上，造成文史不分狀況。劉知幾說這些作者故立異端，喜造奇說，說明這是有意識的行為，不僅僅是技術問題。

第九條講「載筆立言，名流今古」的著作名稱可以載入個人的傳記中。「如馬遷《史記》，能成一家；揚雄《太玄》，可傳千載。」〔註79〕劉知幾的這兩句話是有深意的，絕不是湊對為偶，隨意為之，是在講《史記》、《太玄》是兩部思想追求極高的書。這裡的「能成一家」源自司馬遷著《史記》的宗旨：「究天人之際，通古今之變，成一家之言。」〔註80〕「可傳千載」源自揚雄

〔註77〕　《史通》卷18《雜說下》。
〔註78〕　《史通》卷18《雜說下》。
〔註79〕　《史通》卷18《雜說下》。
〔註80〕　《漢書》卷62《司馬遷傳》。

著《太玄》的追求：「實好古而樂道，其意欲求文章成名於後世。以爲經莫大於《易》，故作《太玄》。」〔註81〕這種有思想、有追求的著作可以列入史書的人物列傳中，至於那些只會雕蟲小技的才學平庸之輩，雖然也寫了一些篇幅有限的筆記小說之類的書，就沒有必要列入了。

第十條仍然是援引孔子的話說明史書傳人的選擇問題。孔子曾說過：「齊景公有馬千駟，死之日，人無德而稱焉。伯夷、叔齊餓於首陽之下，民至於今稱之。」〔註82〕歷史人物是不是能夠獲得後人的稱道，不在於生前的富有程度和地位的高低，關鍵看他們是否有高尚的德行。劉知幾認爲史家選擇人物立傳也應該遵循這樣的原則，優秀史家也是這樣做的。漢代的青翟、劉舍，做到了丞相這一職務，然而班固的《漢書》並沒有給他們立傳。姜詩、趙壹，只不過是掌管記簿的官吏，謝承的《漢書》卻爲他們立傳。但自魏收的《魏書》開始，對於一些沒有德行、功績的官員，也都一一記載其生前做過何官，死後被封爲什麼諡號。史家著史對有德、無德之人的選擇，折射出史家有「識」還是無「識」，看似技術問題，實則是史家眼光高低的反映。

通觀以上「雜識十條」，分別論述了史家若干方面的見識問題，涉及之全面幾乎囊括了《史通》內篇中論史家之「識」的全部內容。在學問傳承上，劉知幾反對黨同伐異的門戶之見，主張兼善；史家讀書治學，應該有是非善惡見識，如不辨是非，則無異於四腳書櫥；評價史書應該看其久遠價值，不應偏重於一時流行與否；史書傳人，應避免偏私；史家也有君子與小人之分；史家著史應以好善嫉惡爲要務；史家應秉筆直書，「不虛美，不隱惡」；史家著史不可偏好奇說；史書傳人，可記入有思想的著作，其餘全無見識的雕蟲小技文章應該摒棄；史書載人，應看重才德，而不是財富和地位。這十條把史家之「識」的要求包攬無遺，如此集中論述史家見識問題，在《史通》中只此一處。又名爲「雜識」，大概是討論諸多史學見識問題的意思。

從位置上來說，「雜識十條」位於三篇《雜說》最末，且之前內容均爲針對不同史書的逐條批駁。因此這十條很有可能是在前面具體批駁之後，所綜合概括出來的史家應該擁有的見識。「雜識十條」與前面內容之間絕非並列關係，而是提升性的遞進關係。明清時期有幾個版本的《史通》叫「雜說十條」。浦起龍認爲叫「雜識」才準確，「『雜說』乃篇之總名，豈以科別之名混之？」

〔註81〕 《漢書》卷 87《揚雄傳》。
〔註82〕 《論語·季氏》，《十三經注疏》本。

〔註83〕浦氏已經意識到這些內容與前面的「雜說」不同。傅振倫曾說：「其（指外篇）爲內篇底本，較爲可信。……蓋外篇爲知幾之讀史箚記，隨觸隨書。」〔註84〕傅氏所言大體不錯，但外篇並不是全爲箚記，比較典型的箚記是三篇《雜說》，其他都是自具首尾的成篇文章。外篇爲內篇底本不假，但「雜識十條」又是外篇底本與內篇論證的中介，這十條雜取於諸史批判的史學見識，又成爲內篇中一些篇章論證的直接基礎。

因爲「史識」是「三長」之中的統帥，所以研究「史識」，還要關注其對另外兩個方面的作用。比如如何設計史書體裁體例屬於史家之「才」的範疇，但如果史家的見識不足，也會在技術問題上犯錯誤。例如班固《漢書》中雖有呂后本紀，實則是用呂后的編年統攝這一時期的歷史大事，而呂后自己的事迹，是列在《外戚傳》中的。而唐朝所修《晉書》的《凡例》中卻說，班固的《漢書》沒有把元帝皇后王政君、高祖皇后呂雉的事迹載入《外戚傳》中。這很明顯是著史之人，「讀書不精，識事多闕，徒以本紀標目，以編高后之年，遂疑外戚裁篇，不述娥姁之事。」〔註85〕正如傅振倫所論：「三者之中，『史識』尤爲重要。蓋有學無識，胸迷倉素，又爲徒讀矣。」〔註86〕看上去是修《晉書》史家讀書不精深，忽視了《漢書》中對於呂后紀、傳問題的處理。實際上卻折射出這些史家史書體裁見識上的不足。由於本紀和列傳之間的特殊關係，有呂后的本紀，並不意味著把呂雉的史事記在本紀之中，所謂「紀以包舉大端，傳以委曲細事」〔註87〕，紀是用來承載一代大事的，具體人物的小事則詳細記在傳記中。史家不識此史體根本，以至於想當然地認爲有呂后本紀，自然她的史事不會記載的傳記中。一向對《史通》批駁甚多的劉咸炘，也不得不承認劉知幾在紀、傳問題上此項見識。

再如劉知幾認爲自己設計的「載言」體裁就是有「識」之舉。在《載言》篇，劉知幾通過肯定干寶借鑒左丘明的作法編纂《晉史》，提出「前史之所未安，後史之所宜革」的史書體裁體例處理原則，並不無感慨地對《載言》篇總結說：「是用敢同有識，爰立茲篇，庶世之作者，睹其利害。如謂不然，請俟來哲。」〔註88〕在這裡劉知幾充分表達了對自己所作體裁創新的自信，

〔註83〕浦起龍：《史通通釋》，第 490 頁。
〔註84〕傅振倫：《劉知幾年譜》，第 98～99 頁。
〔註85〕《史通》卷 17《雜說中》。
〔註86〕傅振倫：《劉知幾年譜》，第 106 頁。
〔註87〕《史通》卷 2《列傳》。
〔註88〕《史通》卷 2《載言》。

希望世間的修史之人能夠看到其間的利害關係，如果當世沒有知己，只能等候將來的高明之士了。前面的史書不合適的地方，正是後代史書所應該改革之處，實際上是在強調借鑒前代修史經驗，並根據記載內容的需要確定史體。按照劉知幾的設計，體裁體例本來是「史才」問題，但能夠不爲常例所拘，創造性地選擇和革新史體，需要有高遠的學術眼光，這就是「史識」問題了。此外在補注前史，表述人物語言等方面也出現了因爲史家見識，造成的問題〔註89〕。

對於「學」的要求是「博學」，對於「識」的要求則是「通識」。劉知幾在《自敘》篇曾批評文人著史「識昧圓通」。照此推斷，史家之「識」當爲「通識」，這在《史通·鑒識》篇也有。《鑒識》篇專門講評鑒史書之識，儘管不是直接講史家之「識」，但畢竟是《史通》中唯一以史家見識問題爲主題的專篇評論。研究這篇內容，有利於增強我們對史家之「史識」的理解。劉知幾開篇就說：「人識有通塞，神有晦明，毀譽以之不同，愛憎由其各異。」〔註90〕說明人們對事物認識的不同，源於見識、神智的差異。只有見識通達之人，才能正確評定一些重大問題。劉知幾把這種見識稱爲「通識」。見識通達的史家不會被事情的表象所蒙蔽，學習前史，會追求道義相合，而不是形象相似。「惟夫明識之士則不然。何則？所擬者非如圖畫之寫眞，鎔鑄之象物，以此而似也。其所以爲似者，取其道術相會，義理玄同，若斯而已。」〔註91〕有「識」之人學的是他的旨趣義理，無「識」之人只會描摹前人的文辭表象。「然人皆好貌同而心異，不尙貌異而心同者，何哉？蓋鑒識不明，嗜愛多僻，悅夫似史而憎夫眞史。」〔註92〕注重形式上模仿的史家並不懂得眞正的史學，造成的結果是：「世之述者，銳志於奇，喜編次古文，撰敍今事，而巍然自謂《五經》再生，《三史》重出，多見其無識者矣。」〔註93〕

〔註89〕 劉知幾認爲劉昭補注《後漢書》不當，「采其所捐損，以爲補注，言盡非要，事皆不急。譬夫人有吐果之核，棄藥之滓，而愚者乃重加掊拾，潔以登薦，持此爲工，多見其無識也。」（《史通》卷5《補注》）再如劉氏認爲史家不能大膽地使用當世口語，也與見識短淺有關，「夫《三傳》之說，既不習於《尙書》；兩漢之詞，又多違於《戰策》。足以驗氓俗之遞改，知歲時之不同。而後來作者，通無遠識，記其當世口語，罕能從實而書，方復追效昔人，示其稽古。」（《史通》卷6《言語》）

〔註90〕 《史通》卷7《鑒識》。

〔註91〕 《史通》卷8《摸擬》。

〔註92〕 《史通》卷8《摸擬》。

〔註93〕 《史通》卷8《摸擬》。

　　此外在史館中的多年經歷，使劉知幾初步認識到史家獨特見識在修史活動中得到貫徹是有條件的。他進入史館，本來抱著實現自己著述理想的滿腔熱忱，結果因爲監修干涉，美志不遂。最後他認識到：陷於史館之中，縱使你有獨特見識，也終究難以實現。所以他在給上司的信中不無感慨地說：「昔丘明之修《傳》也，以避時難；子長之立《記》也，藏於名山；班固之成《書》也，出自家庭；陳壽之草《志》也，創於私室。然則古來賢俊，立言垂後，何必身居廨宇，迹參僚屬，而後成其事乎？是以深識之士，知其若斯，退居清靜，杜門不出，成其一家，獨斷而已。豈與夫冠猴獻狀，評議其得失者哉！」〔註94〕劉知幾終究不愧爲「深識之士」，絕望於史館修史之際，私撰《史通》，爲我們留下了這部史學理論名著。

〔註94〕《史通》卷 10《辨職》。

第五章　《史通》中重要史學批評範疇舉隅

　　前文已論《史通》中所展開的史學批評是以各篇討論的具體史學範疇為支撐的，因此探究具體史學範疇是《史通》史學批評研究的微觀層面。那麼什麼是範疇呢？列寧認為：「在人面前是自然現象之網。本能的人，即野蠻人沒有把自己同自然界區分開來，自覺的人則區分開來了。範疇是區分過程中的一些小階段，即認識世界的過程中的一些小階段，是幫助我們認識和掌握自然現象之網的網上紐結。」〔註1〕史學批評是對歷史研究活動的反思，「史學批評範疇就是人的思維對史學研究的一般的和本質的特性、層面和關係的概括和反映，是史學批評的最一般規定性的概念。」〔註2〕關於範疇更為通俗易懂的解釋是：「所謂範疇，是人類思維對客觀事物普遍本質的概括和反映。無論是自然科學還是社會科學領域，各門學科都有自己的一些基本範疇。它們既是對研究對象的高度概括和本質反映，同時也是規定各門學科的研究類型和學術規範。」〔註3〕所以很有必要重視各自學科內的範疇研究。從目前的研究狀況來看，哲學、文學領域的範疇研究已經比較充分，史學範疇研究則剛剛起步，成果也不多。

　　江湄的博士論文《中國古代史學批評範疇研究》，初步梳理了中國古代史學批評的幾組基本範疇。如「直書」與「曲筆」，「會通」與「斷代」，「史法」

〔註1〕　《列寧全集》第38卷，人民出版社，1984年版，第90頁。
〔註2〕　趙俊：《〈史通〉中所見之史學批評範疇》，《江漢論壇》1992年第8期。
〔註3〕　羅炳良：《應當切實加強史學批評範疇研究》，瞿林東、葛志毅主編：《史學批評與史學文化研究》，第17頁。

與「史意」,「德」、「才」、「學」、「識」,在這四組史學批評範疇中「直書」、「曲筆」、「才」、「學」、「識」都是劉知幾提出的,也是《史通》中史學批評的精華部分。劉知幾推崇「斷代」,並被一些學者評價爲只言「史法」。趙俊的文章《〈史通〉中所見之史學批評範疇》,著重分析了「文」和「質」、「文」和「史」、「名」和「實」三組史學批評範疇〔註4〕。白雲的文章《再論中國古代史學批評的基本範疇》則綜合了九種史學批評範疇,前八組包括:文與質、文與史、直與曲、創與循、名與實、簡與煩、通代與斷代、史法與史意,最後一組是德、才、學、識〔註5〕。以上三篇研究史學批評範疇的主要成果,都是從中國傳統史學中抽繹出特有的重要概念,或相對立論,或連類成組,構成史學批評範疇研究的基本單元,這些範疇散見於不同史家的論述中。即使是只研究劉知幾史學批評範疇的趙俊,也打破了《史通》固有的篇章結構,這種作法能夠利用重要的範疇線索,從整體上把握劉知幾的史學批評。但值得注意的是,如本文第二章所論,劉知幾對《史通》各篇的內容和位置是作過專門設計的,尤其是內篇各篇的主題本身就是劉知幾史學批評的特有範疇。有些範疇一經劉知幾提出,後世祖述相沿,無改斯道。因此不改變《史通》固有的篇章結構,選取《史通》中重要篇章的主題作爲劉知幾史學批評研究的具體範疇是很必要的,儘管不是像上述學者那樣勾勒劉知幾史學批評的一些整體線索,但卻有助於深入把握《史通》中重要的史學批評範疇。

　　權衡《史通》各篇主題在劉知幾史學批評中的重要程度,並儘量避免與以上所述已有研究成果的重複。筆者確定主要探究「六家」與「二體」、「採撰」與「敘事」、「直書」與「曲筆」、「品藻」與「探賾」四組重要史學範疇。

一、「六家」、「二體」

　　關於《六家》、《二體》兩篇在《史通》全書篇章結構上的地位與作用,第二章已經論及。這一節將探討劉知幾是如何使用「六家」、「二體」兩大範疇區分史籍門類進而展開史學批評的。劉知幾把唐代之前的史書區分爲「六家」、「二體」的作法可謂平白、簡質,就是把史書分爲六大類,又突出了紀傳、編年這兩類。乍一看去,似乎沒有什麼值得關注的,殊不知與已有研究

〔註4〕 詳見趙俊:《〈史通〉中所見之史學批評範疇》,《江漢論壇》1992 年第 8 期。
〔註5〕 詳見白云:《再論中國古代史學批評的基本範疇》,瞿林東、葛志毅主編:《史學批評與史學文化研究》,第 28～57 頁。

成果所關注的史學批評範疇相比,「六家」、「二體」則是名副其實出自劉知幾的首創。而且這兩個史學範疇一經提出,後世評論家們無論是否出於個人所願,在討論史書分類問題時,都無法迴避「六家」、「二體」。也有一些史家批評《史通》分「六家」、「二體」的作法是自我作故,是自為畛域。公允地講,這些評價也道出了劉知幾史學批評的一些瑕疵,但透過這些再批評,我們能夠深切地感受到劉知幾在史學批評上的強烈自信。劉知幾作《史通》就是要綱維前史、牢籠群書,進而譏往哲、述前非。史書卷帙浩繁,如若不區分門類,根本無法進行條理清晰、層次分明的史學批評。因此《史通》中「六家」、「二體」以及「雜史十流」的分類方法是基於史學批評的考慮,這種史著分類的理論探討和分析大大超越了《漢書・藝文志》和《隋書・經籍志》簡單分類的方法。可以說,劉知幾最早站在史學卓然獨立的高度,對唐以前重要史著以分門別類的方式進行了全面的評判。

(一)以書名家,彰顯批判精神

劉知幾把史籍分為《尚書》家、《春秋》家、《左傳》家、《國語》家、《史記》家、《漢書》家,即以史書名家。清代浦起龍解釋說:「注家認『家』字不清,要領全沒,今為顯說之。一、記言家也;二、記事家也;三、編年家也;四、國別家也;五、通古紀傳家也;六、斷代紀傳家也。」〔註6〕事實上以史籍名稱統領「六家」,並不像「注家」所說的那樣不得要領,若如浦起龍所論,直白如是,不免意味全無,亦未深識劉氏用心。程千帆就曾反駁浦起龍:「古人著書,初無定體。後世以便於歸類,強為立名,然標準不一,檢括為難,則不如就其本書稱之,轉較明晰。……浦氏顧斤斤從而指實之,自命顯說,豈謂子玄慮不及此乎?」〔註7〕劉知幾的這種以史書為門派宗主的作法,比較符合我國古代早期史著並無定法的客觀實際,同時也彰顯出《史通》明顯的批評精神。

上古時代,史籍草創,很多史書只是略具後世諸史體的雛形而已。白壽彝在評價《春秋經》時說:「為後來的編年史作了略具雛形的開端,還不能夠建成編年史的體制。」〔註8〕根據張舜徽的研究,《禮記・玉藻》和《漢書・藝文志》對左、右史何為記言,何為記事的說法正好相反,所以他推斷說:「蓋

〔註6〕 浦起龍:《史通通釋》,第1頁。
〔註7〕 程千帆:《史通箋記》,第4頁。
〔註8〕 白壽彝:《中國史學史論集》,第26頁。

古之人君，左右有史，言行悉由注記，初則未必各有專戶，兩不相謀也。左史記言，亦兼記事；右史記事，亦兼記言。」〔註9〕這樣看來，早期史書的編纂原則並不明確，記載的內容也不限於何門何類。因此後世史家在評價這些史著時就不該自爲作故，強分畛域。相對而言劉知幾以史書名家，不強把史書分屬於何體、何類的作法是比較符合早期史籍特點的。

劉知幾以某類最早出現的成熟史著爲史體族名，正是在揭示流派淵源，張大其家門宗主。因此以史籍名稱命名史書門類，本身就是對六部史籍卓爾不群宗主地位的認可與褒獎。以《尚書》爲宗主，孔衍、王劭之書列於下，郭孔延尤譏之爲「狗尾續貂」〔註10〕。試想若把第一類命名爲記言家，於記言家之下又把《尚書》與孔衍的《漢尚書》、《後漢尚書》、《漢魏尚書》，王劭的《隋尚書》等量齊觀列之於後，那可眞是泥沙俱下、良莠不分了。總之後人妄生議論，癥結在於未識劉知幾寓評論於史體劃分的史學批評藝術。這種作法看上去似乎因爲族名沒有經過抽象提熔而顯得稚嫩，殊不知這正凸顯出處於宗主地位的六部史書的卓越成就。這些著作的問世就是具有開創性的，其學術價值也往往不是後世著作可比擬的。正如王樹民在《廿二史劄記校證》中所論：「無所因而特創者難爲功，有所本而求功者易爲力，此固未可同日而語耳。」〔註11〕開創性的著作沒有可以因循的固有成例，最爲難能可貴；後世繼承性著作有所依託，更容易取得成就和突破。所以兩種著作當然不能等量齊觀，劉知幾以開創性的著作爲宗主，以繼承性著作爲流別的分類方法是公允且恰當的。

在《二體》篇仍然延續了這一特點。首談《春秋》、《史記》，降及《漢書》、《漢紀》，最後歸結爲：「班、荀二體，角力爭先，欲廢其一，固亦難矣。後來作者，不出二途。」〔註12〕三層均用史著、史家標舉二體，獨不談編年、紀傳。浦起龍解釋說：「以『左、荀』等字當『編年』觀，以『班、馬』等字當紀傳觀，會此替身，乃得縣解。……錯居多書，總歸二體。蓋揭二體之兩行，非評諸史之優劣也。」〔註13〕浦氏目之爲替身未必適宜，劉知幾但以史著、史家標舉「二體」，特明諸家開創、規範之功，褒舉之義溢於言表。至於劉知幾在《二體》篇的批評，浦起龍認爲針對的是編年、紀傳體本身，

〔註9〕 張舜徽：《史學三書平議》，第20頁。
〔註10〕 李維楨評、郭孔延釋：《史通評釋》卷1《六家》。
〔註11〕 王樹民：《廿二史劄記校證》，中華書局，1984年版，第3頁。
〔註12〕 《史通》卷2《二體》。
〔註13〕 浦起龍：《史通通釋》，第27頁。

而不是具體著作，並指責前人的評論說：「不會做替身字看，遂皆拋體而議書，體兩書繁，臆揣都錯。」﹝註14﹞劉知幾的褒貶之詞寄於左、馬、班、荀諸史著，亦為編年、紀傳「二體」本質所必有。前人專注於書，浦氏偏執於體，均未得宜。劉氏但言史著、史家，寓指編年、紀傳，褒舉之意如是，貶低之意亦如是。生活在唐代的劉知幾與近人、今人不同，即使是在《史通》這樣一部理論性如此之強的史學批評著作中，往往也不會總結概括出各種抽象的理論名詞。如編年、紀傳，常常僅表述為實用的樸素形態而已，如「班、荀二體」。不僅關於史書體裁的論述如是，整部《史通》作為理論性著作也不大有抽象的概括性論證，所有分析也都是未嘗離事而言理的。儘管劉知幾自謂「喜談名理」，他說的「名」（名詞）與「理」（理論）恰恰蘊含在隨處可見的史學批評之中。作為後世研究者，一項主要任務就是發掘這些帶有理性精神的史學遺產，得出有益於啓迪後世史學發展的智慧。

劉知幾以成書最早的存世著作為「六家」和「二體」名稱，實際上是在史體的分類與評價上突出了時間意識，這是非常進步的。因為時間是不以人的意志為轉移的客觀實在，比任何人為確定的標準都要公允。以時間為標準其優勢至少有以下幾點：首先經過歷史的自然淘汰，能夠長久流傳的先代著作必然有其存世的學術價值。劉知幾雖然也提到了一些比此六部史籍更久遠的著作，例如先於《尚書》的虞、夏、商、周之典，先於《春秋》的《夏殷春秋》等等，但是這些著作經過歷史的自然淘汰，已然銷聲匿迹。墨子所見的「百國春秋」，當與孔子修撰的《春秋》存在於大致相同的時代，可是前者早已湮沒無聞，後者卻經過歷代注疏，地位不斷提高，此中優劣短長不言自明。其次，存世最早的成熟著作，其流傳時間既長，其影響亦必大。劉知幾對於這一點是有突出強調的，如譽《春秋》「彌歷千載，而其書獨行」；譽《左傳》，「每代國史，皆有斯作，……大抵皆依《左傳》以為的準焉」；譽《漢書》，「自爾迄今，無改斯道」。﹝註15﹞再次，以時間作為客觀標準，最大限度地摒棄了史家的主觀臆造。最後，諸家史籍流傳的時間長短一目了然，作評判時在操作上最簡單易行。

（二）兩兩比較，客觀分析「二體」優劣

劉知幾所指的正史包括編年、紀傳兩家。他認為這兩種體裁的出現是中

﹝註14﹞浦起龍：《史通通釋》，第 27 頁。
﹝註15﹞《史通》卷 1《六家》。

國古代史體開始走向成熟的標誌。「丘明傳《春秋》，子長著《史記》，載筆之體，於斯備矣。」〔註16〕後世史書只是在「二體」基礎上發展，但直到劉知幾生活的時代都沒有再出現與這兩種史體地位相當的著作問世，所以他說：「後來繼作，相與因循，假有改張，變其名目，區域有限，孰能逾此！蓋荀悅、張璠，丘明之黨也；班固、華嶠，子長之流也。」〔註17〕行文至此，編年、紀傳二體自然脫穎而出。

劉知幾認爲編年體的優點是時間線索明晰，記事集中，不重複。「夫《春秋》者，繫日月而爲次，列時歲以相續，中國外夷，同年共世，莫不備載其事，形於目前。理盡一言，語無重出。此其所以爲長也。」〔註18〕而其不足則是這種體裁的容量有限，好多重要的人物和事件都沒有記載。那麼究竟什麼樣的記了，什麼樣的沒記呢？在劉知幾看來這與人物的重要與否並不相關。他說：「至於賢士貞女，高才俊德，事當衝要者，必盱衡而備言；迹在沈冥者，不枉道而詳說。」〔註19〕同樣是「賢士貞女，高才俊德」，有的記了，有的卻沒記。關鍵看這些人與編年敘事的歷史大勢的關聯性是強還是弱，關聯性強的，即所謂「當衝要」的就記下來了；關聯性差的，即所謂「在沈冥」的就會被遺漏掉。他還進一步舉例說明：「如絳縣之老，杞梁之妻，或以酬晉卿而獲記，或以對齊君而見錄。其有賢如柳惠，仁若顏回，終不得彰其名氏，顯其言行。故論其細也，則纖芥無遺；語其粗也，則丘山是棄。此其所以爲短也。」〔註20〕如果與所記述的歷史大勢有關聯，像「絳縣之老，杞梁之妻」這樣微小的人物都記下來了；若與編年體歷史敘事主幹無關，就是像柳下惠、顏回這樣重要的志士仁人也會缺記。

與編年體相比，紀傳體的優點則是諸體例分工明確，記載全面，容量較大，遺漏極少。「《史記》者，紀以包舉大端，傳以委曲細事，表以譜列年爵，志以總括遺漏，逮於天文、地理、國典、朝章，顯隱必該，洪纖靡失。此其所以爲長也。」〔註21〕而紀傳體的主要問題就是割裂史事，「若乃同爲一事，分在數篇，斷續相離，前後屢出，於《高紀》則云語在《項傳》，於《項傳》則云事具《高

〔註16〕 《史通》卷 2《二體》。
〔註17〕 《史通》卷 2《二體》。
〔註18〕 《史通》卷 2《二體》。
〔註19〕 《史通》卷 2《二體》。
〔註20〕 《史通》卷 2《二體》。
〔註21〕 《史通》卷 2《二體》。

紀》。」〔註 22〕這無疑給讀者的閱讀帶來不便。還有就是列傳部分由於司馬遷以類相從，時間錯亂，「編次同類，不求年月，後生而擢居首帙，先輩而抑歸末章，遂使漢之賈誼將楚屈原同列，魯之曹沫與燕荊軻並編。」〔註 23〕

　　縱觀以上千餘年之前，劉知幾對「二體」優缺點的分析，真可謂鞭闢入裏。今天讀這兩種體裁的著作，猶有同感，今人評價「二體」也必然會涉及劉知幾所論列的方面。難怪黃叔琳認為劉知幾的評論，「如老吏斷獄，難更平反；如夷人嗅金，暗識高下；如神醫眼，照垣一方，洞見五臟癥結。」〔註 24〕劉知幾關於編年、紀傳二體各有得失的結論是當時最為客觀公正的評價，武斷地肯定一個，否定一個都是不合理的。站在這樣公允的立場之上，他對晉人干寶關於編年、紀傳「二體」不恰當的評論作了再批判。干寶「盛譽丘明而深抑子長，其義云：能以三十卷之約，括囊二百四十年之事，靡有遺也」〔註 25〕。由於干寶的《晉記》早已亡佚，我們只能根據劉知幾在《史通》中引用的內容作以分析。從內容來看，干寶對《左傳》、《史記》的評價標準僅以史著篇幅的長短作為評判優劣的標準，說明當時的史學批評還很不成熟，批評的標準也只停留在淺顯易見的層次上。劉知幾認為不能僅憑後人可以看得到的史籍和其所容納的歷史時段的長短來定優劣。姑且不論何為更科學的標準，至少要尊重左丘明當時創作《左傳》的實際情況。「春秋時事，入於左氏所書者，蓋三分得其一耳。丘明自知其略也，故為《國語》以廣之。然《國語》之外，尚多亡逸，安得言其括囊靡遺者哉？」〔註 26〕這樣來看干寶所說的「靡有遺也」並不符合《左傳》編纂的實際情況，劉知幾認為春秋時期的史事記入《左傳》的只有三分之一。左丘明本人也知道《左傳》簡略，所以又著了春秋外傳《國語》，但這兩部書記載之外亡佚的春秋史事還很多。

　　最為可貴的是，劉知幾雖然反對干寶的偏頗論述，但他反駁的內容僅限於干寶「盛譽丘明而深抑子長」和《左傳》沒有遺漏的不實評價，對編年體並沒有否定。在論證過程中始終從唐代之前史籍體裁發展進步的視角來展開關於「二體」的評判。劉知幾在歷史敘事方面是尚簡的，但他沒有因此就偏袒相對簡約的編年體。簡約雖好，但有些重要的歷史內容是不該捨棄的，編

〔註 22〕《史通》卷 2《二體》。
〔註 23〕《史通》卷 2《二體》。
〔註 24〕黃叔琳：《史通訓詁補・序》。
〔註 25〕《史通》卷 2《二體》。
〔註 26〕《史通》卷 2《二體》。

年體又容納不下，那就要靠紀傳體了。因此劉知幾接著分析說：像西漢嚴君平、鄭子眞，東漢郭林宗、黃叔度，這樣的人物隱身江湖，地位卑微，晁錯、董生之對策，劉向、谷永之上書，文字繁多，在編年體中當然沒有篇幅容納。於是紀傳體適應更全面的史事編纂的需要而發展起來。「班固知其若此，設紀傳以區分，使其歷然可觀，綱紀有別。」〔註27〕可是隨著歷史的發展，出於人們便於閱讀、借鑒歷史的需要，編年體史書也一直有所編著。「荀悅厭其迂闊，又依左氏成書，翦裁班史，篇才三十，歷代保之，有逾本傳。……晉史有王、虞，而副以《干紀》；《宋書》有徐、沈，而分爲裴《略》。」〔註28〕各代編年、紀傳二體並駕齊驅之發展大勢一直延續到唐代。

張舜徽對劉知幾客觀評價編年、紀傳「二體」給予了肯定，「知幾謂編年、紀傳之書，各俱短長，互有得失，其言是矣。」〔註29〕他還對干寶揚左抑馬，范曄抑《春秋》揚史漢，劉知幾評價公允的個中緣由，作出了自己的分析：「范氏……重紀傳而薄編年，與干寶譽丘明而抑子長者殊趣。竊商其情，良有故也。蓋干寶《晉紀》，實爲編年之書；范氏《後漢》，則屬紀傳之體；宜其抑揚黜尙，有爲而發。言各有當，未必皆是非之公。惟知幾於二體均無成書，但論史法，義無偏祖，兼知其美，不守一家，庶幾平情之論也。」〔註30〕通過這段分析，我們可以在更高的維度上分析劉知幾史學批評的啓示。第一，劉知幾對編年、紀傳二體的評價超越了前代史家，得到的結論是客觀的、公允的，達到了盛唐時代史學評論所能達到的高度。第二，究其原因，劉知幾名下著作既無編年體，也無紀傳體。沒有像干寶、范曄那樣自覺不自覺地偏私的土壤，僅僅是就史法而論優劣，所以有機會站在更加公允的立場上。第三，可見作出恰到好處的史學批評之難。一則史家易得，史學理論家難得。自古著史各家於史體雖多有褒貶評論，但眞正具有權威性的不過劉知幾、鄭樵、章學誠三人，對此呂思勉曾給出過恰當的解釋：「中國論作史之法，有特見者，當推劉知幾、鄭漁仲、章實齋三人；世皆怪此等人才之少，不知此等人，必値史學趨向大變之時而後生，其勢不能多也。」〔註31〕《四庫全書總目》在史評類序中說得更加明確，「考辨史體，如劉知幾、倪

〔註27〕《史通》卷2《二體》。
〔註28〕《史通》卷2《二體》。
〔註29〕張舜徽：《史學三書平議》，第19頁。
〔註30〕張舜徽：《史學三書平議》，第19頁。
〔註31〕呂思勉：《呂著史學與史籍》，第249頁。

思諸書，非博覽精思，不能成帙，故作者差稀。至於品騭舊聞，抨彈往迹，則才翻史略，即可成文。此是彼非，互滋簧鼓，故其書動至汗牛。」〔註32〕二則史學批評偏私之心實難剔除，以干寶、范曄之才情，縱能勒成史著，譽為不朽，猶不能摒棄個人偏好，給予「二體」公允評價，更不要說一般史家了。

（三）求名責實，裁奪史籍門類

在《史通》中，劉知幾極力批評各種「名實無準」〔註33〕、「名實多爽」〔註34〕的現象，稱讚「名實相允」〔註35〕，並以「求名責實」〔註36〕的方法進行史學批評。名實觀是劉知幾史學批評的主要理論之一，求名責實是裁奪史體的主要方法。名是從事物中概括、抽象出的概念，實就是事物本身的實際情況。對於史書當歸於哪一家，名實相允者自不必說，名實無準者，劉知幾首重在實。

以《尚書》家為例，《周書》歸入《尚書》家可謂名實相允，最無爭議。名既為「書」體，實又為「孔氏刊約百篇之外」，「百王之正書，五經之別錄」〔註37〕。接著以孔衍的《漢尚書》、《後漢尚書》、《漢魏尚書》三書接續於後，顧名思義，孔衍三書為《尚書》之續作。那麼在內容上是不是記言之書呢？劉知幾分析說：孔衍「以為國史所以表言行，昭法式，至於人理常事，不足備列。乃刪漢、魏諸史，取其美詞典言，足為龜鏡者，定以篇第，纂成一家。」〔註38〕從「表言行」、「取其美詞典言」來看，在內容上的確是記言體。但難免有機械類比古法，不能與時俱進之失，對於這一點劉知幾在末段也作了說明，但這樣的缺點並不影響三書隸屬於紀言體的性質。

明人郭孔延對劉知幾以孔、王史著歸入《尚書》家頗有微詞，他說：「以守株之衍，畫虎之劭繼之，不幾於狗尾續貂乎？若以其自名《漢魏尚書》、《隋書》便以繼《尚書》，則班、范漢書，猶賢於衍、劭也。衍、劭尚不足窺班、

〔註32〕永瑢等：《四庫全書總目》卷88《史評類》。
〔註33〕《史通》卷2《世家》。
〔註34〕《史通》卷4《論贊》。
〔註35〕《史通》卷4《稱謂》。
〔註36〕《史通》卷2《本紀》。
〔註37〕浦起龍：《史通通釋》，第2頁。
〔註38〕《史通》卷1《六家》。

范之藩籬，而況可議唐虞之典謨乎？」〔註 39〕這裡郭氏不免有自出胸臆，馳
騁議論之嫌，顯然他不甚瞭解劉知幾以「名實相允」的判斷原則，認爲劉知
幾引孔、王史著入《尚書》家，僅僅因爲其名爲「書」。兩漢書的成就當然在
孔衍、王劭史著之上，但是不能因此就列入《尚書》家。兩漢書爲紀傳體斷
代史，《尚書》家爲記言之類，雖同稱爲「書」，此書非彼書也。郭氏有此之
失，大概是受到了劉知幾一處簡稱的誤導，在羅舉孔衍、王劭二人史著之前，
劉知幾曾說：「自宗周既殞，書體遂廢。」〔註 40〕此處劉知幾未說《尚書》家，
而簡稱爲「書」體，郭孔延遂得名忘實，遂生以兩漢之「書」取代孔、王四
書之論。孔衍、王劭史著雖成就不高，但記言之實是不能忽視的，這才是劉
知幾將其歸入《尚書》家的根本原因。王劭之書雖未達到祖述唐虞典謨的目
的，落得個「孔子家語，臨川世說」〔註 41〕的結果，但總歸不離記言家之範
圍。劉知幾以王劭《隋書》歸入《尚書》家，僅就其記言史體本身而論，非
推崇其價值高於兩漢書，並不像郭孔延說的那樣，「子玄輕以予劭」。因爲這
無法解釋劉知幾對王劭《隋書》「畫虎不成，反類犬」的批評。正是由於後世
繼承者但知類比古法，不能與時俱進創作出價值更高的作品，最終，「《尚書》
等四家，其體久廢，所可祖述者，唯《左氏》及《漢書》二家而已。」《尚書》
家的繼承者是價值不高的作品，所以才退出了歷史舞臺；也正是由於有了郭
孔延所稱道的兩漢書，紀傳體才得到「祖述」而流行不衰。由此不難發現，
郭孔延不但未識劉知幾重史法的分類原則，也未能擁有劉知幾縱論史體，區
分類例，褒貶史籍的寬闊視野和博大胸懷。

　　對於名是實非的著作，劉知幾則大膽把它排斥在諸家史體之外。這在對《春
秋》家史籍歸屬的取捨中有鮮明的體現。對於《春秋》家，劉知幾認爲其「實」
有二：一是「假日月而定歷數」，「以事繫日，以日繫月」，即要編年；二是「微
婉其說，志晦其文」，即要有隱諱褒貶。所以按照這樣的原則，《晏子春秋》、《虞
氏春秋》、《呂氏春秋》、《楚漢春秋》就不能入《春秋》家，諸書「本無年月，
而亦謂之春秋，蓋有異於此者也」〔註 42〕。劉知幾的意思是這些書籍既然不編
年，就不當用春秋之名。在劉知幾看來春秋之名對應的「實」是：「言春以包夏，

〔註39〕 李維楨評、郭孔延釋：《史通評釋》卷 1《六家》。
〔註40〕 《史通》卷 1《六家》。
〔註41〕 《史通》卷 1《六家》。
〔註42〕 《史通》卷 1《六家》。

舉秋以兼冬，年有四時，故錯舉以爲所記之名也。」〔註43〕既然著作不編年、不列四時，爲什麼盜用春秋之名呢？實不至，則名不歸，這些著作欺世盜名，自然不能入《春秋》家門下。可見孔子「唯器與名，不可以假人」〔註44〕的論斷對劉知幾影響之大。

《史記》以天子爲本紀，其宗旨是在效法《春秋》，但仍然因爲「言罕褒諱，事無黜陟」亦未列入《春秋》家。儘管後世以繼孔子著《春秋》自命之著述甚多，眞正符合劉知幾所論《春秋》家標準的卻沒有。程千帆在《史通箋記》中說：孔衍「蓋於西漢、東漢、漢魏之三世者，各撰二書，一仿《春秋》以記事，一仿《尙書》以紀言耳」〔註45〕。既然如此，劉知幾以孔衍之三尙書入《尙書》家，何不以孔衍三春秋入《春秋》家呢？這一點由於本人能力和掌握的材料有限，尙不能作出說明。大抵無以繼《春秋》家者，還有一個重要原因，孔子之後有左丘明因《春秋》而著《左傳》、《國語》，劉知幾將《左》、《國》二書獨立成家。相較而言後世自命繼《春秋》之著作，實際上距夫子《春秋》可謂玄遠，離《左傳》、《國語》倒是切近，遂劉氏把眾多史著繫於《左傳》、《國語》二家。如以樂資之《春秋後傳》入《左傳》家，以孔衍之《春秋時國語》、《春秋後國語》入《國語》家。

總而言之，處於盛唐時代的劉知幾站在史學卓然獨立的高度，釐定群史，疏通流別，第一次系統勾畫了我國古代前半期史體演進發展的脈絡。劉氏以書名家和求名責實的方法，在盛唐時代是具有進步性的，時至今日這些內容也是值得我們研究學習的。

二、「採撰」、「敘事」

《採撰》講著史材料的選擇，《敘事》講史書文本的書寫。《史通》中所列的八個歷史編纂範疇，始於《採撰》，終於《敘事》，二者是史籍成書過程中兩個重要的環節。

（一）「採撰」之博採

劉知幾在《採撰》篇第一段開宗明義，不僅表達了博採史料的態度，還指出了一些具體的方法，他說：「蓋珍裘以眾腋成溫，廣廈以群材合構。自古

〔註43〕《史通》卷1《六家》。
〔註44〕《左傳·昭公三十二年》，《十三經注疏》本。
〔註45〕程千帆：《史通箋記》，第9頁。

探穴藏山之士，懷鉛握槧之客，何嘗不徵求異說，採摭群言，然後能成一家，傳諸不朽。」〔註46〕

這段話中明確表達了劉知幾的三點主張。第一點強調廣泛搜集史料是成一家之言，寫出不朽史著的前提。白壽彝對此觀點曾從「史才三長論」的理論高度闡述過，他說：「史才三長，識指思想，學指史料佔有，才指歷史編纂……史識是統帥，史學是物質條件，史才是工具或方法，三者不可缺一；分別來說，也各有自己的範圍，各有自己的特殊問題。」〔註47〕史學是物質基礎，史學主要指的又是史料佔有。所以大體上可以得到結論：史料是歷史撰述的物質基礎。搜集史料的過程就是集腋成裘，聚沙成塔的過程，獲得的史料越充分、越廣泛，就越容易著成精品。劉知幾認為像《左傳》、《史記》、《漢書》等能成一家，傳諸不朽的著作都是博采眾書的典範。《左傳》徵引的材料涉及《周志》、《晉乘》、《鄭書》、《楚杌》等多國史書，左丘明把它們聚合起來進行編纂，融會貫通著成《左傳》。如果僅僅根據魯史和孔子的一家之言，是不可能做到廣博詳盡地佔有史料的。《史記》是兼採《世本》、《國語》、《戰國策》、《楚漢春秋》諸家記載而成。至於《漢書》除徵引《史記》的記載之外，「又雜引劉氏《新序》、《說苑》、《七略》之辭」〔註48〕。在劉知幾看來正是由於這三部著作博總群書，才達到了取信一時，擅名千載的效果。

第二點在如何搜集史料方面，劉知幾用的是司馬遷探禹穴和揚雄「懷鉛握槧」的典故。前者指的是司馬遷為了撰寫《五帝本紀》，前往大禹和虞舜曾活動過的地區探查遺跡，「探禹穴，窺九疑」〔註49〕，劉氏旨在強調實地調查是獲取史料的主要方法；後者指的是揚雄「常懷鉛握槧，從諸記吏，訪殊方絕域四方之語」〔註50〕，這裡的鉛指的是石墨筆，槧指的是木板，都是古人的書寫工具。很明顯劉知幾主張史家隨時隨地下苦功夫收集、記錄史料。

第三點是劉知幾提出「徵求異說，採摭群言」，強調重視不同說法、不同出處的材料，在此基礎上進行分析判斷，去偽存真，彰顯史家見識，才能夠成一家之言，寫出傳世不朽的著作。劉知幾反對史料采擇僅憑正史和儒家經典的作法，他說：「若不窺別錄，不討異書，專治周、孔之章句，直守遷、固

〔註46〕《史通》卷5《採撰》。
〔註47〕白壽彝：《劉知幾的史學》，吳澤主編：《中國史學史論集（二）》，第96頁。
〔註48〕《史通》卷5《採撰》。
〔註49〕《史記》卷130《太史公自序》。
〔註50〕葛洪：《西京雜記》卷3，上海古籍出版社，1993年版。

之紀傳，亦何能自致於此乎？」〔註 51〕要做到對史料的廣泛佔有，就得「窺別錄」、「討異書」，不能把自己的眼光僅僅局限於儒家經典著作，或僅僅關注於《史記》、《漢書》之類的正史是怎麼記載的，所謂「別錄」、「異書」指的當是除編年、紀傳正史之外，《雜述》篇所列的十種雜史。

博采就是要求史家最大限度地佔有史料，但史家搜羅的史料在價值上差異很大，應該使用哪些史料，務必愼重選擇。當然博采與愼擇之間也具有矛盾性，因爲要博采，備選的史料勢必增加很多，這就給愼擇增加了難度。

（二）「採撰」之愼擇

爲了給後人著史選擇史料提供方便，劉知幾在批評前人史料采擇不當同時，列舉了幾類不可輕信的材料。

第一類諸子百家和私人著述，儘管這類材料有助於增加見聞。但這些著述的缺點也很多，摻雜了很多牽強附會的荒謬說法，史家在選取時務必愼重。范曄的《後漢書》就有引書不愼的問題，「王喬鳧履，出於《風俗通》，左慈羊鳴，傳於《抱朴子》。朱紫不別，穢莫大焉。」〔註52〕這樣荒誕不經的故事也被記載在正史《後漢書》中了。

第二類郡國書、家族史不可以輕信。這類著述往往誇耀自己所住的地方，炫耀自己的家族。比如《晉書》給以立傳的「江東五俊」事跡出自《會稽典錄》，《後漢書》記載的「潁川八龍」出於《荀氏家傳》。這就把郡國書、家族史中虛假誇耀的內容當作實錄記載了。

第三類傳聞不可輕信。「如曾參殺人，不疑盜嫂，翟義不死，諸葛猶存，此皆得之於行路，傳之於眾口。」〔註53〕這些《戰國策》、《漢書》、《三國志》中記載的事情，都是道聽途說的傳聞，眞實性很難保證。

第四類隔越時代的傳說不可信。「師曠將軒轅並世，公明與方朔同時；堯有八眉，夔唯一足；烏白馬角，救燕丹而免禍；犬吠雞鳴，逐劉安以高蹈。」〔註54〕這些都是典型違理失實的傳說。

最後，劉知幾關於小說史料的看法，值得深入探討。他在十類雜史中提到的瑣言、雜記相當於小說，前者的代表是劉義慶的《世說新語》，後者的代

〔註51〕　《史通》卷 5《採撰》。
〔註52〕　《史通》卷 5《採撰》。
〔註53〕　《史通》卷 5《採撰》。
〔註54〕　《史通》卷 5《採撰》。

表是干寶的《搜神記》，顯然均屬於小說性質。王嘉川作有《小說資料能否入史——劉知幾的困惑及其引起的爭議》一文，認為：「瑣言、雜記兩類，明顯是將小說引入史林，與劉知幾對史料采擇應博觀詳取的總體認識頗為一致。」〔註55〕的確如此，劉知幾對小說類史料的態度，在《雜述》篇是允以入史的，認為前者「街談巷議，時有可觀，小說卮言，猶賢於已」，後者「求其怪物，有廣異聞」〔註56〕，總歸劉知幾認為這兩類史料可以開拓史家的視野，是正史材料的有益補充。王嘉川在文章中還提出：「在對待小說資料能否入史的問題上，劉知幾的最終態度也就落入了一種亦可亦不可、似可似不可的自相矛盾的境地。」〔註57〕這一觀點不夠準確，劉知幾在對待小說資料能否入史的問題上並不矛盾，他明確主張小說資料可以入史，但史家要慎重選擇。

劉知幾的確認為小說史料存在問題，但他並沒有將其歸咎於小說資料本身，關鍵是一些素質不高的編纂者影響了小說史料的價值，如瑣言「及蔽者為之，則有詆訐相戲，施諸祖宗，褻狎鄙言，出自床第」；再如雜記「及謬者為之，則苟談怪異，務述妖邪，求諸弘益，其義無取」。〔註58〕劉知幾的意思是：那些不明白事實道理的、荒謬的人來編纂這類書籍，就會導致大量互相攻擊、污穢不堪、妖邪怪誕的內容充斥其中，史料價值自然就不高了。所以劉知幾對小說史料本身的價值看得並不低，只是否定一些荒誕、粗俗的記載。

此外劉知幾對一些引小說史料入史的具體著作的批評也散見於《史通》其他篇章，有的批評還很強烈，王嘉川的結論正是基於這些批評得出的。但是，事實上這些批評針對的是一些史家不能審慎辨別材料，直接把小說中一些荒誕不經的內容當作信史看待的問題。簡單說劉知幾批評的是一些史家沒有做到對史料的善擇，並不是否定小說資料入史本身，所以劉知幾關於小說資料入史的態度並不矛盾。不妨略舉兩例加以說明，如劉知幾關於《晉書》的批判：

> 晉世雜書，諒非一族，若《語林》、《世說》、《幽明錄》、《搜神記》
> 之徒，其所載或恢諧小辯，或神鬼怪物。其事非聖，揚雄所不觀；

〔註55〕 王嘉川：《小說資料能否入史——劉知幾的困惑及其引起的爭議》，《天津社會科學》2009 年第 6 期。
〔註56〕 《史通》卷 10《雜述》。
〔註57〕 王嘉川：《小說資料能否入史——劉知幾的困惑及其引起的爭議》，《天津社會科學》2009 年第 6 期。
〔註58〕 《史通》卷 10《雜述》。

其言亂神，宣尼所不語。皇朝新撰《晉史》，多採以爲書。〔註59〕
劉知幾的這段評論並不是完全否定《語林》、《世說》、《幽明錄》、《搜神記》
四書的史料價值。他說的「其所載或恢諧小辯，或神鬼怪物」，其中的「或」
當「有的」講，他的意思是：《語林》、《世說》、《幽明錄》、《搜神記》之類，
所記載的內容有的是小笑話、小機辯，有的是神仙怪異。這些不符合聖人行
徑的事，是揚雄所不看的；如此怪力亂神的東西，是孔子不談論的。唐朝新
撰的《晉史》，卻採納了很多這一類的事作爲書中的內容。所以劉氏批評的是
唐初修《晉書》把四部小說中「恢諧小辯」、「神鬼怪物」的內容引爲正史，
而不是說四部書不能作爲史料看待。張舜徽認爲《史通》的這段評價：「切中
《晉書》之病。蓋唐初修史書者，多屬一時之文士。承六朝餘波，好奇貪瑣，
避重取輕。知幾比之於魏、梁兩代之修類書，以明其採撰之蕪雜，殆非苛論。」
〔註60〕在這裡張舜徽認可了劉知幾批評《晉書》採撰蕪雜的作法，這就從一
個側面證明劉知幾批評的指向是《晉書》採撰蕪雜，修史者未能作到善擇史
料，而不是否定小說史料的價值。

在外篇《雜說中》還有一段關於這一問題的評價：

> 宋臨川王義慶著《世說新語》，上敘兩漢、三國及晉中朝、江左事。
> 劉峻注釋，摘其瑕疵，僞迹昭然，理難文飾。而皇家撰《晉史》，多
> 取此書。遂採康王之妄言，違孝標之正說。以此書事，奚其厚顏。
>
> 〔註61〕

這裡也不是否定小說本身的史料價值，劉義慶著《世說新語》，劉孝標爲其作
注指出了其中很多錯誤的地方，而唐初修《晉書》仍採用劉義慶的錯誤說法，
無視劉孝標的改正。所以劉知幾在這裡主要批評的還是史家采擇不慎的問題。

綜合來看劉知幾對小說資料入史是持肯定態度的，他不失爲把小說引入
史林的第一人，涉及小說史料問題他所批評的、所否定的是：史家著述史書
時，未能做到對小說史料的慎重選擇。事實上，早在 20 世紀 30 代呂思勉在
《史通評》一書中已闡明此意，「劉氏於採取小說雜書者，亦僅斥其不可信者
而已，非謂概不當採也。」〔註62〕

〔註59〕《史通》卷5《採撰》。
〔註60〕張舜徽：《史學三書平議》，第56頁。
〔註61〕《史通》卷17《雜說中》。
〔註62〕呂思勉：《呂著史學與史籍》，第234頁。

（三）前史「敘事」得失

《敘事》在《史通》內篇中篇幅最長，分為序、尚簡、用晦、戒妄飾四章，實際上相當於三篇的容量。劉知幾對此曾有過專門說明：「夫敘事之體，其流甚多，非復片言所能觀縷，今輒區分類聚，定為三篇，列之於下。」〔註63〕設計這麼大的篇幅是與「敘事」在史書編纂活動中的重要地位相適應的。無論是編年體，還是紀傳體，甚至是各類雜史，總要記載史事，所以「敘事」是編纂史籍成書的重要環節，需要大書特書。在這一篇，劉知幾並沒有對何為「敘事」作出專門的論述，從《史通》中強調的尚簡、用晦、戒妄飾這三項要求來看，「敘事」主要關注的是歷史撰述所呈現之文本。這與「採撰」、「載文」、「因習」、「言語」、「浮詞」、「摸擬」等其他評判歷史編纂的篇章有所不同，「採撰」等幾篇側重於歷史編纂活動主體——史家行為的批判。唐代劉知幾的史學批評屬於中國的傳統史學，與近現代直至當代的我國史學明顯不同，與西方史學差異就更大了。但終歸都是關於歷史學問的探索，劉知幾史學批評一些真知灼見與現當代史學的發展趨勢不無相通之處。

西方歷史哲學的研究，在20世紀60～70年代出現了新的轉向，歷史敘事成為這一領域內的核心議題，於是這一新的趨向被稱為敘事主義歷史哲學，那麼敘事主義歷史哲學指的是什麼呢？「敘事主義的歷史哲學不再以歷史解釋的模式等問題作為自身關注的重心，而是將著眼點轉移到歷史研究的成果體現也即歷史敘事的文本上，從而獲得了一系列嶄新的視角和洞見。」〔註64〕可見敘事史學，最大的特點就是以歷史敘事的文本作為歷史哲學研究的新視角。而劉知幾極有可能是歷史敘事之文本評判的第一人，儘管存在著強烈的時空差異，但是探究劉知幾關於歷史敘事的評判，有利於我們在史學研究領域中處理好繼承傳統與吸收域外的關係。

劉知幾開篇就講：「夫史之稱美者，以敘事為先。至若書功過，記善惡，文而不麗，質而非野，使人味其滋旨，懷其德音，三復忘疲，百遍無斁。」〔註65〕首句強調了評定好的史書以「敘事」為最首要。此處劉知幾所說的「美」，是後世讀者讀史書文本所作出的肯定評價，相當於審美之美。所以《史通》中所言「敘事」的立足點是史書文本，所謂史書文本就是關於歷史

〔註63〕《史通》卷6《敘事》。
〔註64〕彭剛：《敘事、虛構與歷史——海登·懷特與當代西方歷史哲學的轉型》，《歷史研究》2006年第3期。
〔註65〕《史通》卷6《敘事》。

的語言文字的表達。借助文字所表達的歷史事實應該是值得褒揚的功績或有鑒戒意義的惡行。呈現給讀者的史著應有文采而不豔俗,質樸而又不粗野。會使讀者留戀於書中的滋味和旨意,懷想聖德言論,再三捧讀而不知疲倦。這是劉知幾對史著「敘事」達到「美」之狀態的描繪。他認為唐代之前的五經、三史具有「敘事」之「美」。當然所謂「五經」指的主要是史書特點明顯的《尚書》和《春秋》,「上自《堯典》,下終獲麟,是為屬詞比事之言,疏通知遠之旨。」《尚書》的優勢是溝通古今,有利於讀者瞭解歷史趨勢,劉知幾的這一觀點繼承了子夏對《尚書》的評價,據《尚書大傳》記載:「子夏曰:『《書》之論事也,昭昭若日月之明,離離若參辰之錯行。』」〔註66〕《春秋》善於應用文辭來排列史事。揚雄曾評價這兩部書說:「說事者莫辨乎《書》,說理者莫辨乎《春秋》。」〔註67〕儘管二者之間的差異性如是顯著,但在劉知幾看來:《尚書》含義曲折深奧,在訓詁中體現深刻的含義,《春秋》為把隱含的大義闡明出來,用隱諱委婉的語言寫成文章,「雖殊途異轍,亦各有美焉」。相同之處是二書文本都達到了「美」的效果,其「敘事」成就均垂範後世,成為值得借鑒的楷模。

在劉知幾所處的盛唐時代,所說的「三史」指的是:《史記》、《漢書》、《東觀漢紀》。這三部史書尚能繼承《尚書》、《春秋》的「敘事」傳統,而稍遜於「五經」。劉知幾把「五經」、「三史」之間的差異比作太陽與星星,「經猶日也,史猶星也。夫杲日流景,則列星寢耀;桑榆既夕,而辰象粲然。」〔註68〕明亮的太陽光芒閃耀,星辰就會失去光芒;太陽下山,星辰就會變得燦爛。看上去僅是一組平淡無奇的比喻,卻反映出劉知幾史學批評對中國古代史著「敘事」成就所作的動態變化的觀察。在他看來,《史記》、《漢書》的語言文字,如果放在著述《尚書》、《春秋》的時代,語言淺俗。記載的一些細枝末節的事,就像鳥兒垂下的翅膀,空作裝飾,不能夠飛行;就像音調不協調的樂器,奏不出和諧的曲子。只有放在戰國以後,離聖人的時代越來越遠,才能露出光芒,顯得出色而有生氣。由此他得出了關於史學批評的理性認識,「故知人才有殊,相去若是,校其優劣,詎可同年?」〔註69〕儘管都是著述之林的經典作品,但它們在「敘事」上獲得的好評有明顯的時代印記。因為每個

〔註66〕 伏勝:《尚書大傳》卷3《略說》,民國涵芬樓線裝本。
〔註67〕 揚雄:《揚子法言·寡見》,光緒十九年鴻文書局校印本。
〔註68〕 《史通》卷6《敘事》。
〔註69〕 《史通》卷6《敘事》。

時代都有生逢其時的「敘事」精品，但如果後世讀者超越時代考察，就會發現它們同為經典著作卻不可同日而語。通常我們更容易關注史學批評應該尊重史家不同時代的身處，不可強求古人。作為中國古代史學批評第一人，劉知幾還看到了這一論斷在特殊環境下，反方面的情況，可謂有識。在劉知幾眼中，「三史」之後的史書「敘事」就很難恭維了。漢至唐數百年間，問世史著頗多，但要找出出色的卻很困難。司馬遷、班固的「敘事」已經遜色於《尚書》和《春秋》，而漢唐間問世的史書，就連「三史」也不如了。以上是歷史「敘事」上的時代差異，劉知幾還認為即使同為一人，同在一部史著中，也有差異。如《史記》，在劉氏眼中《蘇秦》、《張儀》、《蔡澤》等人的傳為「敘事」最「美」者；《三皇本紀》、《五帝本紀》、《日者》、《太倉公》、《龜策》等列傳在「敘事」上則全無可取之處。再如《漢書》，諸帝紀以及《陳勝》、《項羽》等列傳較好；至於《淮南王》、《司馬相如》、《東方朔》等篇的「敘事」則不值一談了。〔註70〕《史通》中史學批評對歷史「敘事」之差異的分析，是劉知幾論史學不僵化，不以偏概全的具體表現。

　　「敘事」差異如此之大，促使劉知幾進一步探討制約史家歷史「敘事」的相關因素。在此問題上他還受到了揚雄的啟示，揚雄在《發言》中曾評價《尚書》說：「虞、夏之書，渾渾爾；商書，灝灝爾；周書，噩噩爾；下周者，其書譙乎？」〔註71〕同為一部《尚書》，後人讀來，虞、夏之書淵深博大，商代之書廣闊遼遠，周代之書嚴肅不苟，周代以下就凋敝萎靡了。仿傚揚雄，劉知幾對《左傳》等一系列史書在「敘事」上的差異作了分析。左丘明記載齊桓公、晉文公相繼稱霸，晉、楚交替為諸侯盟主的時候，就能夠修史文辭，形成典雅的文風。到了周王室極端衰微，史事更加雜亂無章，精妙的言詞幾乎絕迹了。司馬遷的「敘事」，在周代以前，記載不完備，文字粗疏，不成體統。而從秦漢以下，則條理清晰，光彩煥發，很值得稱道。荀悅《漢紀》的「敘事」才華，只表現在西漢十帝紀，陳壽《三國志》的「敘事」僅以前面的三祖本紀最佳。那麼同出一人之手，同在一部書中，「敘事」效果上如此之

〔註70〕需要指出的是劉知幾所說的「敘事」優劣不同的《左傳》、《史記》、《漢書》諸篇各有淵源，並非出一人之手。呂思勉就曾指出：「《左傳》、《史》、《漢》等書，皆係裒輯舊聞文，非其自作；其所裒輯，亦非出一人之手，事極易見。然昔人於此，多見之未瑩。如此篇譏《史記》自周以往，言皆闊略；《左氏》當王道大壞，無復美辭，皆坐此弊。」（《呂著史學與史籍》，第239頁。）劉咸炘、張舜徽等人也持相同意見。

〔註71〕揚雄：《揚子法言·寡見》。

大的差異是什麼因素造成的呢？劉知幾認爲是語言和史事的制約，「言媸者其史亦拙，事美者其書亦工。」〔註72〕語言如果不美，歷史著作也就拙劣；事迹如果美好，歷史著作也就精緻。反之亦然。隨後劉氏以史事爲例進一步分析，如果一個時代沒有異常的傳聞或者奇異的事情發生，沒有英雄豪傑出現，沒有賢人產生，事情瑣屑，人物平庸。卻要求著史的人顯示出歷史著作的公正、眞實，表現出作者隱微婉曲的著史才能，就很困難。《左傳》中關於春秋五霸的「敘事」最佳，因爲英雄豪傑、賢人名士人才輩出；周王室氣數已盡，事情瑣碎，人物平庸，就很難創作出精彩的「敘事」了。至於其史著的情況也大略如此。

劉知幾提出了語言、史事這兩項制約歷史「敘事」的因素，卻只分析了與史事相關的一種。但並不影響我們對劉知幾所論的這一問題作出兩項基本判斷。第一，他在這裡談的主要是制約史家「敘事」的客觀因素；第二，之所以語言、史事成爲制約因素，根結底是因爲他堅持了「直書」、「實錄」的修撰原則。關於史事的制約因素容易理解，史家要記載的時代，如果事是瑣事，人是庸人，作者要想「敘事」精彩，就得把史事誇大，把人物顛覆，這樣就違背了尊重歷史眞實的最高原則。在史書語言上，劉知幾主張使用「當世口語」，直接用當時人的語言風格來敘述史書中人物說的話。因此記載言語粗俗的時代人物，該部分的「敘事」也必然不是文雅的。爲了證明這一問題，他又舉了裴子野的《宋略》和王劭的《齊志》，認爲這兩部史書都擅長「敘事」，毫不遜色於古人。但一般人，都會人云亦云地稱讚裴子野「敘事」文雅，批評王劭「敘事」粗鄙。殊不知，江南的文風典雅，所以裴子野的文筆精緻；中原的事迹蕪雜，所以王劭的言辭常顯得粗鄙。而且裴子野追求對言辭的修飾，王劭注重對史事的眞實記錄，這就造成了對他們的讚美與厭惡的不同。假如讓左丘明重出，司馬遷轉世，記錄北齊一代言行史事，恐怕也會輟筆難寫，無從發揮他們的佳言妙論了。可見劉知幾所探討的歷史「敘事」語言之眞實，歸根結底是源於史義的思考，儘管《史通》的論證言辭樸拙，還是能夠嗅出其中敘事主義歷史哲學的味道。

（四）簡　要

「夫國史之美者，以敘事爲工，而敘事之工者，以簡要爲主。」〔註73〕

〔註72〕《史通》卷6《敘事》。
〔註73〕《史通》卷6《敘事》。

後世讀者審「美」史著，就是要看史書的「敘事」工致與否，而「敘事」工致第一原則就是簡要。

劉知幾大聲疾呼「簡之時義大矣哉」，首先根源於經典著作具有這一特質。「歷觀自古，作者權輿，《尚書》發蹤，所載務於寡事，《春秋》變體，其言貴於省文。斯蓋澆淳殊致，前後異迹。然則文約而事豐，此述作作之尤美者也。」〔註74〕《尚書》作爲歷史「敘事」的開端，記載內容追求事實減省；《春秋》雖然轉變了體例，但仍然注重文字精練。儘管時代風尚厚薄不同，前後風格迥異，但「文約事豐」是優秀著作的共同特點。其次是針對漢唐間歷史「敘事」文辭繁冗問題的大力針砭。從兩漢開始直至三國，國史的文字，變得越來越多，越來越繁雜。到了晉代之後，史家的歷史「敘事」在這條錯誤的道路上越走越遠。劉知幾不無誇張地說，在這一時期的史書中，如果尋找多餘的句子，剔除多餘的詞語，那麼一行之中，必定有幾個字是被錯誤地加上去的；一篇之中，必定有幾行是浪費的筆墨。看似是小問題，實爲大隱憂，比如成群蚊子的聲音會形成震耳欲聾的雷聲，眾多無足輕重的東西加在車上也會壓斷車軸。何況章句不加節省，言詞沒有限制，即使史書能夠裝上幾大車，又有什麼值得稱道的呢？這是劉知幾在宏觀上對漢唐間史學的評價，史文繁複造成這一時期史書徒有其可觀之數量，價值高的精品著作卻很少。非矯枉無以過正，要解決這一問題，最有效的手段就是務求簡要。那麼又該如何做得到簡要呢？劉知幾接下來從「敘事」理論、減省篇幅兩個方面陳說了「敘事」簡要的方法論。

《史通》中所講的「敘事」理論就是著名的「敘事」四體，「直紀其才行者，有唯書其事迹者，有因言語而可知者，有假贊論而自見者。」〔註75〕第一種「敘事」方式是直接記錄人物的才能品行，第二種是只記錄人物的事迹，第三種是根據人物的語言來瞭解史事，第四種是借助史家的論贊交代史事。這極有可能是中國史學史上最早的系統「敘事」方法論。隨後他又逐一列舉了分屬於四種「敘事」類型的成功範例。《尚書》寫堯帝的美德時稱頌說：「允恭克讓」〔註76〕；《左傳》在介紹子太叔的情況時說：「美秀而文」〔註77〕。這就是直接記錄人物的才能品行，除此之外再沒有別的說法了。《左傳》記載

〔註74〕 《史通》卷6《敘事》。
〔註75〕 《史通》卷6《敘事》。
〔註76〕 《尚書·堯典》，《十三經注疏》本。
〔註77〕 《左傳·襄公三十一年》，《十三經注疏》本。

申生被驪姬陷害，上弔而死；班固《漢書》記載紀信被項羽圍困，代替漢高祖而死。只要史事記清楚即可，人物的忠孝自然顯示出來，沒有必要再說人物的才行了。《尚書》記載周武王歷數商紂王的罪狀，在誓詞中說燒烤忠良，剖挖孕婦；《左傳》記載隨會論述楚國，所說的話是：「蓽路藍縷，以啓山林。」〔註78〕在這兩個例子中，儘管沒有直接記載人物的才能品行，但在他們的語言中已經涉及到了，善惡自然就凸現出來了。這種「敘事」就是「因言語而可知者」。司馬遷在評價衛青時說：「蘇建語余曰：『吾嘗責大將軍至尊重而天下之賢大夫毋稱焉，願將軍觀古名將所招選擇賢者勉之哉。』」〔註79〕班固在《漢書‧孝文紀》結尾處，贊曰：「吳王詐病不朝，賜以幾杖。」〔註80〕這兩件事在本紀和列傳中都不作記載，而是史臣發表議論時，說出這些事情，這就是「假贊論而自見」的「敘事」方式。很明顯劉知幾認爲「才行」、「事迹」、「言語」、「贊論」這四種「敘事」方式使用一種即可，如果使用兩種以上就會造成沒有必要的「敘事」重複。

劉知幾提出的減省史著篇幅方法有省句、省字兩種。他所舉省句的典型例子是《左傳》中關於宋國華耦來盟一事的記載，文中說華耦的先輩得罪過宋國，愚蠢的人認爲他很聰明。實際上是說，華耦是賢達之人所嗤笑的。這樣不言自喻的話，就沒有必要再說一遍了。省字的典型例子是《春秋經》中所記載的「隕石於宋五」，劉知幾分析說：「夫聞之隕，視之石，數之五。加以一字太詳，減其一字太略，求諸折中，簡要合理，此爲省字也。」〔註81〕這就是省字的繁簡折中恰到好處的狀態。劉氏所舉不知省字的反例出自《漢書‧張倉傳》的一句話——「年老，口中無齒」，在劉知幾看來，句子中的「年」及「口中」都是可以省略的。原話一共才六個字，倒有三個字是妄加的，這就叫煩字。他認爲省句較容易，省字較困難，還說能夠深切地認識到歷史「敘事」的這一特點，才可以談論史著。

劉知幾苛意省字的作法，有把「敘事」簡要絕對化傾向。但他的強烈態度是有緣由的，浦起龍對這一問題曾作過較爲合理的分析：「論古考言，貴設身處地。劉公時所睹諸近史，如何、臧兩晉，南北之八朝，其所載記，大半皆駢章儷句，嘲己嘩世之篇，展卷爛然，浮文妨要。公有激於此，束之窄僂

〔註78〕《左傳‧宣公十二年》，《十三經注疏》本。
〔註79〕《史記》卷111《衛將軍驃騎列傳》。
〔註80〕《漢書》卷4《文帝紀》。
〔註81〕《史通》卷6《敘事》。

之途，所謂矯枉者直必過，讀者諒之而已。」〔註 82〕可見在那個史文靡麗繁複的時代，大力倡言尚簡是很必要的。

最後劉知幾以釣魚、捕鳥作喻，闡釋了「敘事」簡約的最高境界。釣魚的人，垂下千條釣絲，得到魚的只是在於一筌；捕高鳥的人，張開萬張羅網，得到鳥的只在於一個網眼。「敘事」的人，有時突然地擴充閒散的言詞，廣泛地增加無關的說法，其實取出其中的關鍵之處，不過一言一句罷了。如果史家「敘事」能與捕魚、打獵的人一樣，捕到魚、鳥之後就收起所有的釣絲、羅網，留下的只是一筌、一眼而已。這就達到了精簡得不能夠再精簡的程度，這就是劉知幾所認為的歷史「敘事」之簡約的最高境界。字句減省看似只是細枝末節的問題，實質上關係到史著的整體規模，「飾言者為文，編文者為句，句積而章立，章積而篇成。篇目既分，而一家之言備矣。」〔註 83〕字句是構成史書的基本單元，辭彙、語言的斟酌，是關係到著成一家之言的問題。

（五）用晦、戒妄飾

劉知幾主張歷史「敘事」隱晦其詞，這與上文的尚簡主張有相通之處，但比「敘事」文詞簡約的要求要高。「簡」的要求是詞約事豐，「晦」的要求是神餘象表，事溢句外。文詞簡約，尚有文詞可以憑藉，神餘象表，則在文詞之外有頗多引申之義。用晦在「敘事」文本上達到的效果是言詞有限，而意旨無限，自然也是高水準的簡要。劉知幾把「敘事」用晦的特點概括為：「略小存大，舉重明輕，一言而鉅細咸該，片語而洪纖靡漏。」〔註 84〕恰當用晦能夠簡略小事而保留大事，舉出重要的就可以明瞭不重要的，一個字就能概括大事、小事，幾句話就能使重要的、不重要的都沒有遺漏。從《史通》中的分析來看，史文用晦起源於外交辭令和官員應對。古代使者出使別國，以詞令為根本；大夫在外交場合的應對，以文辭為主。這些具有特殊含義的官場應對語言和外交詞令，記載下來就形成了最早的「志晦」之文。

《史通》中所列舉的上古史文用晦的典範分別出自《尚書》和《左傳》。《尚書》有記載說：「帝乃殂落，百姓如喪考妣。」〔註 85〕可見虞舜德行之高與民眾之愛戴。《夏書》云：「啟呱呱而泣，予弗子。」〔註 86〕可見大禹憂國

〔註82〕 浦起龍：《史通通釋》，第 159 頁。
〔註83〕 《史通》卷 6《敘事》。
〔註84〕 《史通》卷 6《敘事》。
〔註85〕 《尚書‧堯典下》，《十三經注疏》本。
〔註86〕 《尚書‧皋陶謨》，《十三經注疏》本。

憂民，以至於忘記了自己的家庭。這些行文看似粗略，其實內容豐富完整。所以起初讀起來會懷疑其「敘事」是不是過於簡單，但如果拿起筆仿照著寫，就會發現「敘事」用晦之難。所以只有個別優秀的史家能夠做到，在劉知幾眼中左丘明是「敘事」用晦的高手，並列舉了《左傳》中的實例來證明，但他卻沒有提到《春秋經》。這使後世學者在判斷劉知幾用晦之說所本之淵源時產生了分歧。

紀昀認為：「顯晦云云，即彥和（劉勰）隱秀之旨。」〔註87〕陳漢章則認為：「《史通》『晦』字自本一《春秋》『志而晦』為義，未必祖述彥和。」〔註88〕比較而言，陳說較為可信。一則劉知幾關於若干史學範疇之源的探討，無不根植於《尚書》、《春秋》等儒經，並有「經猶日也，史猶星也」的論斷；二則劉知幾在《六家》篇用「微婉其說，志晦其文」來評價《春秋》，極力稱道《春秋》「微婉」、「志晦」的「敘事」手法。劉知幾在形容歷史「用晦」的敘事效果時說：「言近而旨遠，辭淺而義深，雖發語已殫，而含義未盡。使夫讀者，望表而知裏，捫毛而辨骨，睹一事於句中，反三隅於字外。」〔註89〕可謂詞有限，而義無窮；文字淺顯，而微旨深遠。這和孔子著《春秋》的微言大義是一致的，更加說明了劉氏之觀點淵源於孔子著《春秋》。下文又說：「班、馬二史，雖多謝《五經》，必求其所長，亦時值斯語。」〔註90〕儘管前文只提及《尚書》、《左傳》，此處的《五經》則是把《春秋》赫然在列了。同時也指出《史記》、《漢書》在用晦上雖然遜色於《五經》，但也不乏一些「辭淺而義深」的精當言語。他列舉說：「高祖亡蕭何，如失左右手；漢兵敗績，睢水為之不流；董生乘馬，三年不知牝牡；翟公之門，可張雀羅，則其例也。」〔註91〕東漢以後，用晦的「敘事」之道，日益衰微，字句蕪雜累贅的作者不斷湧現，「其為文也，大抵編字不只，捶句皆雙，修短取均，奇偶相配。故應以一言蔽之者，輒足為二言；應以三句成文者，必分為四句。」〔註92〕文詞散漫重疊，不知裁剪，誠如浦起龍所論：「後史簡且不能，更何處說起用晦耶？」〔註93〕張舜徽也說：「知幾此論，道盡六朝文敝，切中膏

〔註87〕紀昀：《史通削繁》卷6《敘事》眉批。
〔註88〕陳漢章：《史通補釋》，見《史通通釋》附錄，第605～606頁。
〔註89〕《史通》卷6《敘事》。
〔註90〕《史通》卷6《敘事》。
〔註91〕《史通》卷6《敘事》。
〔註92〕《史通》卷6《敘事》。
〔註93〕浦起龍：《史通通釋》，第162頁。

盲。」〔註94〕

用晦有助於「敘事」簡要，妄飾則有悖於簡要。劉知幾認爲，歷史「敘事」的妄飾源於文學的不良影響。「文章既作，比興由生。鳥獸以媲賢愚，草木以方男女，詩人騷客，言之備矣。……而史臣撰錄，亦同彼文章，假託古詞，翻易今語。潤色之濫，萌於此矣。」〔註95〕賦、比、興是文學渲染的手法，意在增加文學敘事的藝術效果，但文學敘事與史學「敘事」不同。史學「敘事」要求尊重歷史的眞實，有悖於客觀眞實的誇大與渲染是史學「敘事」所必須摒棄的；相比之下，文學敘事只要尊重社會的眞實即可。但總歸「敘事」都是以語言、文字爲載體的文本性呈現，這種相通性決定了彼此之間可以發生相互影響。由於文學對受眾的影響力明顯高於史學，所以在二者的相互作用中，史學「敘事」往往處於被動的受衝擊地位。漢唐間文學敘事對史學「敘事」的衝擊就是劉知幾所發現的史家著述假託古詞，史文潤色蕪濫。實際上在這一部分劉知幾所批判的「敘事」之妄飾，都是屬於假託古詞的情況。

《魏書》在記載劉宋政權向元魏進貢時說「來獻百牢」，用的是吳國向魯國徵收賦稅的典故。吳均在《齊錄》中記載說皇帝在元旦接受朝見是「朝會萬國」，用的是禹在塗山統計諸侯的典故。「持彼往事，用爲今說，置於文章則可，施於簡冊則否矣。」〔註96〕拿古代的典故，作爲今天的說法，放在文章裏還可以，用在史書裏就不行了。劉知幾的這句話雖然樸拙無華，但實際上已經接近了今天研究者對於史學「敘事」之眞實與文學敘事之眞實根本差異性的思考。史學「敘事」要尊重具有特定時空要素的客觀歷史事件的眞實。「朝會萬國」是對大禹時代，在塗山發生的，大禹統計諸侯這一歷史事件的敘述。丟掉特定的時間、地點和具體的事件，再使用這四個字就違背了史學「敘事」恪守眞實的要求。文學敘事的眞實則可以是抽象的，去掉具體時空要素的眞實。在文學上使用借代手法，「朝會萬國」可以用來敘述任何一個君主接受朝見的盛況，無論這個君主是上古的、中古的，抑或是近古的，甚至是外國的。

隨後劉知幾舉的兩個例子，更生動形象地說明了這一問題。裴景仁所撰《秦記》，說苻堅正在吃飯，「撫盤而罵」；王劭所撰的《齊志》講述洛干感恩，

〔註94〕張舜徽：《史學三書平議》，第75頁。
〔註95〕《史通》卷6《敘事》。
〔註96〕《史通》卷6《敘事》。

「脫帽而謝」。後來催彥鸞編纂新的十六國史，李重規刪改舊的北齊史，把「撫盤」改正「推案」，把「脫帽」改成「免冠」。而近代以來統統不用食案吃飯，胡人風俗頭上也不戴冠冕。催、李二人就因爲認爲裴、王的語言與古書中不同，因而改成了所謂文雅的言辭。最後劉知幾感慨說：「欲令學者何以考時俗之不同，察古今之有異？」這樣一來讀者通過歷史「敘事」的文本獲得眞實的認識，就是不可能的，因爲在讀者對文本的閱讀之前，史家的歷史「敘事」就沒有尊重時代的眞實性。

三、「直書」、「曲筆」

　　《直書》、《曲筆》兩篇一正一反相對立論，意在闡明史家應堅持「直書」，避免「曲筆」的著述原則，共同目的是爲了撰成「實錄」。在這兩篇中，劉知幾大力倡導史家「直書」，頌揚「實錄」的可貴，同時他也以較大篇幅，分析了阻礙「直書」，導致「曲筆」的種種主客觀因素，慨歎「實錄」難求。但需要注意的是，劉知幾所說的「直書」並不是完全意義上的再現客觀史事，而是「書法不隱」與「善惡必書」的統一。後者說的是按照客觀歷史情況據事直書，前者是指使用符合名教要求的書法。

（一）「書法不隱」

　　「書法不隱」一詞出自孔子對董狐的評價。晉靈公十四年，晉國發生變亂，趙盾族弟趙穿殺死國君，主政晉國的趙盾未及出境，得知國君被殺的消息，返回擁立晉成公。太史董狐把晉國的這次政治變亂記載爲「趙盾弑其君」。

　　孔子在評價這件事時說：「董狐，古之良史也，書法不隱。趙宣子，古之良大夫，爲法受惡。惜也！越竟乃免。」〔註97〕孔子讚譽董狐爲「良史」的依據是他在記載這件事時做到了「書法不隱」，此處「書法不隱」的意思並不是完全按照事情的眞實情況記載。孔子在讚美董狐的同時，也在惋惜趙盾，認爲他如果逃出了晉國國境，就不會「爲法受惡」了。這也就承認了趙盾所背之惡並非源於史事，而是源於史法。這種史法就是史官特有的褒貶義例，大概春秋時期的史官精通此法，孔子所著的《春秋》很可能集合了各種筆法之大成。以當時的史官修史筆法而論，趙盾雖未直接弑君，但他要被追究政治倫理的責任。趙盾「爲法受惡」，但作爲晉國執政的他並沒有對董狐進行報

〔註97〕　《左傳‧宣公二年》，《十三經注疏》本。

復，遂被孔子譽爲「良大夫」。這又說明在春秋時代，史官們的褒貶義例之法亦爲統治集團所恪守。這種史法能夠獲得統治上層的廣泛認可之根源在於，它本身就是從政治倫理出發闡釋歷史的。這種史法對劉知幾的影響也很明顯，他所說「直書」也不是完全意義上的客觀記錄，對「曲筆」也不是徹底反對，如他在《曲筆》篇一開頭就說：

> 肇有人倫，是稱家國。父父子子，君君臣臣，親疏既辨，等差有別。
> 蓋「子爲父隱，直在其中」，《論語》之順也；略外別內，掩惡揚善，
> 《春秋》之義也。自茲已降，率由舊章。史氏有事涉君親，必言多
> 隱諱，雖直道不足，而名教存焉。〔註98〕

這段文字揭示出了劉知幾對史家筆法的深刻認識。第一句從政權等級和社會的倫理道德說起，這是特殊筆法產生的眞正根源。第二句援引兩例，一爲《論語》，一爲《春秋》；一是「子爲父隱，直在其中」的社會倫理，一是爲母國「掩惡揚善」的政治避諱。最後一句表明自己的態度，他認爲這種隱諱是合理的、可取的，因爲它符合儒家所提倡的政治倫理，儘管在堅持正直的修史原則上有所不足，但符合禮教的規則。

　　劉知幾對這種「曲筆」之法的寬容，與他對史家社會責任的理解相關。他說：「若漢末之董承、耿紀，晉初之諸葛、毌丘，齊興而有劉秉、袁粲，周滅而有王謙、尉迴，斯皆破家殉國，視死猶生。而歷代諸史，皆書之曰逆，將何以激揚名教，以勸事君者乎！」〔註99〕這裡的反面論證意在說明史家肩負著激揚名分禮教，勸勉臣子忠於君主的重任。歷史著作一旦有了這樣的致用目的，史家在歷史撰述上就需要採用特殊的筆法，尤其是針對那些有悖於禮教名分等政治倫理要求的史事。類似的說法在《直書》篇也有：「況史之爲務，申以勸誡，樹之風聲。其有賊臣逆子，淫亂君主，苟直書其事，不掩其瑕，則穢迹彰於一朝，惡名被於千載。」〔註100〕儘管此處是從正面說明要「直書」那些賊臣逆子，淫亂君主的劣迹。但記載出發點是爲了勸善誡惡，樹立風範。所以劉知幾所說的「直書」並不是基於史學學理的深刻思考，而是對自孔子以來，所宣揚的史學致用傳統的發揚。同時也應看到，劉知幾所說的「書法不隱」和孔子在評價董狐時所說的意思並非完全吻合。

〔註98〕《史通》卷7《曲筆》。
〔註99〕《史通》卷7《曲筆》。
〔註100〕《史通》卷7《直書》。

　　《史通》中有兩處直接引用「書法不隱」。一處是在《直書》篇直接引用
孔子對董狐的評價，「董狐之書法不隱，趙盾之爲法受屈，彼我無忤，行之不
疑，然後能成其良直，擅名今古。」〔註101〕既然已明說趙盾是爲法受屈，董
狐所書之事即非「實錄」，所以此處「書法不隱」的意思與孔子一致，即史家
隱諱史事的特殊筆法。另一處是在《曲筆》篇，用「書法不隱」來評價王劭，
「王劭之抗詞不撓，可以方駕古人。而魏書持論激揚，稱其有慚正直。夫不
彰其罪，而輕肆其誅，此所謂兵起無名，難爲制勝者。尋此論之作，蓋由君
懋書法不隱，取咎當時。」〔註102〕王劭記載史事直言不屈，魏收在評價王劭
時，不能指出的問題所在，就對王劭口誅筆伐，說他有愧直言。劉知幾批評
魏收的評價是出師無名，難以制勝。並指出其中的根源是，王劭因「書法不
隱」，得罪了當時人。綜合《史通》中對王劭的幾處評價，多用「直」與「實」
來稱讚他〔註103〕。這充分說明劉知幾認爲王劭記載能直，載事從實，那麼此
處用「書法不隱」來讚美王劭，並不是指王氏善用筆法。可見《史通》中的
「書法不隱」有時候是指按照史事的眞實情況記載的意思，而不總是孔子所
說的史家筆法。這是劉知幾與孔子之間的明顯不同，也是他對孔子筆法論的
批判性繼承。事實上劉知幾對孔子動輒隱諱的筆法是反對的，《惑經》篇集中
體現了這一觀點。

　　　　魯史之有《春秋》也，外爲賢者，內爲本國，事靡洪纖，動皆隱諱。……
　　　　故觀夫子之刊書也，夏桀讓湯，武王斬紂，其事甚著，而芟夷不存。
　　　　觀夫子之定禮也，隱、閔非命，惡、視不終，而奮筆昌言，云「魯
　　　　無篡弒」。觀夫子之刪《詩》也，凡諸《國風》，皆有怨刺，在於魯
　　　　國，獨無其章。觀夫子之《論語》也，君娶於吳，是爲同姓，而司
　　　　敗發問，對以「知禮」。斯驗世人之飾智矜愚，愛憎由己者多矣。
　　　〔註104〕
孔子在《春秋》中刪減了不利於上古聖王光輝形象的史事；說魯國沒有篡逆

〔註101〕《史通》卷7《直書》。
〔註102〕《史通》卷7《曲筆》。
〔註103〕如《論贊》篇：「王劭志在簡直。」再《語言》篇：「唯王、宋著書，敍元、
　　　　高時事，抗詞正筆，務存直道，方言世語，由此畢彰。」還有《直筆》篇：「宋
　　　　孝王《風俗傳》、王劭《齊志》，其敍述當時，亦務在審實。」《載文》篇也說：
　　　　「王劭撰《齊》、《隋》二史，其所取也，文皆詣實，理多可信，至於悠悠飾
　　　　詞，皆不之取。此實得去邪從正之理，捐華摭實之義也。」
〔註104〕《史通》卷14《惑經》。

之事；刪除魯國《國風》中有怨刺的內容；還有魯君迎娶於吳，同為姬姓，遭到詰問，孔子仍然稱其為「知禮」。這些都是在為母國、聖君隱諱，劉知幾在《曲筆》篇曾贊成過這樣的作法，而此處則明顯持批評態度。這種前後矛盾恰恰說明劉知幾所說的「書法不隱」是對孔子的批判性繼承。他基本贊成孔子所說的「子為父隱」、「略外別內」的史家筆法，認為這是符合人倫規範的合理處置方法。同時他又強烈反對《春秋》中動輒隱諱的作法，認為這樣的處理使後人無法全面瞭解春秋時期歷史全貌和一些重要歷史事件的真實情況。劉知幾在孔子《惑經》篇批判孔子，招來了後世學者的攻擊，被稱為「異端」。在以儒家思想為主流意識形態的封建時代，敢於批評孔子的不過寥寥幾人，因為批判儒家教主顯然需要極大的勇氣。劉知幾的批判勇氣源於他致力一生的史學追求，這種追求使他深刻認識到求真才是歷史撰述的第一要義。儘管他的史學尚未完全脫離政治倫理的羈絆，但已經能夠從史學的求真出發，對史家筆法中的隱諱失真問題提出較為深刻的批評，這已經推動中國古代的史學理論向前邁進了一步。

另外分析這一矛盾對於我們全面理解《史通》的內容和劉知幾的史學見解也有啟發意義。在《史通》中，劉知幾關於一些具體史學問題的看法，前後矛盾的地方不止一處。這固然與《史通》各篇不是同時成書有關，但也應該看到，這些不同說法所構成的正反方面也具有統一性。劉知幾對「子為父隱」的贊同與對《春秋》動輒隱諱的批評就共同構成了《史通》「書法不隱」論的核心內容。浦起龍則認為《史通》中的這些矛盾之處是劉知幾史學批評的補救之法，例如他在《煩省》篇的按語中說：「更可識著書補救之法。」〔註 105〕在《載文》篇的按語中又說：「著書家參互相救，視諸此矣。」〔註 106〕意思是《史通》中看似前後矛盾的觀點，實際上是劉知幾在補救前論的偏弊之處。從根本上來講浦起龍的評論也說明《史通》中矛盾著的觀點具有統一性。

（二）「善惡必書」

劉知幾在史書修撰原則上，提倡「直書」，反對「曲筆」，對史家編纂史書提出的核心要求是「善惡必書」。

《直書》篇的第一段是《直書》、《曲筆》兩篇共同的序，講人有邪正、曲直之分，曲邪者是小人，正直者是君子。社會的道德評價都是貴君子而賤

〔註105〕浦起龍：《史通通釋》，第 248 頁。
〔註106〕浦起龍：《史通通釋》，第 118 頁。

小人，但還是有很多人**趨**向邪曲，拋棄正直，放棄君子行徑，行事處世如同小人。劉知幾援引《後漢書》中的一段歌謠來解釋這一現象，「直如弦，死道邊；曲如鈎，反封侯。」〔註107〕所以很多人寧願順從權勢來保全性命，不願意因違背、觸犯權勢而受傷害。常人尚且如此，更何況擔當品評權勢人物的史家了，所謂「史官兼制生死」〔註108〕，他們正處於與權貴鬥爭的風口浪尖。在這種危險處境之下，史家「直書」，固然善莫大焉，功德無量。但同時劉知幾認爲，史家「直書」、「實錄」史事是有條件的，「爲於可爲之時則從，爲於不可爲之時則凶。」〔註109〕同爲「直書」當權大夫弒君之事，晉國的趙盾與董狐相安無事，齊國的太史兄弟則相繼就戮，這便是在修史時機上的可爲與不可爲的差別。

「直書」史事，不懼個人安危的史家是值得後人敬仰的，因爲他們眞正擔當了「申以勸誡，樹之風聲」的史家責任，使賊臣逆子、淫君亂主的醜惡名聲流傳下來，遭人唾棄。正直史家的這種精神當然要大力發揚，所以劉知幾在這一篇列舉了若干能夠做到「善惡必書」的優秀史家。「齊史之書崔弒，馬遷之述漢非，韋昭仗正於吳朝，崔浩犯諱於魏國，或身膏斧鉞，取笑當時；或書塡坑窞，無聞後代。」〔註110〕他們堅持「直書」，結果遭遇悲慘，世事如此，要求史家做到剛強不屈、奮不顧身，談何容易，後世亦不應以此苛責史家。鑒於這種情況，劉知幾建議史家仿傚張儼、孫盛的做法以保存「實錄」。張儼是三國時期的吳國史家，他著成《默記》，秘而不宣，私下保存。孫盛是東晉史家，因爲「直書」史事，觸怒桓溫，在桓溫的威脅之下，孫盛之子偷偷改寫史書。孫盛沒有辦法，只得另寫兩個版本，寄到遼東的慕容儁處保存。這兩個例子都是保存「實錄」的折中辦法，在著史環境險惡的情況之下，不失爲較好的選擇。

劉知幾還指出，儘管一些史家不能做到「直書」，但後世學者還是有機會瞭解到歷史的眞實情況。因爲史料不是唯一的，即便是在同一部史書中，內容也往往是面面相關，此處忽略不記，別處卻有可能透露實情。因此只要後人用心，辨析史料，「披沙揀金」，就有機會獲知實情。儘管唐代尙無考證之學，劉知幾所說的這種沙裏淘金，細心考察史料的作法，與後世的歷史考證方法相近。他還列舉了通過對比不同出處的史料瞭解歷史實情的具體案例。

〔註107〕《後漢書》卷103《五行志一》。
〔註108〕《新唐書》卷115《朱敬則傳》。
〔註109〕《史通》卷7《直書》。
〔註110〕《史通》卷7《直書》。

辨析晉代歷史就有得天獨厚條件，因爲在唐代尙存世的編年體和紀傳體晉史較多。此書編纂之時，由於政治險惡未能「直書」其事，彼書創作條件改善，可能就有機會「直書」了。如魏蜀對峙，諸葛亮送女人衣飾侮辱司馬懿一事，再如曹髦被忠於司馬氏的成濟殺死一事，都是有關晉皇室先人不光彩的內容。西晉和東晉前期的史官都不敢如實記載，「陳壽、王隱，咸杜口而無言，陸機、虞預，各棲毫而靡述。」〔註111〕但是到了東晉末年，皇室衰弱，在史書中對這些不光彩內容的隱諱也就減少了。如習鑿齒的《漢晉春秋》就記載了「死諸葛嚇走活仲達」的說法和成濟拔劍刺殺曹魏皇帝的話。原本隱沒的眞實史事得以重現，劉知幾遂稱道習鑿齒的記載是「近古之遺直」。

劉知幾理解那些迫於情勢未能「直書」史事的史家，因爲畢竟他們只是沒有記載權貴們不光彩史事，並不是簒改歷史。他還建議史家在不能「直書」的情況下，私撰、私藏史書爲後世保存眞實史料。但終歸他要褒揚的是那些不畏強暴「直書」史事的史家，他以充滿激情的筆墨頌揚道：「南、董之仗氣直書，不避強禦；韋、崔之肆情奮筆，無所阿容。」〔註112〕近古史家能夠做到「直書」的還有宋孝王和王劭，他們著的《風俗傳》和《齊志》，記載當時的史事也務必追求眞實精確，對王公貴族的記載一點也沒有避諱，毫無畏懼神色，儘管兩位史家身處這些權貴的威勢之下。他們是寧願獻出生命，也不願辱沒名聲、氣節的豪傑之士，「寧爲蘭摧玉折，不作瓦礫長存」〔註113〕。雖然說在保全自己的身家性命方面，他們做得不夠，但留下來的良史美譽和著史功績，一直被後人傳揚。

相比之下，王沉著《魏書》，不惜通過歪曲史實，來獲得高官厚祿；董統著《燕史》，以巴結奉承的卑劣手段，竊取榮華富貴。感慨之餘，劉知幾使用九霄之上和九泉之下，來比喻這兩類史家之間的差異。即便是本朝史家，如果因徇私情而「曲筆」記載，劉知幾也照舊批判，毫不畏懼。「自梁、陳已降，隋、周而往，諸史皆貞觀年中群公所撰，近古易悉，情僞可求。至如朝廷貴臣，必父祖有傳，考其行事，皆子孫所爲，而訪彼流俗，詢諸故老，事有不同，言多爽實。」〔註114〕劉知幾並沒有實現按照自己的意志刊定前史，著成史書的願望。但從此處的評論可以看出，劉知幾修史，應該是能夠做到「直

〔註111〕《史通》卷7《直書》。
〔註112〕《史通》卷7《直書》。
〔註113〕《史通》卷7《直書》。
〔註114〕《史通》卷7《曲筆》。

書」史事的，因爲在此處的史學批評中，他對貞觀朝修史權貴的批評是毫不畏懼的。

此外，儘管「曲筆」針對「直書」相對立論，但又不僅僅是「直書」的反面。所謂史家未能「直書」，只是說史書沒有記載其人之惡；而「曲筆」則有違背眞實歷史，把美、惡強加於人的意思。史家留下錯誤記載比沒有記載的危害大得多。

劉知幾在外篇中的《雜說下》篇曾說：「夫所謂直筆者，不掩惡不虛美，書之有益於褒貶，不書無損於勸誡。」〔註115〕可見劉知幾的直筆論的確是史學求眞與勸世致用的統一。

四、「品藻」、「探賾」

「品藻」的意思是品評歷史人物，屬於歷史批評，所以浦起龍認爲：「《品藻》非直論史，直論人矣。」〔註116〕但浦氏只說明了這一篇討論的話題或對象，因爲劉知幾在這篇討論的是史家應該如何評價歷史人物，而不是自己親自操刀評價歷史人物，所以歸根結底這一篇仍然屬於史學批評的範疇。所謂「探賾」就是探尋史家著述篇旨，無論從話題還是側重的內容來看都屬於史學批評。這兩篇一評人物，一論史著，是史家評論最集中的內容，遂合爲一節，共同討論。

（一）「申藻鏡，別流品」

《品藻》篇專門爲評價人物設立，討論歷代史著品評人物的利弊得失。劉知幾對這一問題如此重視，源於他強烈的「懲惡揚善」史學功用論。他在《史通》中多次陳說把有勸善或戒惡價值的人物載入史籍，是史家義不容辭的責任。在這一篇，劉知幾再一次強調：「作者存諸簡牘，不能使善惡區分，故曰：誰之過歟？史官之責也。夫能申藻鏡，別流品，使小人君子臭味得朋，上智中庸等差有敍，則懲惡勸善，永肅將來，激濁揚清，鬱爲不朽者矣。」〔註117〕史家能夠按照人物品行的高低，恰當鑒別和品評人物，使之善惡情況實至名歸，就可以懲戒惡人惡事，勸勉好人好事。這樣激濁揚清，教化人群的史書才是流傳百代而不朽的名著。這是劉知幾所設想的史書評鑒人物達到的最

〔註115〕《史通》卷18《雜說下》。
〔註116〕浦起龍：《史通通釋》，第175頁。
〔註117〕《史通》卷7《品藻》。

理想狀態，後世評價大都認爲《史通》的史學批評在中國傳統史學發展史上居於重要地位，但對於這一重要地位的具體理解差異卻很大。劉知幾的史學批評至少在一點上，對中國傳統史學的發展具有開拓性的創建。這一點就是他通過對若干史學範疇的批評，大體描繪了歷史著述的理想狀態應該是什麼樣的，儘管他往往只是按照自己的想法來設計這種狀況。但他的評價徹底衝破了前代史學評論者就具體史家論史家素養，就具體史著論歷史編纂的偶然的、隨機的史學批評模式，而是把若干史家抽象成爲具有「才」、「學」、「識」完整史學素養的理想史家。對若干史著也是推優抵劣，抽繹出了理想史書的大體情狀，啓迪後世史家。在這篇中所講的人物品評「上智中庸等差有敘」就是理想的歷史著述應包含的內容。

恰當品評歷史人物是很難做到的，劉知幾曾感歎即便是孔子這樣的聖人也在評價人物上犯錯誤。他指的是孔子曾說：「以貌取人，失之子羽；以言取人，失之宰我。」〔註118〕子羽是澹臺明滅，因爲相貌醜陋，而不被孔子看好，結果追隨孔子學有所成，名滿天下。宰予能說會道，但往往言行不符。本來孔子按照人言爲信的原則，評價人物是聽其言而信其行的，經歷了關於宰予的判斷錯誤之後，就改爲聽其言而觀其行了。評價生活在身邊的人物尚會犯如此錯誤，更何況評價歷史人物了。

紀傳體史書品評歷史人物有自己特殊的方式，一種是通過人物合傳或類傳形式，把身份相同，品行相似的幾個人放在同一傳中，取人以類聚之意，以示褒貶。另外一種是直接指明歷史人物的等級，具有代表性的是班固所作的《漢書·古今人表》。在劉知幾看來，前代史家的這兩種做法都有不盡人意的地方。最早作人物合傳的是司馬遷，隨後班固繼承了這一傳統，即所謂「史氏自遷、固作傳，始以品彙相從」〔註119〕。創作人物合傳是需要特定的人物群體條件的，同一傳中的人物應該行事形似，品行相同，「其中或以年世迫促，或以人物寡鮮，求其具體必同，不可多得。」〔註120〕碰上朝代短促，人物寡少的時代，沒有相似的人物，這種設計也就無法實現了。前代比較成功的範例是《史記》中的《老子韓非列傳》和《三國志·魏書》中的

〔註118〕這句話在《韓非子》、《史記》、《孔子家語》中都有記載，只是與《史通》中的說法有所不同，《史記》中的記載是：「吾以言取人，失之宰予，以貌取人，失之子羽。」（《史記》卷67《仲尼弟子列傳》）

〔註119〕《史通》卷7《品藻》。

〔註120〕《史通》卷7《品藻》。

《董二袁劉傳》，前者把老聃、莊周、申不害、韓非等思想家合在一傳〔註 121〕，後者則在同一傳中記載了董卓、袁紹、袁術、劉表等亂世梟雄。劉知幾認可這兩種做法的理由是：「韓、老俱稱述者，書有子名；袁、董並曰英雄，生當漢末。」〔註 122〕這些人物身份相同，歷史影響相似，合傳在一起較爲妥當。這是較好的合傳，有問題的顯然更多。如沈約《宋書》把戰死邊疆的司馬陽瓚僅附編在《索虜傳》中，對這樣爲國捐軀的將領應該自立題目，褒揚其義舉，怎能僅僅附在記載敵國內容的《索虜傳》裏呢？再如蕭子顯的《南齊書》，把磨煉節操，品行端正，行事處世始終沒有問題的紀僧珍列入《幸臣傳》。還有《隋書》關於王頍的處理，王頍並不以文章著稱於世，而是以武藝見長，而且他還親自前往藩王府，帶頭參與楊諒德叛亂。劉知幾認爲比較恰當的處理是把他與作亂的楊玄感合爲一傳，退而求其次也應該把他附在《楊諒傳》中。唐代所修《隋書》居然把王頍列在《文苑傳》中，讓他與文學賢良爲伍。這是合傳、類傳存在的問題，至於直接區分古人品行等級的《漢書·古今人表》問題就更多了。

班固著《古今人表》把漢代以前的眾多古人區分爲等級高低不同的九類，「可與爲善，不可與爲惡，是謂上智；可與爲惡，不可與爲善，是謂下愚；可與爲善，可與爲惡，是謂中人。」〔註 123〕上智、中人、下愚又各分三等，共計九等。班固對自己的作法很自信，但在劉知幾看來，具體人物在等級歸屬方面卻存在不少問題。比如在孔子的弟子中，顏回是最接近聖人的，至於其他的學生，就很難區分等級了。而《古今人表》把冉伯牛、冉仲弓放在第二等，曾參、冉有放在第三等，實際上這四個人難分伯仲。還有對鄧侯和三甥的處理。楚王路過鄧國，三甥建議鄧侯殺了楚王，鄧侯不聽，最後鄧國被楚國滅了。班固把鄧侯列在第七等，是下愚之上。劉知幾在評價鄧侯時說：「寧人負我，爲善獲戾，持此致尤，將何勸善？」〔註 124〕寧願別人做對不起自己

〔註 121〕劉知幾在《二體》篇對《史記》中把不同時期的人物合爲一傳的做法是持批評態度的，「又編次同類，不求年月，後生而擢居首帙，先輩而抑歸末章，遂使漢之賈誼，將楚屈原同列，魯之曹沫與燕荊軻並編。」《史通》中諸如此類的矛盾頗多。浦起龍認爲這是劉知幾的補救之法，他的觀點未必妥當，但爲讀者處理《史通》這類問題提供了啟示，那就是更應該關注矛盾的觀點中較爲正確的部分。

〔註 122〕《史通》卷 7《品藻》。

〔註 123〕《漢書》卷 20《古今人表》。

〔註 124〕《史通》卷 7《品藻》。

的事，也不做對不起別人的事。鄧侯是典型的做善事卻得到惡報，爲善不成，竟入下愚，這明顯不符合「不可與爲善，是謂下愚」的判斷標準。三甥則被列在第六等，照理說他們在見機行事，在事情未發生之前就已經有了決斷，這樣的善謀之人，又怎麼僅僅列於第六等呢？李維楨支持劉知幾的看法：「三甥之見，其尤在王夷甫、張曲江上乎，僅居六等，何以勸善。」〔註125〕二人的分析說明班固關注於歷史人物的九類分等標準並不統一。再如同爲燕丹的賓客，《古今人表》把高漸離列第四等，荊軻列第五等，秦舞陽列第六等。劉知幾總結說，這些人物分類不恰當的作法導致了是非混亂不明，善惡紛紜複雜的惡果。公允而論，在這個問題上，也不應該過分苛責班固，歷史人物評價向來很難做到客觀公允，更不消說使後世的批評者都滿意了。實際上在正史中把如此之多歷史人物區分等級鮮明的九類，也僅有《漢書·古今人表》一例，儘管後世有些學者認爲此篇可以不作〔註126〕，但應該看到後人提出的問題主要應歸因於品評人物之難，不該過分苛責班固本人。後人在批評之餘，也不得不感歎品評歷史人物的困難，如郭孔延曾評價說：「《史通》此篇，大是確論。而擬議如斯，信品藻爲難。」〔註127〕浦起龍也認爲：「論人者衡懸鑒照，平明蓋難。」〔註128〕劉咸炘也持相似觀點，「自非聖人，褒貶安能皆當，況史家銓配傳篇，多依事勢，非以九等高下爲定。」〔註129〕呂思勉也說：「褒善貶惡，誠亦史家所重。然人之善惡，論定極難。」〔註130〕劉知幾作《品藻》篇，目的就是嘗試探討如何評價歷史人物這一史學難題，可謂一石激起千層浪，引發後代史家不斷加深對此問題的探討。

（二）「考眾家之異說，參作者之本意」

評價史書是史學批評的重要內容，實際上《史通》全書幾乎每一篇都在評價史書。《探賾》篇討論的也是史書評價問題，只是與全書相比切入點有所不同。所謂「探賾」是指探求奧秘，針對史書而言，就是探求史家編纂史書

〔註125〕李維楨評、郭孔延釋：《史通評釋》卷7《品藻》。
〔註126〕如李維楨認爲：「三科九體之分，定不著可也。」（《史通評釋》卷7《品藻》）浦起龍也說：「班史《人表》，老手判之，只銷一語，曰不作可耳。」（《史通通釋》，第175頁）
〔註127〕李維楨評、郭孔延釋：《史通評釋》卷7《品藻》。
〔註128〕浦起龍：《史通通釋》，第175頁。
〔註129〕劉咸炘：《劉咸炘論史學》，第154頁。
〔註130〕呂思勉：《呂著史學與史籍》，第240頁。

的本意，當然這個過程是通過批判前人有悖於作者本意的錯誤評論展開的，所以浦起龍說：「此篇亦非論史，是論論史。」〔註131〕古人編纂史籍往往有深刻的目的性，不是爲撰述而撰述。這種著述的本意要麼通過對材料的特殊取捨，要麼通過貫徹後人難以理解的是非觀念來體現。劉知幾舉例說：「《書》編典誥，宣父辨其流；《詩》列風雅，卜商通其義。」〔註132〕聖哲能夠通曉此種深意，可是後世一些學識不足的史家卻自不量力，對前人著述的本意隨意解釋，毫無根據地穿鑿附會。隨後劉知幾列舉了後人誤解前代史著的六個例子，涉及對《春秋》、《左傳》、《史記》、《三國志》等著作創作本意的理解。

很多學者認爲，孔子是有感於獲麟而作《春秋》。劉知幾參考眾多著述指出眞實的情況是：孔子受困於陳、蔡之間的時候，開始作《春秋》。後來遇到了西狩獲麟這件事，孔子有感於麒麟出現得不是時候，遂停止寫作。後來的學者不求甚解，只知其一，不知其二，認爲是孔子聽到了麒麟出現這件事，感歎自己學說完了，才動筆寫《春秋》。這是由於輕信孤證造成的理解錯誤，乃獨學無友，孤陋而寡聞之所致。孫盛、葛洪對於《左傳》、《史記》等書的錯誤判斷則是由於個人的迂腐。

《左傳》中關於楚國、吳國的記載較少，《漢紀》關於匈奴的記載也很簡略。孫盛對此的理解是：左丘明、荀悅要通過這種記載缺略的方法，表達貴華夏賤夷狄的觀念。孫盛自己生活在討論夷夏之防最活躍的時代，就以己見強加於古人，而不是實事求是地從古今著述的實際情況出發，分析其中緣由。劉知幾的再評論則從春秋時代出發，認爲各個諸侯國割據對立，交通不夠通達，導致史官記載的內容很難做到周備詳細。而司馬遷著《史記》，時值西漢大一統的鼎盛時期，「四海一家，馬遷乘傳求自古遺文，而州郡上計，皆先集太史，若斯之備也。」〔註133〕如此便利的史料收集條件在春秋時代是不具備的，更何況遠在南方的楚國、吳國，和北方的魯國，隔著高山大川，左丘明又怎麼能夠記錄完備呢？可見劉知幾的分析能夠做到知人論世，而不是用自己所處時代的文化觀點綁架古人。若以實例爲證，孫盛的判斷也是錯誤的。因爲隨便就可以舉出很多前人重視夷狄史事的例子，「且必以蠻夷而固略也，若駒支預於晉會，長狄埋於魯門，葛盧之辨牛鳴，郯子之知鳥職，斯皆邊隅

〔註131〕浦起龍：《史通通釋》，第199頁。
〔註132〕《史通》卷7《探賾》。
〔註133〕《史通》卷7《探賾》。

小國，人品最微，猶復收其瑣事，見於方冊。」〔註134〕這些邊疆小國細事都有記載，而楚國、吳國，是曾經爭霸天下，甚至於壓迫中原大國的南方強大國家，怎麼會遺棄它們不記呢？至於荀悅的《漢紀》，是抄錄班固《漢書》而成，在這一過程中對蠻夷、華夏均是平等處理的，並沒有忽視夷狄的傾向。劉知幾認為孫盛非要拉上荀悅的《漢紀》說事，「既疑丘明之擯吳、楚，遂誣仲豫之抑匈奴，可謂強奏庸音，持為足曲者也。」這就是劉知幾所說的典型的牽強附會。劉知幾批判了孫盛觀點的荒謬，但並沒有認識到孫氏錯誤的根源是東晉時代濃重的華裔觀念。事實上，劉知幾史學批評也時有出現以唐代之可行觀點，苛求古人的情況。如呂思勉就曾批評劉知幾：「凡劉氏之論，大抵如此，謂其所見可施諸當日則是，以此議古人則非，由其不審於時代之異也。」〔註135〕

　　葛洪認為：「司馬遷發憤作《史記》百三十篇，先達稱為良史之才。其以伯夷列傳之首，以為善而無報也；為《項羽本紀》以踞高位者，非關有德也。」〔註136〕劉知幾並不同意葛洪的觀點，他說：「史之於書也，有其事則記，無其事則缺。尋遷之馳騖今古，上下數千載，春秋已往，得其遺事者，蓋唯首陽之二子而已。然適使夷、齊生於秦代，死於漢日，而乃升之傳首，庸謂有情。」〔註137〕《史記》立傳所記載的眾多人，以伯夷、叔齊兩人所處時代最早，自然按照時間的先後順序，把他們列在人物列傳之首，並不像葛洪說的那樣司馬遷是在表達行善之人卻得不到回報的慨歎。劉知幾進一步分析，如果真的如葛洪所說，那麼像伍子胥、文種、孟軻、墨翟、賈誼、屈原等人，他們有的奉行仁義卻被人們忽視，有的是為忠誠於自己的君主而被殺戮，若把他們編在同一傳中，列於傳首，不是更能體現司馬遷「善而無報」的慨歎嗎？葛洪認為，司馬遷著《項羽本紀》是在譴責居高位的不一定有德，暗指自己身遭腐刑，漢武帝無德。劉知幾也承認司馬遷違例，並且在《本紀》篇中提出批評意見，但他並不苟同葛洪的牽強觀點。這與下文中對檀道鸞批評類似。

　　習鑿齒著《漢晉春秋》，以蜀漢為正統，以曹魏為偽國。檀道鸞認為習鑿齒這樣的處理是譴責桓溫執政的不臣之心，杜絕其不忠於東晉朝朝廷的念頭。劉知幾認為古人的確有著述文章來諷諫時事的，但這些往往都是可以輕

〔註134〕《史通》卷 7《探賾》。
〔註135〕呂思勉：《呂著史學與史籍》，第 228 頁。
〔註136〕葛洪：《西京雜記》卷 4。
〔註137〕《史通》卷 7《探賾》。

易寫成的短小文章，如「齊冏失德，《豪士》於焉作賦；賈后無道，《女史》由其獻箴」〔註138〕，哪裏會改變了魏蜀兩國的正統地位，編寫一部流傳後世的史書，僅是爲了諷諫當時之人呢？總之劉知幾的意思是：歷史著作事關重大，史家很少會爲一時之諷諫而作。司馬遷著《史記》之《伯夷列傳》、《項羽本紀》不是爲了這種目的，習鑿齒著《漢晉春秋》也不是。劉知幾否認古人會這樣做，自己當然也不會這樣做，但錢大昕居然認爲劉知幾著《史通》是爲諷諫時人，他說：

> 既沮抑於監修，又見嫉於同列，議論鑿枘，不克施行，感憤作《史通》內外篇。當時史局遵守者，不過貞觀所修晉、梁、陳、齊、周、隋六史之例，故其書指斥尤多。但以祖宗敕撰之本，輒加彈射，又恐讒謗取禍，遂於遷、固以降，肆意詆排，無所顧忌，甚至疑古惑經，非議上聖，陽爲狂易辱聖之詞，以掩蓋詆毀先朝之迹。恥巽辭以詖今，假大言以蔑古。置諸外篇，竊取莊生《盜跖》之義。〔註139〕

看到錢大昕對劉知幾作《史通》本意的推斷，便知道錢氏未曾深識《史通·探賾》篇的深意。劉知幾在這一篇所批評的就是：那種認爲前人著史更改體統、體例只是爲諷諫時人的錯誤傾向。讓他始料未及的是後人對他的評價還犯這樣的錯誤。事實上，劉知幾也諷諫時事、時人，不是通過《史通》，而是通過自己的文章《思慎賦》，這與他所說的「古之學士，爲文以諷其上者」的觀點也是一致的。錢大昕的錯誤，充分說明了《史通·探賾》篇仍具有較高的價值。

　　大抵妄論前人之書的批評家極多，劉知幾也未免不犯這樣的錯誤，但他的功績是認識到了這個問題的嚴重性，並在《探賾》進行了深入的探討，給後人啓發頗大。如呂思勉在點評《探賾》時說：「欲評一書，必先知其書之體例；然古書體例多不自言，貴在讀者求而得之。求得一書之體例，必須通觀全局，虛心推校；妄爲穿鑿，無當也。此篇所譏孫盛之論《左氏》、《漢紀》，葛洪之論《史記》，即犯此病；此病明人最多，由其讀書不講義例，而好爲新奇之論也。」〔註140〕張舜徽也持類似看法：「古人著述，皆各有其義例。苟非貫通全書，不容輕易置喙。……知幾《史通》全書，掎摭前人之處，亦不免

〔註138〕《史通》卷7《探賾》。
〔註139〕錢大昕：《十駕齋養新錄》卷13「史通」條。
〔註140〕呂思勉：《呂著史學與史籍》，第244頁。

嚴訶禮詆、流於激切者，所謂知之非難。行之維艱，信矣。」〔註 141〕

劉知幾的史學批評不是，也不可能是完滿的，他在《探賾》篇批評前人評論史書得失，也是對自己史學批評的反思。

〔註 141〕張舜徽：《史學三書平議》，第 84 頁。

第六章　《史通》對後世史學的影響

　　作為中國古代史學批評第一人，劉知幾史學批評的價值，首先體現在他提出、總結了若干史學範疇，開創了中國古代史學批評理論；還體現在他的若干修史主張在後世史書編纂活動中得到了貫徹，《史通》也被四庫館臣譽為「寤史」。正是因為其史學批評有著重大的學術價值，所以對後世史家產生了頗為深遠的影響，突出表現在章學誠等人對其史學的繼承與發展。

一、劉知幾史學批評的價值

（一）開創中國古代史學批評理論

　　梁啟超在《中國歷史研究法》一書中曾評價說：「批評史書者，質言之，則所評即為歷史研究法之一部分，而史學所賴以建設也，自有史學以來二千年間，得三人焉：在唐則劉知幾，其學說在《史通》；在宋則鄭樵，其學說在《通志總序》及《藝文志》、《校讎略》、《圖譜略》；在清則章學誠，其學說在《文史通義》。」〔註 1〕他所說的批評史書者，就相當於後來史學研究領域中的史學批評。由此來看，《史通》的問世，對中國史學批評這一學科門類而言，不啻為藝叢開山。

　　儘管在劉知幾之前，個別學者也針對先代史家、史書作出過一些評論。如東漢班彪的《前史略論》，可以說是中國最早的史學評論，討論的內容包括古代的史官及《左傳》、《國語》等史作，評論重點是《史記》；再如前文已經說過的劉勰的《文心雕龍·史傳篇》，除了論述古代史館的建置和史官職守外，

〔註 1〕　梁啟超：《中國歷史研究法》，第 26 頁。

還涉及從遠古至晉代史書的起源、流別、得失和著述方法；還有唐代史家所修的《隋書‧經籍志》，在史部十三類的後序中，敘述了史書的源流，不僅針對一些重點史著作了評論，而且討論了史官職守與史才問題。但很顯然，這些史學批評的成果與劉知幾著《史通》是無法比擬的，《史通》是中國歷史上第一部完整的史學批評著作，也可以說是唯一的史學批評著作。遺憾的是，《史通》這部曠世巨著的史學價值在明朝之前一直沒有獲得應有的重視。如朱熹之淵博竟未讀過《史通》，《永樂大典》也沒有收錄，可以說幾近失傳。

劉知幾本人對於《史通》後世流傳的如此境遇是有所預見的，他曾說：「將恐此書與糞土同捐，煙燼俱滅」，一旦失傳，劉氏的所有史學建樹都將化爲烏有，「後之識者，無得而觀」〔註2〕。若出現這樣的結果，不僅是劉知幾的悲劇，也是中國史學發展的悲劇。事實上書籍在後世流傳的情況，就是優勝劣汰的過程，那些有價值的著作必然能夠經受住時間的考驗流傳下來。以今天史學發展已經達到的高度來看，《史通》無疑是一部價值很高的作品，何以被古人所輕視呢？實際上《史通》在明代之前的暗淡沉淪，和近代以來所受的重視與推崇，均與其較強的批判性、理論性有關。《史通》是概論性、批評性的書，中國古人是極少做這種學問的，「中國人作學問，似乎很少寫像『通論』一類性質的書，如文學通論、史學通論等。」〔註3〕《史通》幾乎是中國古代唯一的史學通論和史學批評著作，以今天的眼光來看堪稱難能可貴。但在只重實際問題，輕視理論思辨的古代學者眼中，《史通》則頗爲「另類」；加之劉知幾「多譏往哲，喜述前非」，《史通》被冠以「異端」。故《史通》被古代學人所忽視便不足爲奇了。

就在幾近失傳之際，《史通》的「後之識者」在明清時代出現了。明代治《史通》的有李維楨、郭孔延、王惟儉等人。李、郭二人的注疏是《史通評釋》，王氏的注疏是《史通訓故》。此外胡應麟的史學觀點受劉知幾的啓發也很多。清代治《史通》的有黃叔琳、紀昀、浦起龍，三人的注疏分別是《史通訓故補》、《史通削繁》、《史通通釋》。其中又以浦起龍的《史通通釋》成就最高，影響也最大。浦起龍較客觀地評價了《史通》的出色成就。所謂客觀評價就是恰如其分地論定劉知幾史論成就得失。對劉知幾史論成就的肯定，有力地駁斥了自《史通》問世以來一系列的不實評判，爲劉氏洗刷了冤屈，

〔註2〕 《史通》卷10《自敍》。
〔註3〕 錢穆：《中國史學名著》，第124頁。

彰顯了《史通》史學批評的價值。

自序是作者觀點的直接表白，浦起龍在《通釋·自序》中突出強調了劉知幾《史通》的史學批評性質和價值，他說：

> 至唐千年，人爲體例，論罕適歸，而史失唘。彭城劉子玄知幾氏作，奮筆爲書，原原委委。俾涉學家分勝參觀，得所爲通行之宗，改廢之部，館撰、山傳之殊制，記今、修往之殊時，與夫合分、全偏、連斷之宜，良穢、簡蕪、核志、誇浮之辨，覯若畫井疆，陳綿蕝，豈非一大快歟！矧（何況）夫衡史匹經，比肩馬、鄭，而非蟲篆雕刻之纖纖者歟！〔註4〕

浦起龍把劉知幾《史通》放在漢唐間史學發展的長河之中考察，這樣就突出了《史通》的學術地位和價值，正是這部理論著作改變了由漢至唐千年間史家自爲體例，著述混亂的局面。在內容上《史通》記載全面，無論是官方著作還是私家撰述，無論是當代史還是前朝史，無論是編纂方法還是語言風格，都有深刻的論述。在風格上具有很強的批判性，所以不是一般雕蟲小技式的文章。這還只是對《史通》史論價值的概括性論述。在正文中則突出了劉氏史論在指導後世史書修撰活動方面起到的具體作用，而且對於這些作用的揭示有分論，也有總論，論證可靠，結論明晰，體現出了浦起龍對這一問題的整體考慮。

「考辨史體，如劉知幾、倪思諸書，非博覽精思，不能成帙，故作者差稀。」〔註5〕這是《四庫全書總目》「史評類」小序中的一句話，說明史學批評之才尤爲難得。後世一些史家曾嘲笑劉知幾空有修史之志，著書不成，卻又肆無忌憚地批評前人所著史書，如宋祁說：「工呵古人，而拙於用已。」〔註6〕胡應麟也說：「劉知幾之論史也，晰於史矣，吾於其論史而知其弗能史也。」〔註7〕這說明批評者，很容易受到後人的再批評。公允而論，史學批評與史學再批評對史學理論的發展和史學實踐的進步都是有益的，但無論批評還是再批評必須以理性分析爲基礎，邏輯上要站得住腳。不應該因爲劉知幾沒有著成歷史著作，就輕視他的史學批評。因爲從成就來看，劉知幾是史學理論家，而不是左丘明、司馬遷那樣的撰史大家。胡應麟在另外一篇文章中對這一問題的認識則頗有見

〔註4〕 浦起龍：《史通通釋·序》。
〔註5〕 永瑢等：《四庫全書總目》卷88《史評類》。
〔註6〕 《新唐書》卷132《劉子玄傳》。
〔註7〕 胡應麟：《少室山房筆叢·史書占畢》，中華書局，1958年版，第176頁。

識，他說：「夫談者固有未必用，用者固有不必談。劉子玄非眞能史，其論史即馬、班莫能難。嚴羽卿非眞能詩，其論詩即李、杜莫能如。藉令馬、班、李、杜自言之，或未必如二子之鑿鑿也，而責二子以馬、班、李、杜，則悖矣。」〔註8〕歷史創作與史學批評，雖然都屬於史學領域，但各自對史家素養的要求不同，精於此，未必也精於彼，以此之要求衡彼之成果是強人所難，劉知幾專精於史學批評，至於是否擅長編著史書，則因爲沒有史著存世，無法判斷。盧南喬的話較好地評價了《史通》的成就，他說：「劉知幾的《史通》總結了在他以前史學的發展，奠定了中國史學批評的基礎。」〔註9〕

《四庫全書總目》在評價《史通》時說：「其縷析條分，如別黑白。一經抉摘，雖馬遷、班固幾無詞以自解免。亦可云載筆之法家，著書之監史矣。」〔註10〕前兩句說明了《史通》強烈的史學批評特點，即使是知名史家也難以獲免。最後一句講的是《史通》爲後世史書編纂提供了權威法則，就像史館中全面控制修史活動的監修一樣，控制整個史書修撰活動。

（二）「載筆之法家，著書之監史」

劉知幾著《史通》爲後世史書編纂立法的意圖是很明顯的，他說：「《史通》之爲書也，蓋傷當時載筆之士，其義不純。思欲辨其指歸，殫其體統。」〔註11〕傅振倫把劉知幾這一著述意圖概括爲「以爲作史者之資鑒」〔註12〕。《史通》問世之後，劉知幾的同道好友徐堅就曾評價說：「爲史氏者宜置此坐右也。」〔註13〕意思是《史通》堪爲後世史家著史的必備書籍，大概是強調其對後世的歷史著述活動將具有很強的指導作用。清代的黃叔琳則進一步肯定了《史通》的這一作用，「書在文史類中，允與劉彥和之《雕龍》匹配，徐堅謂史氏宜置此坐右，信也。」〔註14〕實際上《史通》的問世，系統回答了如何撰寫史書的問題，這對後世史家規範自己的歷史編纂行爲很有裨益。遺憾的是《史通》在這方面的價值到了明代中期才引起學者們的關注，陸深

〔註8〕 胡應麟：《少室山房筆叢‧九流緒論》，第354頁。

〔註9〕 盧南喬：《劉知幾的史學思想和他對於傳統正統史學的鬥爭》，吳澤主編：《中國史學史論集（二）》，第169頁。

〔註10〕 永瑢等：《四庫全書總目》卷88《史評類》。

〔註11〕 《史通》卷10《自敘》。

〔註12〕 傅振倫：《劉知幾年譜》，第131頁。

〔註13〕 《新唐書》卷132《劉子玄傳》。

〔註14〕 黃叔琳：《史通訓故補‧序》。

讚揚《史通》：「評騭文體，憎薄牽排，亦可謂當矣。」〔註15〕張鼎思認爲《史通》主要優長在於「序體法、明典要爲作史者準繩」〔註16〕。清代學者錢大昕也指出：「然劉氏用功既深，遂立言不朽，歐、宋《新唐》往往采其緒論，如受禪之詔冊不書，代言之制誥不錄；五行災異不言占驗；諸臣籍貫不取舊望；有韻之贊全刪，儷語之論都改；宰相世系與志氏族何殊，地理述土貢與志土物不異；叢亭（指劉知幾）之說一時雖未施行，後代奉爲科律，誰謂著書無益哉。」〔註17〕

　　首位系統總結《史通》在指導史書編纂方面價值的，仍然是浦起龍，他認爲「繼唐編史者，罔敢不持其爲律」〔註18〕，並對後世史家採納劉知幾修史主張的情況作出了較爲全面的整理。他在《通釋》的行文按語中，把劉知幾提出的修史建議一條一條地整理出來，並突出這些修史主張在後來史學實踐中有所借鑒的情況。最後得出結論後世對劉知幾的批評者往往是「陰用其言，而顯訾其書」〔註19〕。傅振倫讚賞浦起龍的評價說：「試觀後之修史者，雖多顯訾其書，而孰不陰奉爲圭臬？」〔註20〕《通釋》在內篇最後的按語中以一大段文字論證了這一結論。

　　　　自其以編年、紀傳辨途轍也，而二體之式定。自其以《史記》、《漢書》昭去取也，而斷代之例行。自其斥《秦紀》於末帝之先也，而開創無冒越之篇。自其擬世家以隨時所適也，而載記有變通之義。自其論后妃稱紀或寄外戚皆非也，而傳首始正。自其論篇贊復衍，更增銘體尤贅也，而駢韻都捐。自其力排班志之《五行》也，而災祥屏讖緯之蕪。自其痛詆魏收之標題也，而稱謂絕誕妄之目。自其以書地因習爲失實也，而邑里一遵時制。自其以敘事煩飾爲深誡也，而瑣嚜半落刊章。〔註21〕

整段論證，可謂條條句句，擲地有聲，字裏行間流露出浦起龍捍衛《史通》在歷史編纂方面突出學術地位的激情，全段文氣，一貫而下，不可遏制，更難顛

〔註15〕陸深本《史通後序》，見張振佩：《史通箋注》附錄三，第763頁。
〔註16〕張思鼎本《續校史通序》，見張振佩：《史通箋注》附錄三，第766頁。。
〔註17〕錢大昕：《十駕齋養新錄》卷13「史通」條。
〔註18〕浦起龍：《史通通釋》，第273頁。
〔註19〕浦起龍：《史通通釋》，第273頁。
〔註20〕傅振倫：《劉知幾年譜》，第132頁。
〔註21〕浦起龍：《史通通釋》，第273頁。

覆，因爲浦氏結論的紮實基礎已經建立在《通釋》正文的按語中。以《書志》和《論贊》爲例，劉知幾提出增設都邑、方物、氏族三志。浦起龍看到了此觀點對於後世鄭樵和馬端臨的影響，他在按語中指出：「所言雖不行於史家，然後來漁仲、貴與諸人已被他爬動癢處。」〔註22〕劉知幾反對爲紀傳每篇都設論贊的作法，「夫每篇立論，其繁已多，而嗣論以贊，爲黷彌甚。亦猶文士製碑，序終而續以銘曰，釋氏演法，義盡而宣以偈言。苟撰史若斯，難以議夫簡要者矣。」〔註23〕浦起龍稱讚劉知幾說：「自是唐後諸史，有論無贊，皆陰奉其誡。可知劉說之當理也。」「元史紀傳不綴論贊，其凡例述救旨云：『據事具文，善惡自見也。』」〔註24〕劉知幾之後的歷代正史，僅《舊唐書》均有論、贊，《元史》則論、贊皆無，其他史書則有論而無贊。綜合來看三志的增設，贊文的剔除是後世歷史編纂學發展的大趨勢，劉知幾作爲先於宋元時代之史家能夠認識到書志、論贊史體增減之必要，足見其史學見識的高瞻遠矚。

劉知幾主張修撰《都邑志》，是唐代城市經濟發展的歷史現實對史書編纂提出的新要求，儘管後來史書沒有設立此志，但在《地理志》中往往增記都城和重要城市的專篇。如《舊唐書‧地理志》中設有《京師》篇，《宋史‧地理志》中亦有《京城》篇，均爲介紹兩朝都城政治經濟狀況的。《明史‧地理志》則不僅有《京師》篇，還有《南京》篇，分別介紹有明一代南北兩個政治經濟中心繁榮發展的盛況。後代三部重要正史的作法正是對劉知幾增加書志建議的積極回應。至於非正史類的其他著作中，關注都城政治、經濟、文化事業發展情況的就更多了。如兩宋的《東京夢華錄》、《武林舊事》，明代顧炎武的《歷代帝王宅京記》等等。

鄭樵的《通志》，以《二十略》價值最高，堪稱志書大全。第一篇即爲《氏族略》，第六篇是《都邑略》，還有《昆蟲草木略》與劉知幾所主張的《方物志》相近。「氏族、六書、七音、都邑、草木昆蟲、五略，爲舊史之所無。」〔註25〕這六部前代史書沒有列入的志書，倒有一半是受劉知幾主張的影響。難怪程千帆曾評價說：「鄭樵《通志》二十略中有《氏族略》第一，《都邑略》第六，蓋即本之子玄，此亦《史通》沾丐後學之一證。而《通志序》乃自詡

〔註22〕浦起龍：《史通通釋》，第69頁。
〔註23〕《史通》卷4《論贊》。
〔註24〕浦起龍：《史通通釋》，第78頁。
〔註25〕永瑢等：《四庫全書總目》卷88《史評類》。

諸略爲『漢、唐諸儒所不得而聞』，未免言大而誇矣。」〔註26〕

劉知幾主張刪除《天文》、《五行》、《藝文》三志，稍晚於劉知幾的杜佑著《通典》，《天文》、《五行》兩志並棄，《遼史》不著《天文志》。《明史・藝文志》僅記有明一代典籍，這些都是劉知幾主張的直接體現，「必不能去，當變其體。……所列書名，唯取當時撰者。」〔註27〕劉知幾關於「書志」修撰主張的應驗情況還只是《史通》對後世歷史編纂實踐影響的冰山一角。

劉知幾在史館中編纂《李義琰傳》主張對他的籍貫從實而書。劉氏在《邑里》篇曾夾記一事：「時修國史，予被配纂《李義琰傳》。琰家於魏州昌樂，已經三代，因云：『義琰，魏州昌樂人也。』監修者大笑，以爲深乖史體，遂依李氏舊望，改爲隴西成紀人。既言不見從，故有此說。」〔註28〕讀此夾載小事不難發現，劉知幾專篇批評史家因習郡望的陋習，是源於在史館著史活動中，由於監修掣肘，己志難申的切身體會。劉知幾的這一具體主張在後世的正史中得到了貫徹，《舊唐書》、《新唐書》的《李義琰傳》採用的都是劉知幾的主張。

劉知幾還是史書體例創新的提倡者，他說：「案遷、固列君臣於紀傳，統遺逸於表、志，雖篇名甚廣，而言無獨錄。愚謂凡爲史者，宜於表志之外，更立一書。若人主之制、冊、誥、令，群臣之章、表、移、檄，收之紀傳，悉入書部，題爲『制冊章表書』，以類區別。」〔註29〕這是他有感於需要載入的古人文章越來越多，已成紀傳無法承載之勢，於是建議增加專門記載前人文章的「制冊章表書」。章學誠對劉知幾提出的這一修史主張發明頗多，曾說：「揚馬之辭賦，原非政言，嚴、徐之上書，亦同獻頌，鄒陽、枚乘之縱橫，杜欽、谷永之附會，本無關於典要，馬、班取表國華，削之則文采滅，如存之則紀傳猥濫，斯亦無怪劉君之欲意更張也。」〔註30〕章氏還認爲地方志的體裁應該包括三種，「凡欲經濟一方之文獻，必立三家之學，仿紀傳正史之體而作志，仿律令典例之體而作掌故，仿《文選》、《文苑》之體而作文徵，三書宜相輔而行。」〔註31〕這裡所欲創立的「文徵」很顯然是受到了劉知幾的

〔註26〕程千帆：《史通箋記》，第48～49頁。
〔註27〕《史通》卷3《書志》。
〔註28〕《史通》卷5《邑里》。
〔註29〕《史通》卷2《載言》。
〔註30〕《文史通義》內篇1《書教中》。
〔註31〕《文史通義》外篇1《方志立三書議》。

啟發。此外章氏所撰《乙卯箚記》在評價葉隆禮的《契丹國志》和宇文懋昭的《大金國志》時也曾說：「在宇文、葉氏不過隨文箚錄，而以史才繩之，則轉有合於劉知幾《載言》篇之討論，所謂詔誥章表，不便雜於紀傳，宜別自為篇之義。蓋諸家雜纂，不局於紀傳成規，而因事立例，時有得於法外之意，可以補馬班之義例之不及者，不可忽也。」〔註32〕在史書的體裁體例上章學誠主張「仍紀傳之體而參本末之法」，紀事本末的突出特點是因事命篇，劉知幾設立「制冊章表書」的主張符合章學誠所提倡的這一原則，所以章氏一再論及。

劉知幾反對正史給未稱帝的先祖立本紀，「姬自后稷至於西伯，嬴自伯翳至於莊襄，爵乃諸侯，而名隸本紀。」〔註33〕在他看來，這種追記先代帝王的作法並不符合歷史的真實情況，沒有必要單獨設立本紀，「若以西伯、莊襄以上，別作周、秦世家，持殷紂以對武王，拔秦始以承周赧，使帝王傳授，昭然有別，豈不善乎？」〔註34〕周、秦本身就是諸侯身份，撰為世家最為妥當，至於不能世其家者，則「無異匹夫，應書其人，直云皇之祖考也而已」〔註35〕。劉氏的批評，為後世修撰正史變革創新體例提供了借鑒，《金史》在記載先代帝王時，就放棄了追記入本紀的作法，而是在《太祖本紀》之前，先設立了一個《世紀》，以記載金朝的皇族祖先。

前文已講，在劉知幾看來「紀以包舉大端，傳以委曲細事」〔註36〕，因此評價《漢書》說：「漢呂后以婦人稱制，事同王者。班氏次其年月，雖與諸帝同編；而記其事迹，實與后妃齊貫。」〔註37〕劉氏對《漢書》這一作法的稱道，給後世史家如何記載武則天的問題以很大啟發，《新唐書》中的《則天順聖武皇后本紀》是記載朝政大事的，至於《則天皇后傳》則記載個人細事。

劉知幾建議史家探索「世家」體裁的潛在價值，如記載並立的政權。「梁主敕撰《通史》，定為吳、蜀世家。持彼僭君，比諸列國，去太去甚，其得折中之規乎！次有子顯《齊書》，北編《魏虜》；牛弘《周史》，南記蕭詧。考其傳體，宜曰世家。但近古著書，通無此稱。用使馬遷之目，湮沒不行；

〔註32〕 《章氏遺書》外編卷2《乙卯箚記》。
〔註33〕 《史通》卷2《本紀》。
〔註34〕 《史通》卷2《本紀》。
〔註35〕 《史通》卷4《稱謂》。
〔註36〕 《史通》卷2《本紀》。
〔註37〕 《史通》卷17《雜說中》。

班固之名，相傳靡易者矣。」〔註38〕受其影響，歐陽修所撰《新五代史》，把「十國」都稱爲世家。在後世借鑒《史通》主張的修史學者中歐陽修最爲突出，誠如錢大昕所論：「劉氏用工既深，遂立言而不朽，歐宋《新唐》，往往采其緒論。」〔註39〕元朝人修的《宋史》也有《十國世家》。傅振倫曾說：「劉子玄最深於史學，且三爲史臣，再入東觀，其領史職，幾三十年。貫穿古今，洞悉利病，實非後人所及。故其開發史例，後史不能易者，十得六七。」〔註40〕這是對《史通》指導修史實踐作用的很好總結。就連看低《史通》價值的錢穆也不得不承認：「劉知幾批評以前各史種種缺點，也多爲此下史家所採用。」〔註41〕

縱觀以上分析，不難發現《史通》對後世歷史撰述的影響主要是技術方面的。如「直書」、「實錄」等成熟的史學見識，在中國古代後半期並沒有得到充分的肯定，更沒有在史學修撰活動中很好地踐行和發揚。許淩雲分析其中的原因時說：「由於中國封建社會的歷史背景和中國的史學傳統的大環境的制約，也由於《史通》理論的超時代性，其史學理論的社會價值很難得到很好的發揮。」〔註42〕也正是由於《史通》的這種理論超前性，在古代社會結束之後，劉知幾史學的價值才被學術界所重視。

以上所論多爲《史通》對後世正史編纂的影響，這是劉知幾史學價值所體現的主要方面，但並非全部。傅振倫曾評價說：「劉書影響所及，不止歷代正史已也。」〔註43〕儘管劉知幾所提倡的「實錄」史學在史書編纂方面，產生的直接影響並不大，但卻極大地啓發了後世的考證學者。王鳴盛在介紹《十七史商榷》體例時曾說：「《史通·自序》云：『余歷事二主，從宦兩京，遍居司籍之曹，久處載言之職。商榷史篇，遂盈筐篋。』予體例與知幾雖異，而商榷之義，亦竊取之。」〔註44〕可見其受劉知幾《史通》影響之大。崔述也說：「故今爲《考信錄》，於殷周以前事，但以《詩》、《書》爲據，而不敢以秦漢之書，遂爲實錄，亦推廣《史通》之意也。」〔註45〕近代學者劉咸炘也

〔註38〕《史通》卷2《世家》。
〔註39〕錢大昕：《十駕齋養新錄》卷13「史通」條。
〔註40〕傅振倫：《劉知幾之史學》，第4頁。
〔註41〕錢穆：《中國史學名著》，第133頁。
〔註42〕許淩雲：《劉知幾評傳》，第304頁。
〔註43〕傅振倫：《劉知幾年譜》，第132頁。
〔註44〕王鳴盛：《十七史商榷》卷100「史通」條，上海書店出版社，2005年版。
〔註45〕崔述：《考信錄提要》卷上，《叢書集成初編》本，中華書局，1985年版。

是史論名家，他作《〈史通〉駁議》，「奉會稽之旨以糾其違」，以章學誠之史學駁劉知幾之史學，但又明言除所駁之外都堪稱眞知灼見，「凡諸未駁，皆是不刊，去其瑕而瑜更著。吾宗三家，《七略》、《文心》及是書，皆古今無雙。」〔註46〕看來劉咸炘的史學批評也是拜《史通》所賜。

二、《史通》對章學誠的影響

（一）並駕齊驅的史學雙璧

劉知幾和章學誠同爲中國古代成就卓越的史學理論家，後人對劉、章二人說長論短之聲此起彼伏。總體上認爲章學誠史學成就在劉知幾之上的比較多，章優於劉的說法似乎也更容易爲讀者所接受。事實上，二人均出色地回答了各自時代的最重要史學問題，從而站在了各自時代史學發展的最高點，二人堪稱中國古代並駕齊驅的史學雙璧。而且章學誠很多爲後世所稱道的史學命題也源於對劉知幾史學觀點的發揮。

自20世紀初開始，章優於劉的說法一直以一種不公允的形式存在著，即以章學誠否定劉知幾。這種作法看似合理，實則有愧於古人。章學誠生於劉知幾千餘年之後，中國傳統史學之發展進步顯而易見，作爲後世學者章學誠學術見解高於劉知幾是很正常的，但這不等於章學誠在中國古代史學理論發展史上的地位就高於劉知幾。我們評價時代相距久遠的史學家，人爲地把他們放在同一起點上品評高下是不合理的，因爲由於史學的發展、進步，總體上來講後人之觀點總會較前人更客觀、全面、公正、準確，這樣一來如果僅僅以史家觀點進步與否來論定地位高低，對於前人顯然是不合理的。恐怕即使是章學誠本人也不同意這樣片面地評價他與劉知幾。章氏曾說：「不知古人之世，不可妄論古人之文辭也。知其世矣，不知古人之身處，亦不可以遽論其文也。」〔註47〕可以窺見章學誠評論古人知人論世的態度。當我們用這種知人論世的態度重新審視二人在古代史學發展史上的歷史地位時，不難發現他們實際上都站在了各自所處時代的前沿，解答了古代傳統史學發展進程中對盛唐時代和乾嘉時代所提出的學術命題，同爲不可多得的「命世之才」，他們的史學理論造詣均達到了各自時代所能達到的最高水準，是中國古代史學的兩座高峰。此外呂思勉在《〈史通〉評》中的一段論述，也爲後人評價劉、

〔註46〕劉咸炘：《劉咸炘論史學》，第120頁。
〔註47〕《文史通義》內篇2《文德》。

章二人提供了較爲有益的借鑒,「章實齋最稱通史,而劉氏之意與之相反,此時代爲之,不足相非也。蓋劉氏之時,史書尙少,批覽易周,故其所求在精詳,不在扼要;欲求精詳,自以斷代爲易。章氏之世,史籍之委積既多,史體之繁蕪尤甚,遍覽已云不易;況乎提要勾玄,刪繁就簡,實不容已,此其持論之所以不同也。」〔註48〕

近代以來極力強調劉不如章的學者非劉咸炘莫屬。他對《史通》的總體評價是:「偏於整齊,牽於品藻,行其所言,僅足爲記注之高等耳。明於紀傳而暗表志,囿於斷代而昧於通史,則與後世研習之陋見無異。」〔註49〕他還援引劉知幾的話「史之有例,猶國之有法」說:「夫例者,固館局整齊記注之所需,而專家別識之所不用也。二十卷中,不外言例,其得其失,皆在於是。」〔註50〕劉知幾的《史通》以史例明史法不假,「其得其失,皆在於是」也不假,但因此就把《史通》歸於學術價值次一等的記注之類則有失公允。

錢穆認爲劉不如章的原因是:劉知幾只知道以史論史,而不是像劉勰、章學誠那樣所論列的內容涉及所有學問。這樣的論斷不能說不準確,但劉知幾在自敘中對於這一問題卻有著相當自信的表述,他說:「其書雖以史爲主,而餘波所及,上窮王道,下掞人倫,總括萬殊,包吞千有。」〔註51〕那麼就內容而言《史通》一書是不是眞的論列廣泛呢?劉知幾的《史通》的確沒有像劉勰、章學誠那樣涉獵所有學問,其實錢穆所強調的所有學問也不過主要是文史兩家。但是說《史通》絕對局限於史學一隅,也未必準確,不妨略舉兩例作以說明。

比如在歷史編纂方面,劉知幾反對文人修史,在《載文》、《雜說下》、《核才》等篇中劉知幾提出「撥浮華,採眞實」的修撰原則,成爲以後歷史撰述的重要指導思想。張舜徽在評價劉知幾時說:「史家載文之宜,學者讀文之準,悉不外是。有實之言,爲益無方,本不但爲修史而發。」〔註52〕魏晉以來的駢儷文風充斥於史書編寫活動之中,「蕪音累句,雲蒸泉湧。其爲文也,大抵編字不只,捶句皆雙,修短取均,奇偶相配。故應以一言蔽之者,輒足爲二

〔註48〕 呂思勉:《呂著史學與史籍》,第222～223頁。
〔註49〕 劉咸炘:《劉咸炘論史學》,第120頁。
〔註50〕 劉咸炘:《劉咸炘論史學》,第122頁。
〔註51〕 《史通》卷10《自敘》。
〔註52〕 張舜徽:《史學三書平議》,第60頁。

言；應以三句成文者，必分爲四句。彌漫重沓，不知所裁。」〔註53〕儘管此處主要批評的還是史體問題，但鞭撻餘波已及文風。劉知幾在《言語》篇，批評當時的學古現象說：「記當世口語，罕能從實而書。方復追效昔人，示其稽古。」〔註54〕張舜徽在評論說：「知幾此段議論，通達之至！道盡漢以下史家刻意學古之弊，皆由淺見寡聞不識時通變之爲累也。」〔註55〕不難看出這是劉知幾發現的古史又一通病，激烈批判之後，劉知幾提出了關於史書修撰語言問題的主張，即「識時通變，從實而書」，即要變通認識，以當時的實際寫作語言爲準，張舜徽對這八個字的評價是「持論正大……足以括之。非特爲史家載言之準，抑亦文人屬辭之律也。」〔註56〕這又是《史通》的價值不囿於史學一門的明證。錢穆認爲劉知幾只會就史論史，就全書內容而言大體不錯，但於具體而微之處卻不盡然。

此外，搜集關於劉知幾《史通》的研究成果不難發現，有些文章所挖掘的正是《史通》的文學價值，比如：宗廷虎的文章《劉知幾的修辭觀》、蔡國相的文章《〈史通〉所體現的文論思想》、胡益祥的文章《劉知幾的編輯觀——中國第一部古典編輯學〈史通〉述評》、高永奇的文章《從劉知幾〈史通〉看作者的語言觀》等。這些從一個側面證明了說《史通》絕對局限於史學一隅是不準確的。那麼劉知幾未能做到在《史通》整體價值擴展到其他領域，是不是《史通》的價值就在《文心雕龍》與《文史通義》之下呢？當然不是，我們按照章學誠提出的知人論世的態度，設身處地考察史家所處時代，史學發展的趨勢不難發現，劉知幾《史通》呈現出這樣的特點實爲不得不然的大勢所趨。

劉勰所處的時代荀勖的四部分類法已經很流行，史書已經獨佔一大部類，但總體來看經、子、史、集均爲文章著述。《文心雕龍》作爲第一部文論著作，其著眼是在四大部類，史學著作只是其中一部分，即《史論》篇；劉勰是南北朝時期的文論大家，後人幾乎從不把他看做史家或史學理論家。到了盛唐時期，積纍的歷史著作數量大增，史學獨立地位增強，「史書不僅成爲一個獨立的部門，而且是必須按其所記內容進行仔細分類，這是史學發展的

〔註53〕《史通》卷6《敘事》。
〔註54〕《史通》卷6《言語》。
〔註55〕張舜徽：《史學三書平議》，第68頁。
〔註56〕張舜徽：《史學三書平議》，第68頁。

一個重要標誌。」〔註57〕這裡的仔細分類的大成果就是《隋書・經籍志》中關於史部書籍門類的釐定。顯然史學的卓然獨立不僅僅是史書種類的區分，更在於史學的自我反省，《史通》正是這種自我反省的集中體現，它代表了中國古代傳統史學的成熟。《史通》全書宗旨只在史學，正是中國古代史學的卓然獨立與成熟的標誌，劉知幾但言史學是其感悟並承擔起史學獨立之時代命題的集中體現。《史通》全書宗旨但言史學，正是其重要價值的體現。

待到清代乾嘉時期，中國的傳統學術接近尾聲，且僵化嚴重，尤其是官修史書積弊尤甚。章學誠彙通文史，意在救殘起弊，化腐朽爲神奇。他指出：「通者，所以通天下之所不通也。」〔註58〕他認爲古今各類專門領域，在尊重其個性的同時，更須顧及共性，觸類旁通，由此及彼。章學誠深諳文史會通的奧秘，指出：「史遷發憤，義或近於風人；杜甫懷忠，人又稱其詩史。由斯而論，文之與史，爲緇爲澠。」〔註59〕他以史學家的獨特視角考察文學問題，提出了流別論、文德論等富有創見的文學理論，爲豐富中國古代文學理論寶庫作出了獨特的貢獻。綜合來看，三書的旨趣不同也同，不同在於劉知幾專注，劉勰、章學誠彙通；但就感知與回應學術發展向不同時代的提出的命題而言，他們卻是驚人的一致的。由此不妨大膽猜想，假使劉知幾與章學誠交換所處的時代，他們的著作自然也會交換的，所謂「易地則皆然」。與後者的大同相比，前者的小異又何足道哉！

繼劉咸炘、錢穆之後，更有甚者把造成唐之後史學衰落的原因歸咎於劉知幾。認爲劉知幾的《史通》提倡官修史書的範式，反對家學著述，最終導致了唐代以後私家著述史學的終結，甚至把後世史書修撰如科舉之程式也歸罪於劉知幾；章學誠則是復興具有別識心裁的私家撰述的倡導者。〔註60〕這種評價從中國古代史學史的發展歷程和劉知幾在這一歷程中所處的位置來看，是很不合理的。

劉知幾撰述《史通》之目的在於闡釋史書編撰的原則與方法。儘管他的一些修史建議是有瑕疵的，但這不是主流，至於說因爲後世史家固執地堅持劉知幾這些少數的錯誤就導致歷史撰述的僵化，則是完全不可能的。總體而

〔註57〕白壽彝主編：《中國史學史》，北京師範大學出版社，2004年，第81頁。
〔註58〕《文史通義》內篇4《釋通》。
〔註59〕《章氏遺書》卷27《湖北通志檢存稿四・湖北文徵序列》。
〔註60〕詳見梁繼紅：《「劉言史法，吾言史意」——章學誠與劉知幾史學歧義探析》，《古籍整理研究學刊》2003年第2期。

言劉知幾第一次爲中國史學作了比較全面而詳細的總結,《史通》的問世是「史學自我反省的開始和史家自我意識的增強,從此史學工作進入更加自覺地發展階段」〔註61〕。

後世批評劉知幾囿於「史法」的觀點源於章學誠本人的一句評價:「劉議館局纂修,吾議一家著述,截然兩途,不相入也。」〔註62〕劉知幾強調「史法」,多針對官修史書不假,但他並沒有忽略家學著述的價值,所謂「劉議館局纂修」,更多內容是官修史書之不可行,而非大力提倡官修,翦滅家學。如劉知幾在《忤時》篇明確論述道:「古之國史,皆出自一家,如魯、漢之丘明、子長,晉、齊之董狐、南史,咸能立言不朽,藏諸名山。未聞籍以眾功,方云絕筆。」〔註63〕這是在強調史家家學傳承,《辨職》篇則通過比較突出了家傳成就在館修之上,「丘明之修《傳》也,以避時難;子長之立《記》也,藏於名山;班固之成《書》也,出自家庭;陳壽之草《志》也,創於私室。然則古來賢俊,立言垂後,何必身居廨宇,迹參僚屬,而後成其事乎?是以深識之士,知其若斯,退居清靜,杜門不出,成其一家,獨斷而已。豈與夫冠猴獻狀,評議其得失者哉!」〔註64〕敢問此中,所舉六例,哪有一項是看低家學著述成就的,其中字字句句,哪有一點不是批評史館修撰的。事實上是他大力肯定了一家之學的著述成就,完全不相信集中眾人之力可以修撰成傳世不朽的著作。他在《忤時》篇還從統一撰述思想的角度,論證一家修撰之優勢和眾手成書之混亂。他說:

> 古者刊定一史,纂成一家,體統各殊,指歸咸別。夫《尚書》之教也,以疏通知遠爲主;《春秋》之義也,以懲惡勸善爲先。《史記》則退處士而進奸雄,《漢書》則抑忠臣而飾主闕。斯並曩時得失之列,良史是非之準,作者言之詳矣。頃史官注記,多取稟監修,楊令公則云「必須直詞」,宗尚書則云「宜多隱惡」。十羊九牧,其令難行;一國三公,適從何在?〔註65〕

因爲每位史家的指導思想不一,獨家修撰自然能夠形成自己的特色;而唐代史館中的史官受兼修統領,兼修又非一人,十羊九牧,政出多門,弄得

〔註61〕瞿林東:《唐代史學論稿》,第3頁。
〔註62〕《文史通義》外篇3《家書二》。
〔註63〕《史通》卷20《忤時》。
〔註64〕《史通》卷10《辨職》。
〔註65〕《史通》卷20《忤時》。

史官無所適從。綜合來看，劉知幾「議館局纂修」不假，史館編修效率低下、弊端重重是劉知幾退而著《史通》的主要動因，但並不是只論史館纂修，或者側重論官修史書。劉知幾以批判的筆調系統評價了自孔子以下直至唐初的諸多史著，其中私家撰述之史著當不會少於官修史書。即使是在論列官修史書的內容之中，劉知幾也沒有刻意地要求後人按照某一僵化的固定形式撰述史書。

劉知幾和章學誠是我國古代成就卓越的兩位史學理論家，但在相當長的時期內，基於二人史學成就的評價並不公允，厚此薄彼者不在少數。《史通》、《文史通義》兩部史學理論作品，基於的對象大體一致，學術旨趣大不相同。後人往往據此認為章學誠的史學成就高於劉知幾，事實上兩書一重史法，一重史意，本無優劣高下之分。正如傅振倫所論：「蓋子玄生千餘年前，少參比互證之助，事屬韌創，自難為力。而學誠生劉、鄭之後，發凡起例，已有端倪，因先哲遺緒，較其長短，獨出機抒，自易為功，是以前修未密。後出轉精，時殊世異，固不可以此而定其高下。且劉氏之開發史例，而為吾國純正『史學』之建設，樹後世作史者之楷模，厥功蓋亦偉矣！」〔註66〕同時章學誠作為劉知幾之後的學者，他的一些史學觀點明顯受到了劉知幾《史通》的影響。

（二）章學誠對《史通》的繼承與發揚

梁啟超曾評價說：「劉知幾是史官中出類拔群的，孤掌難鳴，想恢復班固的地位而不可能，只好煩悶鬱結，著成一部講求史法的《史通》。他雖然沒有作史的成績，而史學之有人研究從他始。這好像在陰霾的天氣中打了一個大雷，驚醒了許多迷夢，開了後來許多法門。」〔註67〕實際上劉知幾所提出的若干史學命題為中國古代史學理論開創的法門，很多都被章學誠所繼承和發展。

對史書所作的「記注」與「撰述」的兩分，提出「史德」論，主張「六經皆史」是章學誠的三項精華史論。仔細研讀《史通》，實際上這三個觀點在劉知幾的史學批評中均已發端，只不過在《史通》中關於這三大命題的論述尚不夠透徹、明確，後經過章學誠的歸納、提升使之發揚光大。

在《史官建置》篇，劉知幾對史書分類問題明確提出了自己的意見，後世章學誠所謂「記注」與「撰述」兩分之大體輪廓已然形成。劉知幾說：「夫

〔註66〕傅振倫：《劉知幾之史學》，第4頁。
〔註67〕梁啟超：《中國歷史研究法》，第268頁。

爲史之道，其流有二。何者？書事記言，出自當時之簡；勒成刪定，歸於後來之筆。然則當時草創者，資乎博聞實錄，若董狐、南史是也；後來經始者，貴乎俊識通才，若班固、陳壽是也。必論其事業，前後不同。然相須而成，其歸一揆。」〔註68〕爲方便說明，列表格如下：

史　家	歷　史　資　料	成　家　著　述
劉知幾	書事記言—當時之簡—草創者—博聞實錄—董狐、南史	勒成刪定—後來之筆—經始者—俊識通才—班固、陳壽
鄭樵	書（司馬遷以來，作史者皆是書，不是史）	史
章學誠	記注—藏往—該備無遺—體有一定—方以智	撰述—知來—抉擇去取—例不拘常—圓而神

　　比較上表不難發現劉知幾、鄭樵、章學誠，三位史家對中國古代史書所作的歷史資料、成家著述的兩分可謂大同小異。史家廣泛搜集史料據事直書留給後人的史書就是歷史資料；能夠別識心裁，果斷抉擇去取，不爲常理所拘的就是成一家之言的著述。相比較而言鄭樵的區分比較簡單，劉知幾與章學誠對歷史資料和成家著述兩類史書的特點，以及對史家在修撰過程中的技術性要求都作出了明確的表述。章學誠將兩部分明確命名爲「記注」與「撰述」，遂成爲中國古代史書兩分的定論，但在這一點上章氏受劉知幾的啓示與影響是很顯著的。有的學者甚至認爲劉知幾這一分類方法的提出對整部《文史通義》的修撰都產生了重要影響，「『草創者資乎博聞實錄』，謂搜輯史料，以備作史之用者也；『經始者貴乎俊識通才』，謂據史才以作史者也；此二語包蘊甚富，一部《文史通義》，殆皆發揮此義；今後亦無以易之。」〔註69〕

　　劉知幾認爲一個優秀的史家應該具有：「才」、「學」、「識」三長；章學誠在三長的基礎之上加了「史德」。在章學誠看來史識「不過欲於記誦之間，知所抉擇，以成文理爾。」「此猶文士之識，非史識也。能具史識者，必知史德。德者何？謂著書者之心術也。夫穢史者所以自穢，謗書者所以自謗，素行爲人所羞，文辭何足取重。」〔註70〕在章氏眼中，劉知幾所說的「史識」仍然是史家在修撰史書過程中，對材料進行抉擇去取的技術問題，不是眞正的「史

〔註68〕《史通》卷11《史官建置》。
〔註69〕呂思勉：《呂著史家與史籍》，第255頁。
〔註70〕《文史通義》內篇5《史德》。

識」,「史識」必具「史德」。也就是修史者的心術必須是正直的,如果史家本身道德敗壞,那他寫的書誰又會重視呢?所以後面他又舉了沈約、魏收的例子,總結說:「魏收之矯誣,沈約之險惡,讀其書者,先不信其人,其患未至於甚也。」最後章氏還從史家的主觀因素和客觀歷史事實的關係的角度,進一步分析了史家心術問題,「蓋欲為良史者,當慎辨於天人之際,盡其天而不益以人也。盡其天而不益以人也,雖不能至,苟允知之,亦足以稱著述之心術矣。」〔註71〕看來章學誠所謂史家著述之心術即「史德」的落腳點,最終還是最大程度地記述客觀事實,不要增加人的主觀好惡。那麼劉知幾自己所持「史識」其內涵有什麼呢?

這在《舊唐書》、《唐會要》、《全唐文》中均有明確記載:「猶需好是正直,善惡必書,使驕主賊臣所以知懼。此則為虎傅翼,善無可加,所向無敵者矣。」〔註72〕後來學者多認為劉知幾的「史識」指的是見解和觀點,而劉氏本人對此的明確表述是「好是正直,善惡必書」。這就是說,「史識」還包括不畏權勢秉筆直書、忠於史實的高尚品質和勇敢精神。白壽彝認為劉知幾的史識觀包括三點內容,其中第二點就是「兼善」和「忘私」,「忘私是不蔽於個人情感,要愛而知其醜,憎而知其善。」〔註73〕這與章學誠所講的「盡其天而不益以人」的意思大致是相同的。

章學誠以「六經皆史」的觀點著稱於世,他的功績在於對「六經皆史」作出了較為合理的解釋,實際上章學誠既不是「六經皆史」這一論斷最早提出者,也不是從史學角度考察經書的第一人。劉知幾《史通》中的《疑古》與《惑經》才是最早敢冒天下之大不韙,以史學方法評判經書的開山之作。白壽彝在評價這兩篇時說:「這就把《春秋》、《尚書》剝去了神聖的外衣,把它們同一般的著作置於平常的地位,加以評衡。這一點,上繼太史公論六家要旨的優良傳統,下開章學誠六經皆史說端緒,是中世紀對封建文化的神象之衝擊,是珍貴的精神生產。」〔註74〕傅振倫則認為「凡涉著作之林,皆為史學」,實出於劉知幾〔註75〕。

以上所列是三個極為顯著的方面,實際上章學誠借鑒《史通》中具體觀

〔註71〕《文史通義》內篇5《史德》。
〔註72〕《舊唐書》卷102《劉子玄傳》。
〔註73〕白壽彝:《劉知幾的史學》,吳澤主編:《中國史學史論集(二)》,第69頁。
〔註74〕白壽彝:《中國史學史論集》,第214頁。
〔註75〕傅振倫:《劉知幾之史學》,第59頁。

點還很多，如劉知幾在《題目》篇曾說：「子長《史記》，別創八書。孟堅既以漢爲書，不可更標書號，改書爲志，義在互文。」章學誠也曾有類似的表述：「司馬首創八書，不過別於紀、表諸體。班氏以百篇通名《漢書》，自不得不別體爲志。」〔註 76〕諸如此類的情況數不勝數。也正是因此有一些研究者認爲章學誠創建極少，《文史通義》基本上是對劉知幾已有命題的發揮。持此觀點的學者有許冠三、呂思勉、王樹民等。其中，尤以許冠三最爲激烈，他認爲章學誠在史學上雖有一定創見，但絕大部分來自於劉知幾，與劉氏相同之處，章學誠則隱諱其相同之痕迹〔註 77〕。王樹民認爲：「章氏的實際成就亦未能高出劉知幾。」〔註 78〕傅振倫評價說：「劉子玄最深於史學，……故其開發史例，後史不能易者，十得六七。及章學誠出，紹劉氏之史學，撰爲《通義》，及史之撰述，子玄最審。」〔註 79〕公允地說，王樹民、傅振倫的觀點較爲溫和，也比較客觀。

總之，劉、章二人都站在了各自時代的史學最前沿，擔當學術責任，解決學術問題，希望通過自己的不懈努力促進史學的長足進步。

〔註 76〕 《章學誠遺書》外編卷 1《信摭》。

〔註 77〕 詳見許冠三：《劉、章史學史異同》，《香港中文大學中國文化研究所學報》1982 年第 13 卷。

〔註 78〕 王樹民：《中國史學史》，中華書局，1997 年版，第 96 頁。

〔註 79〕 傅振倫：《劉知幾之史學》，第 4 頁。

主要參考文獻

一、基本文獻

1. 李維禎評、郭孔延釋：《史通評釋》，上海：上海古籍出版社，2006 年據北京圖書館藏明萬曆三十二年郭孔陵刻本影印。

2. 王維儉：《史通訓詁》，上海：上海古籍出版社，2006 年據上海圖書館藏明萬曆三十九年序刻本影印。

3. 黃叔琳：《史通訓詁補》，上海：上海古籍出版社，2006 年據上海圖書館藏清乾隆十二年黃氏養素堂刻本影印。

4. 浦起龍：《史通通釋》，上海：上海古籍出版社，1978 年。

5. 盧文弨：《史通校正》，北京：直隸書局，民國年間。

6. 紀昀：《史通削繁》，上海：上海文化書局，1925 年。

7. 劉知幾：《史通》，瀋陽：遼寧教育出版社，1997 年。（國家圖書館尚存有明代三個版本：嘉靖 14 年陸深刻本，萬曆五年張之象刻本，萬曆三十年張鼎思刻本。）

8. 《十三經注疏》，清代學者阮元主持校刻，北京：中華書局，1980 年。

9. 司馬遷：《史記》，北京：中華書局，1959 年。

10. 班固：《漢書》，北京：中華書局，1962 年。

11. 王充：《論衡》，北京：中華書局，1985 年。

12. 楊雄：《法言》，臺北，臺灣商務印書館，1983 年。

13. 應劭：《風俗通義》，北京：中華書局，1985 年。

14. 劉劭：《人物志》，北京：中華書局，2009 年。

15. 陳壽：《三國志》，北京：中華書局，1959 年。

16. 范曄：《後漢書》，北京：中華書局，1965 年。

17. 劉勰：《文心雕龍》，北京：中華書局，1985 年。

18. 沈約：《宋書》，北京：中華書局，1974 年。

19. 蕭子顯：《南齊書》，北京：中華書局，1972 年。

20. 魏收：《魏書》，北京：中華書局，1974 年。

21. 房玄齡：《晉書》，北京：中華書局，1974 年。

22. 姚思廉：《梁書》，北京：中華書局，1973 年。

23. 姚思廉：《陳書》，北京：中華書局，1972 年。

24. 李百藥：《北齊書》，北京：中華書局，1972 年。

25. 令狐德棻：《周書》，北京：中華書局，1971 年。

26. 魏徵：《隋書》，北京：中華書局，1973 年。

27. 李延壽：《北史》，北京：中華書局，1973 年。

28. 李延壽：《南史》，北京：中華書局，1975 年。

29. 劉昫：《舊唐書》，北京：中華書局，1975 年。

30. 歐陽修、宋祁：《新唐書》，北京：中華書局，1975 年。

31. 晁公武：《郡齋讀書志》，上海：上海古籍出版社，1990 年。

32. 鄭樵：《通志》，北京：中華書局，1995 年。

33. 永瑢等：《四庫全書總目》，北京：中華書局，1965 年。

34. 章學誠：《章學誠遺書》，北京：文物出版社，1985 年。

35. 章學誠：《文史通義》，葉瑛校注本，北京：中華書局，1985 年。

36. 趙翼：《廿二史劄記》，王樹民校證本，北京：中華書局，1963 年。

37. 錢大昕：《十駕齋養新錄》，上海：上海書店出版社，1983 年。

二、近人今人著作（按姓氏中文拼音順序）

1. 白壽彝：《論劉知幾的學風》，《學步集》，北京：三聯書店，1962 年。

2. 白壽彝主編：《史學概論》，銀川：寧夏人民出版社，1983 年。

3. 白壽彝：《中國史學史》（第一冊），上海：上海人民出版社，1986 年。

4. 白壽彝主編：《中國通史》（導論卷），上海：上海人民出版社，1989 年。

5. 白壽彝：《白壽彝史學論集》，北京：北京師範大學出版社，1994 年。

6. 白壽彝主編：《中國史學史教本》，北京：北京師範大學出版社，2000 年。

7. 白壽彝主編：《中國史學史》（多卷本），上海：上海人民出版社，2006 年。

8. 倉修良：《史家、史籍、史學》，濟南：山東教育出版社，2000 年。

9. 倉修良、葉建華：《章學誠評傳》，南京：南京大學出版社，1996 年。

10. 陳其泰：《史學與民族精神》，北京：學苑出版社，1999 年。

11. 陳其泰：《史學與文化傳統》（增訂本），北京：學苑出版社，1999 年。

12. 陳其泰，趙永春：《班固評傳》，南京:南京大學出版社，2002 年。

13. 陳其泰，張愛芳主編：《漢書研究》，北京：中國大百科全書出版社，2009 年。

14. 陳光崇：《中國史學史論叢》，瀋陽：遼寧人民出版社，1984 年。

15. 程千帆：《史通箋記》，北京：中華書局，1980 年。

16. 杜維運等編：《中國史學史論文選集》，臺北：華世出版社，1987 年。

17. 杜維運：《與西方史家論中國史學》，臺北：東大圖書公司，1981 年。

18. 范文瀾：《中國通史簡編》（增訂本），北京：人民出版社，1965 年。

19. 傅振倫：《劉知幾之史學》，北平：景山書社，1931 年。

20. 傅振倫：《劉知幾年譜》，北京：中華書局，1963 年。

21. 傅振倫：《中國史志論叢》，杭州：浙江人民出版社，1986 年。

22. 馮友蘭：《中國哲學史新編》（一、二冊），北京：人民出版社，2007 年。

23. 郭沫若：《中國古代社會研究》，《郭沫若文集》歷史編 1，北京：人民出版社，1982 年。

24. 侯外廬主編：《中國思想通史》（第一卷），北京：人民出版社，2007 年。

25. 翦伯贊：《翦伯贊歷史論文選集》，北京：人民出版社，1980 年。

26. 翦伯贊：《史料與史學》，北京：北京出版社，2005 年。

27. 金毓黻：《中國史學史》，石家莊：河北教育出版社，2000 年。

28. 梁啓超：《新史學》，見《梁啓超史學論著四種》，長沙：嶽麓書社，1998 年。

29. 梁啓超：《清代學術概論》，見《梁啓超史學論著四種》，長沙：嶽麓書社，1998 年。

30. 梁啓超：《中國歷史研究法》（含《中國歷史研究法補編》），上海：上海世紀出版集團，2005 年。

31. 梁啓超：《論中國學術思想變遷之大勢》，上海：上海古籍出版社，2006 年。

32. 林時民：《中國傳統史學的批評主義：劉知幾與章學誠》，臺北：學生書局有限公司，2003 年。

33. 林時民：《劉知幾史通之研究》，臺北：文史哲出版社，1987 年。

34. 劉咸炘：《〈史通〉駁議》，收於《劉咸炘論史學》，上海：上海科技大學文獻出版社，2008 年。

35. 劉寅生、房鑫亮編：《何炳松文集》，北京：商務印書館，1996 年。

36. 劉節：《中國史學史稿》，鄭州：中州書畫社，1982 年。

37. 李劍鳴:《歷史學家的修養和技藝》,北京:生活・讀書・新知三聯書店, 2007 年。

38. 李宗侗:《史學概要》,臺北:正中書局,1977 年。

39. 李宗侗:《中國史學史》,北京:中國友誼出版公司,1984 年。

40. 呂思勉:《史通評》,收於《呂著史學與史籍》,上海:華東師範大學出版社,2002 年。

41. 牛潤珍、吳海蘭、何曉濤:《中國史學思想通史・隋唐卷》,合肥:黃山書社,2004 年。

42. 錢穆:《中國史學名著》,北京:生活・讀書・新知三聯書店,2007 年。

43. 瞿林東:《唐代史學論稿》,北京:北京師範大學出版社,1988 年。

44. 瞿林東:《中國古代史學批評縱橫》,北京:中華書局,1994 年。

45. 瞿林東:《中國史學史綱》,北京:北京出版社,1999 年。

46. 瞿林東、葛志毅主編:《史學批評與史學文化研究》,哈爾濱:黑龍江人民出版社,2009 年。

47. 饒宗頤:《中國史學上之正統論》,上海:上海遠東出版社,1996 年。

48. 王爾敏:《史學方法》,南寧:廣西師範大學出版社,2005 年。

49. 王樹民:《中國史學史綱要》,北京:中華書局,1997 年。

50. 汪榮祖:《史學九章》,北京:生活・讀書・新知三聯書店,2006 年。

51. 吳澤主編:《中國史學史論集(二)》,上海:上海人民出版社,1980 年。

52. 許冠三:《劉知幾的實錄史學》,香港:香港中文大學出版社,1983 年。

53. 許凌云:《劉知幾評傳》,南京:南京大學出版社,1994 年。

54. 謝保成主編:《中國史學史》,北京:商務印書館,2006 年。

55. 謝保成:《隋唐五代史學》,北京:商務印書館,2007 年。

56. 張振佩:《史通箋注》,貴陽:貴州人民出版社,1985 年。

57. 張三夕:《批判史學的批判──劉知幾及其〈史通〉研究》,臺北:文津出版社,1992 年。

58. 趙俊:《〈史通〉理論體系研究》,瀋陽:遼寧大學出版社,1990 年。

59. 趙俊,任寶菊:《劉知幾評傳──史學批評第一人》,南寧:廣西教育出版社,1997 年。

60. 趙呂甫:《史通新校注》,重慶:重慶出版社,1990 年。

61. 周一平:《司馬遷史學批評及其理論研究》,上海:華東師範大學出版社,1989 年。

62. 曾凡英:《史家龜鑒:〈史通〉與中國文化》,開封:河南大學出版社,2000 年。